Foucault's Law　Ben Golder　Peter Fitzpatrick

フーコーの法

ベン・ゴールダー
ピーター・フィッツパトリック

[監訳] 関 良徳
[訳] 小林 智
小林史明
西迫大祐
綾部六郎

勁草書房

エミリーへ

はじめに

……私たちはいつも再び、はじまりの場所にいる。[1]

皮肉にも「フーコーを忘れよう」[2]というジャン・ボードリヤールの論争的な忠告から数年で、フーコーとその仕事を主題とする著作のタイトル数は膨大に増えた。[3] こうした勢いを目の当たりにすると、今日、ボードリヤールの命令を実行に移すのはますます困難となってきている。そして、この忘れるという務めがしだいに困難になるにつれて、その記憶はさらに豊かになる。近年出版されたフーコーに関する著作のタイトルが見事に証明しているように（たとえば、ジェフリー・T・ニーロン『フーコーを超えるフーコー――一九八四年以降の権力とその強化』やエリック・パラス『フーコー 二・〇――権力と知を超えて』）、フーコーの遺産の（再）定位や（再）想像をめぐる論争がたえず活発に続いている。[4] それでは、なぜフーコーを思い出させる別の著作を書くのか？

フーコーの（再）想像に私たちが貢献できるのは、歴史学、哲学、政治理論、犯罪学といった他分野に比べて今日まで注目されてこなかった領域（つまり法と法理論）においてである。現在にいたるまで、私たちは十分に練られたフーコー的な法律学をいまだ手にしていない。人文・社会科学の関連領域ではフーコーの仕事の影響力がはっきりしているにもかかわらず、法の理論研究では彼の影響力がそれほど強く感じられない。実際、フーコーの法との関わりをその主たる出発点とするこれまでで唯一の研究書のなかで、その著者アラン・ハントとゲーリー・ウィッカムは次のように述べている。「このような法をめぐるフーコー研究を行う動機の一つは、法を自らの研究の中心とする人々がフーコーの仕事に寄せる関心の深刻なまでの低さである」[5]。これがなぜ重要であったのかについて、ハントとウィッカムは少なくとも彼らの『フーコーと法』が出版された一九九四年の時点で、二つの理由を示している。第一の理由は、フーコー自身の著作のなかで法への関心が相対的に低いことである。そして第二の理由は、英米法学の支配的な伝統である「長年の知的偏狭」にある[6]。分析的で実証的な法学内部の知的偏狭というハントとウィッカムによる第二の診断が的確であろうとなかろうと——そして、その告発は目新しくもなく、また実際、とくに異論もない——、私たちが本書で主に関心をむけるのは第一の診断である。ハントとウィッカムが『フーコーと法』で詳細に論じているように、フーコーの法への関心が相対的に低かったのは、実際には彼の側で関心を示さなかったというだけでなく、むしろ積極的に法を除外し、法を適切に理論化できなかったということでもある。彼らの見解——この見解については、第一章でさらに広範に論ずる——によれば、フーコーは法を軽視し、法を近代から「排除」する。ハントとウィッカムにとって、そして彼らのフーコー解釈を基点としてきた多くの法学研究者にとって、フーコーが語っているのは（『監獄の誕生』や『性の歴史』第一巻といった著書においてもっとも明らかなように）法の消滅である。フー

コーの近代では、より巧妙で産出的な規律訓練権力や生権力によって、法が圧倒されてしまうのである。(7)

本書は、フーコーの法をめぐる立場についての一解釈を提示するが、それはフーコーが近代における法の地位を貶め、軽視したという今日のオーソドックスな理解とは根本的に異なるものである。ハントとウィッカム（そして、その他の多くの人々）とともに、私たちは、フーコーの法が実際にはしばしば法に外在する権力の装置や附属品とされていることを認める。フーコーは一九七〇年代中期の著作で、規律訓練や生政治の機能と知がいかにして近代法の内部に侵入し自らを刻み込んでいるのか、そして、法がいかにして規律訓練や生政治の命令によって利用されているのかを示す十分な証拠を提供している。しかし、私たちがハントとウィッカムの主張から離れるのは、何か根源的に抑え難いものをフーコーの法に感じた地点である。私たちの解釈では、フーコーが法を道具へと引き下げていることには同意するが（そしてこの意味で、フーコーの近代では法が抑制され、凌駕されてしまったという批判者たちの指摘も理解しうる）、この引き下げはけっして全面的ではない。フーコーの説明では、法が完全に抑制され包摂されてしまうことはありえない。実際、フーコーの法の「本質」は（もしそのようなものがあるとすれば）、まさにその本質の不在、その抑制不可能性、そして制限不可能性にこそある。私たちの議論は、フーコーがその仕事のなかで法についての二つの異なる側面を描いている、というものである。それは、決定し抑制する存在としての法と、まったく無制限でその外部やそれを超えて存在するものへの差し当たりの応答としての法である。フーコーの法は、対立しつつも産出的に相互作用するこれら二つの法的側面の不安定でアンビヴァレントな関係のうちに「定位される」と考えられる。フーコーの法が、可能性、偶然性、不安定性の法として、つまり、つねに別様でありうる可能性に開かれた法として現れるのは、明らかに対立するこれら二つの側面の間の動きのなかにおいてである。私たちの企図は、構成的な不安定性（それゆえ私たちにとっては将来の見込み）という意味でのフーコーの法への回帰であり、これは、権力を関係としてとらえる彼の中期の仕事と、自己形成の継続的なプロジェクトとして倫理を再概念化する後期の仕事の特徴でもある。この後に続く各章では、フーコー自身の法に関する所説だけでなく、法理論家や他の批評家によって示された法をめぐるフーコーの立場の多様な解釈にも論及して、この視点をわかりやすく洗練し、発展させるつもりである。第一章では、法をめぐるフーコーの立場について、いくつかの異なる再読の仕方を提起する前に、フーコーが法を近代から排除したというハントとウィッカムの主張（「排除テーゼ」）を詳細に論ずることからはじめる。第二章では、フーコーの法に関する私たち自身の解釈を発展させるために、これらの異なる読解をその基盤としてもちいるつもりである。先ほど述べたように、フーコーの法に関するこの解釈はそれ以前の解釈からは離れるが、フーコーが法を軽視したり近代から排除したりはしていないと論ずるだけでなく、むしろより直截に、フーコーの説明のなかに法を動かす力を見出そうとするのである。その動力、すなわちフーコーの法がもつ形成的な動きによって、法がいかにして決定性と他なるものへの無限の応答性との間を動き続けているのかが明らかにされる。最後に第三章では、こうした法の特異な性質から、いかにして法が——フーコーの理解では——社会における共生、そして社会としての共生を構成する一つの源泉であると実際に論証されるのかを示す。

しかし第一章で、法をめぐるフーコーの立場についての対立する解釈を論ずる前に、「フーコーと法」（および、その研究のなかで私たちが貢献している場所）をめぐる既存の研究に関係する視点について、二つの予備的な説明と区別を行う必要がある。第一の説明は、実際には『フーコーの法』と題された書物の著者からの注意書であり、矛盾や問題提起を含むように見えるかもしれない（しかし、フーコーを読み慣れた読者にとって驚くことはほとんどないだろう）。私たちは、その対象についてあらゆる状況で普遍的に妥当する明確な説明の提供を法「理論」に期待するのであれば、フーコーの法理論など存在しないと警告するだけである。彼の理論的なプロジェクトを、少なくとも部分的には「全体主義理論に特有の抑圧効果」(8)への挑戦ととらえている思想家にとっては、フーコーの仕事のなかに自制的で体系的で秩序立った法理論が見出されるとしたら、それは驚くべきことであろう。実際、これらの理由から、フーコーに何らかの理論を見出すことは驚きに値する。――むしろ彼は多くの場面で、自らが展開しているのは「理論でも方法論でもない」(9)、つまり、近代を一般的に説明する理論ではなく、多様な社会的実践における権力作用についての状況に埋め込まれた「分析学」であると主張していた。(10)フーコーは「理論」という言葉がもつ総括的で普遍的な意味での「理論化」の企てを繰り返し否定していたが、それにとどまらず、その思想の体系化という要求にも彼が抵抗していたことはよく知られている。『知の考古学』の「序論」でフーコーにその仕事の軌跡について尋ねる対話者との想像上の会話は、たぶんこの傾向を示すもっともよく知られた例であろう。その文章のある段落で、フーコーは次のように述べる。

私が何者であるかと問わないでくれたまえ。私に同一の状態にとどまるよう求めないでくれたまえ。私たちの身分証明書が正規のものであることを確認するのは、官僚や警察に任せておけばよい。私たちが書いているときは、少なくとも、彼らの道徳を免れているのである。[11]

法をめぐるフーコーのいくぶん断片的な省察とも結びつく、この（おそらくは、反-）理論的な立場のせいで、明確で普遍的に適用可能なフーコーの法理論を探究し、あるいは少なくとも一貫してその全体ないしは大部分が法にむけられた研究を彼の仕事のなかに見出そうとした法理論家たちの間に、多少の驚きが生じたことは理解できる。たとえば、しばしば私たちはフーコーについての「法的」研究のなかで次のような悲嘆の言葉に出会う。フーコーは「法的問題を真剣に研究しなかった」[12]。「彼の法への関心は大部分が……［彼の批判的な］企図に付随するものでしかなかった」[13]。さらに、おそらく結果として、彼は「法について直接にはほとんど何も言わなかった」[14]。ある段階では、これらの批判にもいくらかの価値がある。フーコーは法の手続にずっと関心を抱いていたが（彼がピエール・リヴィエールの事件書類を公刊したことや、講義『異常者たち』で医学-法学的な証拠や司法精神医学的な証拠に魅了されていたことが想起されるであろう[15]）、法の諸形態については、監獄、精神病院、あるいはセクシュアリティの装置について行ったような単行本となる分量の研究を記さなかった。しかし本書で示そうとしているように、実際には、法と直接関わる多くのことがらや近代法の理論的な理解にとって明らかに重要な点がフーコーの仕事には存在するのである。これまで、フーコーが法の地位を貶め、近代にその姿を現しつつあった権力形態の手段という従属的な地位へと法を追いやったと理解されてきたテクストにさえ、一般的に批判者たちが彼に認める評価以上に、法についてのきわめて豊かな考察が存在している。この点で、法に関するフーコーの散在するコメントのなかに見出されるのは、たしかに、法理論のある種の伝統において慣習的に理解されてきたような法の「理論」ではない。つまりフーコーの著作では、たとえば、法をルールや原理としてまとめたり、それらに還元したりするような主張はなされておらず、このことは率直に認めたいと思う。しかし、フーコーが「理論」を提供するか否かという、こうした問いについては、彼の著作をそのように読んだり使ったりするために、ある種の包括的に制限された一貫性として理論をとらえる考え方に同意する必要はない。フーコーは折にふれて理論家の役割を拒否したが、だからといって、私たちがこれらの観点で彼の仕事について考えたり書いたりできないというわけではない。理論に対してフーコーが自ら公言していた異論はやや誇張されていたというのが、私たちの立場である。そして、フーコーは普遍的で合理的で包括的であると推定されるある種の理論に認識論的な嫌悪感を表明していたにすぎないと理解し、理論についてのこうした先入観をいったん脇に置けば、私たちは、フーコーが実際に法を理論化したという認識をもつことができる。

そして明らかにしたいことの二つめは、現代の法学研究でのフーコーに対する二つのアプローチの区別である。これは、本書での私たち自身のアプローチを定位するためのものである。第一のアプローチは、広く「釈義学的」あるいは「解釈学的」とよばれており、私たちが議論してきたスタイルである。それはフーコーの既存の（そして実際には、死後も拡大している）著作群の内部に法の位置を定める試みである。これは、次のような問いに答えようとする。すなわち、フーコーはいかに法をとらえたのか？　フーコーは彼の哲学の全体的な枠組みのなかで、法にいかなる意義をあたえたのか？　そして、彼が継続して定式化してきた規律訓練権力、生権力、統治性などと法はいかに関係するのか？　第二のアプローチは「応用的」あるいは「適用的」とよばれており、フーコーの概念や方法論を法の批判研究にもちいようとする。[16]こうした傾向の研究は、フーコーが法を理論化したのか否か、どの程度理論化したのかといった、釈義学的な論争にそれほど妨げられずに進められてきた。この分野の法批判者たちは、彼の仕事を利用する前提として、はじめに法に関するフーコーのさまざまな所説を統合したり、法についての彼の全般的な立場を明示的に（再）構築する必要性を感じたりすることなく、権力／知、あるいは、系譜学といったフーコーの概念や方法論をさまざまな法の学説、現象、コンテクストの領域に適用してきた。その際、彼らは、職場関係法、[17]行政法、[18]憲法、[19]国際人権法、[20]そして法学教育といった広範囲の法的トピックを扱うフーコー的な法律学をバラバラに発展させてきた。[21]こうしたアプローチは、フーコーが自らの仕事の利用の仕方についてしばしば繰り返していた方法論に関する言明――すなわち、特定領域に関わる活動家、研究者、著述家のための「道具箱」として利用されるべき[22]――と完全に一致している。それは、たとえフーコーのいくつかの概念を所々で限定的、戦略的にもちいることが、彼の広範な議論や批判の焦点に対して一定の概念的な暴力を生じさせることになったとしてもである。[23]しかし、これらのさまざまなアプローチが有する独創性や有用性にもかかわらず、私たちが関心をもつのは釈義学的なフーコー的法学研究という最初の系統である。私たちは本書で、フーコーの思想における法の位置と機能についての標準的な理解を転換させようと試みている。

最後に、導入となる本章では読者の方向づけを試みるだけでなく、本書で行われる方法でフーコーにアプローチする際の私たち自身の理論的な方向性について少し明らかにしておこう。本書でつくりあげたフーコーの法についての解釈は、おおまかに言えば、ポスト構造主義的なものである。私たちの解釈は、ジャック・デリダによってもたらされた法の理論化から多大な影響を受けており[24]、とくに第二章の後半部分および第三章全体をつうじて、フーコーをポスト構造主義の観点から読み解いた。フーコーとデリダに関するほとんどの法学研究は、二人の思想家の間の理論的アプローチの相違を強調している[25]。そして、フーコーもここでもちいた理論的な用語でつねに自らのプロジェクトをとらえていたわけではなかった[26]。しかし、本書（とくに第二章と第三章）での議論の方向性は、法のトピックに関して二人の思想家の間にある一定の類似性を示している。この試みでは、私たちのフーコー再読がおそらくもっともフーコー的なものであろう。なぜなら、法をめぐるフーコーの思考を救出し、再読し、拡張しようと試みるに際して、彼の批判的な遺産、つまり、別様に思考し（penser autrement）、法を（そして実際には、フーコーその人をも）別様に考えるという遺産のうちに自らを位置づけているからである。このゴールにむけた最初のステップとして、これから私たちは、フーコーが近代社会の分析から法を排除したという議論の論駁に取りかかる。

謝　辞

私たちのアイデアをかたちにし、諸章の旧ヴァージョンに批判的な観点を示すことで重要な役割を果たしてくれた方々がいる。私たちと議論をともにしてくれたロンドン大学バークベック・ロースクールのすべてのスタッフと学生、そしてとくに、法と社会理論に関する博士課程の討論グループのメンバーに感謝する。本書には、二〇〇七年の批判法学会議や二〇〇八年のスタッフ・ワークショップ「ミシェル・フーコーの法」（ともにバークベックで開催された）で論文として発表された部分がある。この二つの機会に批判と提案をしてくれた参加者に感謝する。とくに、積極的に参加し、対話に加わってくれたリサ・リンカーン、ヴェロニク・ヴォルズ、そしてアンドリュー・シャープには衷心より感謝申し上げる。執筆の最終段階では、ウォーウィック大学の法理論グループも本書の数章に生産的な洞察をあたえてくれた。ルートリッジ社では、コリン・パーリンのクリエイティブな編集作業とホリー・デイヴィスのタイムリーな制作補助のおかげでおおいに助けられた。彼らはともに仕事をすべき優れたチームであった。立派な索引をつくってくれたクリス・ロイドに感謝する。校正と編集指導については、ジョン・ゴールダーに感謝する。そして、豊富な参照文献とその見識に対してパブロ・サンゲス・ゲッティに感謝する。

目次

凡例

＊邦訳がある文献については参照したが、訳文は適宜変更した。
＊原文中のイタリック表記は、本文中では傍点を付した。
＊引用文中の［ ］は著者による補足である。

第一章
オリエンテーション――フーコーと法

処女作というものは、まだ名が知られておらず、その人が誰なのか知られていないがゆえに読まれるのであり、しかも無秩序と混乱に満ちた仕方で読まれるのだが、それは私にとってとても都合のよいことなのである。本を書くだけでなく、その本についての法をつくる理由も存在しない。あらゆる可能な読解のみが唯一の法なのである。(1)

導入でほのめかしたように、そして読者についてのフーコーの寛大な法がそれ自体暗示しているように、フーコー再読という私たちの試みは、以前に提起されてきたことがらを拒絶しようとするものではない。したがって、本書では、法に関するフーコーの立場についての先行する読解すべてが「間違っている」とか、テクスト的に正当化されないという議論はしない。むしろ私たちは、先行するフーコー解釈が実際に法をめぐる彼の立場について何かをとらえてはいるが、彼の思想の決定的な側面を説明できず――それゆえ、関係づけられず――にいると論ずる。本書で論じられるのは、フーコーが法についての際立った二つの側面を描き出しており、この二つの側面を合わせるとニュアンスに富んだラディカルな法理論になるということである。それゆえ、フーコーの法について私たちが行う再読は、大部分が先行解釈の改善と拡張であるが、結果としてそれらを転倒させるものでもある。以下では、本書第二章および第三章で提示される議論にむけて、フーコーによる法の扱いについての既存の読解をいくつか論ずる。本章第1節では、私たちがこれまで論じてきた法をめぐるフーコーの立場についての「オーソドックス」な解釈を示す。このテーゼは、ハントとウィッカムがその著書『フーコーと法』でもっとも広範に展開したものであり、フーコーが法を貶め、法を他の権力様式に従属させることで、近代における権力関係の分析から法を「排除」したと主張する。本章第2節では、フーコーが現在についての系譜学的分析に法を適切に統合することができなかった、とする非難から彼を擁護しようとする他のいくつかの対立する解釈に目をむける。これらの説明はすべて、さまざまな方法でフーコーの法を近代の内側に位置づけようと試みている。本章での私たちの企ては、フーコーの法についての私たち自身の解釈を発展させるに際して、これら異なるフーコー読解から学ぶとともに、そこから離れるべく、その概観を提供することである。

　これらさまざまなフーコー解釈についての議論とともに、私たちはフーコーによる一九七〇年代中期以降のよく知られたいくつかのテクスト、すなわち『監獄の誕生』、『知への意志』（フーコーによって企画された「性の歴史」全六巻の第一巻）、論文集『権力／知』に収録されたインタヴュー、講義、エッセイについても論ずる。これらは、フーコーと法をめぐる各々の立場を形成する際、ほとんどの研究者が一般的に依拠しているものである。これらのテクストは、よく知られた「権力分析」や系譜学の時期の仕事であり、ほとんどの法学的なフーコー解釈の基礎をなしている。それゆえ、法をめぐるこれらのフーコー解釈を理解するためにも、ここでその紹介を行うのが適切である。しかし、これらのテクストが、本書における私たち自身のフーコー解釈の限界を表すものではないということを明らかにしておかなければならない。フーコーの法についての解釈をまとめるに際して、私たちは一定の範囲で他の資料も利用している。それは、まず文学や哲学の領域でフーコーの同時代人であった人々（とくに、モーリス・ブランショやジョルジュ・バタイユ）に関わる一九六〇年代の初期フーコーの著作、次に（『異常者たち』や『社会は防衛しなければならない』、『安全・領土・人口』といった）最近出版や翻訳がなされた一九七〇年代以降の彼のコレージュ・ド・フランスでの講義、そして最後に、西洋近代における政治的合理性の諸形態や「統治性」、古代ギリシアとローマ帝政期の倫理に関する一九七〇年代後半から一九八〇年代初頭の彼の仕事である。(2)

したがって、本章での私たちの議論には二つの目的がある。一つは、（本書でこれから、私たち自身のフーコー読解を提示するための準備段階として）フーコーの仕事がもたらした多様な読解のおおまかな輪郭を描くことである。そして二つめは、鍵となるフーコーの諸概念と一九七〇年代中期から後期にかけての重要なテクストを読者に紹介することである。

1 「排除テーゼ」

異論もあるだろうが、おそらく、法をめぐるフーコー解釈としてもっとも支持され続けているのは、彼が近代における法の意義を的確に認識できず、現代の権力関係分析から法を実際に排除したというテーゼである。この見解を支持するさまざまな人々（そしてその数は多い）についての私たちの議論が示すとおり、ほとんどの場合、このフーコー解釈は法に関する彼の立場の批判的な読解である。フーコーは社会における法の構成的な役割を適切に評価することができなかったという議論や、より産出的で拡大しつつある近代的な権力様式にとって代わられる抑圧の装置にすぎないものとして法を狭く描き出しているといった議論は、一九七〇年代末から今日まで、さまざまな批判的立場からかなりの理論家たちによって並べ立てられてきた。ニコス・プーランツァス、ボブ・ファイン、ポール・ハースト、キャロル・スマート、ダンカン・ケネディ、ボアヴェンチュラ・デ・ソウサ・サントスやその他の人々はみな、このような線にそって、あるいは似通った方向でフーコーの法理解を批判してきた(3)。私たちは議論の過程でこれらの理論家の見解を扱うが、他方で、フーコーが法を誤解し、貶め、彼の批判的な近代理解から法を排除したという主張については、アラン・ハントとゲーリー・ウィッカムの単著および共著のなかにそのもっとも新しく一貫した表現が見出される(4)。それゆえ、私たちは彼らの仕事に注目するが、議論が進むにしたがって、ここで挙げた他の理論家にも言及するつもりである。

上述のとおり、本節での議論の目的は、フーコーが法を排除したり貶めたりしたという論争を要約することだけではなく、その過程でフーコーの鍵となるテクストのいくつかを読解することでもある。このように、フーコーをその批判者たちとともに（時には彼らに抗して）読むことで、私たちは「排除テーゼ」を説明するだけでなく、彼の思想の理解や私たちのフーコー解釈の中心を占める彼の重要な概念を簡単に紹介したいと考えている。したがって、「排除テーゼ」についての議論とともに、フーコーのテクストへの直接の言及も含まれることになる（こうしたフーコー解釈を説明し、いきいきと描く部分もあれば、一般的な紹介資料を提供する部分もある）。それでは、「排除テーゼ」をより詳細に論じていこう。

その核心部分において、フーコーが法を排除したという議論は次のようなテーゼに還元できる。すなわち、権力関係という彼のラディカルな概念の輪郭が示された一九七〇年代中期から後期の一連のテクストのなかで、フーコーは法や主権を否定的で抑圧的な前近代的権力形式ととらえ、これらが権力の新たな作用、あるいはテクノロジーの形態である規律訓練権力によって次第に凌駕されつつあるとしたのである。このフーコー解釈によれば、新しい規律訓練権力の出現が近代への歴史的移行を示しており、そこでは法と主権という古い形式が権力の場としても権力作用の形態としても重要性を徐々に失いつつある。一九七六年に刊行された『性の歴史』第一巻でもそうした議論がなされ、フーコーはそのなかで、身体に対して個別的に作用する規律訓練権力の概念に、人口に作用する生権力の概念を加え、それらの効力と適用により法と主権的権力の形式がきわめて弱体化していると述べる。権力が（さまざまな装いの下に）入り込み、法が退出するのである。[5]このフーコー解釈によれば、彼は法を抑圧や管理、あるいは社会秩序化の装置としてとらえ、これらがさらに拡張を続ける権力形態によって乗り越えられてしまうと考えていたことになる。法は、こうしていまや優勢となった近代の権力の装置や附属品という余り物の役を演じ続けているにすぎないのである。

このフーコー解釈では、規律訓練や生政治という新たな権力形態の性質と形式が、法や主権という古い形式とほぼ両立しえないという点が重要である。フーコーのいまや有名な定式では、前者がさまざまな点でポジティヴ、産出的、連続的で社会体のいたるところに分散しているのに対し、[6]後者は抑圧的、演繹的、暴力的でその作用は偶発的であり、中央集権化された国家装置という硬直した形式と結びついて、個々人の身体の監視や矯正、あるいは人口管理の手段としてまったく役に立たないとされる。[7]それゆえ、このきわめてスタンダードなフーコーの読解では、近代への移行が、社会の権力作用という観点からは質的かつ量的な分断をもたらすのである。いまや権力は、君主主権との前-近代的な結びつきを有する法や司法メカニズムという重苦しい形式をつうじてではなく、彼が規律訓練とよぶ新たな制度的形式をつうじて、あるいは彼が生権力（規律訓練権力はこの一つの軸を形成する）として見出すことになる全人口への権力をつうじて行使される。さらにフーコーは、法とそれに関連する司法の諸形式が近代において完全に消え去るのみだとは主張しないが、それでもなお、それらは重要な役割を果たしていないとされる。この解釈に関する初期の見解において、ニコス・プーランツァスは次のように論じた。

フーコーは、近代社会における権力実践のなかでの法の役割を非常に低く見積りすぎている。しかし、彼はまた国家そのものの役割も過小評価しており、物理的な暴力を行使する手段として近代国家の中心に位置する抑圧装置（軍隊、警察、司法システムなど）の機能を理解できずにいる。その代わりに、それらはノルム化という手法で抑圧の内面化を行う規律訓練装置の単なる部

品として扱われているのである。(8)

ボブ・ファインとポール・ハーストはよく似た言葉（これは「排除テーゼ」を見事に表している）で、拡大を続ける規律訓練ネットワークのなかに法が組み込まれているというフーコーの主張を非難する。たとえばファインの主張によれば、フーコーは法が完全に規律訓練権力に従属させられており、規律訓練権力は役に立たない法を「最終的に支配」(9)していると考えている。他方でハーストの解釈によれば、フーコーは法が「規律訓練システムの機能を是認するゴム印にすぎない」(10)と述べているとされる。このような言葉でフーコーは近代における法の中心的な意義を低く評価し、否応なく拡大して社会体をそのままのかたちで位置づける規律訓練／生政治のマトリクスの巧みな要求に、法を手段として服従させてきたとされる。私たちの考えでは、このようなフーコーの読解は、彼が法を次のようにとらえていたと主張することになる。すなわち、法は本質的にその作用形態において否定的（かつ暴力的）であり、歴史的には君主主権と結びついており、最終的には近代への移行とともに、より産出的で効果的な権力のテクノロジーによって乗り越えられ、このテクノロジーが法を攻囲し、手段として法をその作用に従属させたのである。私たちは「排除テーゼ」の図式をつくりあげるため、これら各側面について順次論ずる。

私たちが概述した「排除テーゼ」については、たしかに、一九七〇年代中期から後期のフーコーの著作のなかに根拠となる多数のテクストが存在している。この議論をはじめるのに適当なのは、フーコーが権力の「法-言説的」概念とよぶものを批判している箇所である。ここでは、フーコーが法に関してかなり多くのコメントをしている。フーコーは『性の歴史』第一巻で述べるように、権力の法-言説的作用とされるものがセクシュアリティに関わると論じている。

権力は規則を宣言することで作用する。性に対する権力行使は言語によってなされる。あるいはむしろ、それが発せられるという事実によって一つの法律状態を生み出すような言説行為をつうじてなされる。権力が語る、するとそれが規則となる。権力の純粋形態は立法者の機能に見出される。そして性に関しては、その行動様式は法-言説的な性質のものである。(11)

この権力についての一般的な理解では、権力は基本的に否定的なかたちで行使される。権力は規則を定め、合法と不法を区分し、禁止されたものを抑圧して否定しようとする。フーコーの見解では、このように権力を法-言説的にとらえることで、権力が実際には否定的でも抑圧的でもなく、むしろ産出的で形成的であるという非常に重要な点が欠落してしまうのである。権力は所与の対象に作用するのではなく、実際には、その対象こそを産み出すべく機能する。フーコーが『監獄の誕生』で次のように述べているのはよく知られている。

私たちは、権力の効果を「排除する」、「抑圧する」、「検閲する」、「分離する」、「偽装する」、「隠蔽する」といった否定的な言葉で描くのをきっぱりと止めなければならない。実際には、権力は産出する。それは現実を産み出すのである。つまり、それは対象領域と真理の儀式を産み出

すのである。(12)

権力は産出的であると論ずるときにフーコーが意図していることの一例を、私たちは、規律訓練権力と主体の形成に関する問題に目をむける際に、一度とりあげるつもりである。しかし、差し当たり、法とそこで主張されている法-言説的な権力概念との関係に焦点を絞れば、所々で、フーコーが明らかに法そのものを狭義の権力概念――「汝するなかれ」と言うだけの制限としての――と同視していることがわかる。『性の歴史』第一巻で、法とセクシュアリティとの間に想定される関係を論じながら、フーコーは特徴的な言葉で次のように述べる。

> 近づいてはならない、触れてはならない、味わってはならない、快楽を覚えてはならない、語ってはならない、姿を見せてはならない。つまり極言すれば、存在してはならないのである、闇と秘密のなかを除いては。性に対して、権力はただ禁止の法のみを行使する。その目的とは、性が自らを放棄することである。その道具とは、性の消滅に他ならない罰による威嚇である。(13)

この著書の議論で十分明らかなように、これは権力とセクシュアリティとの間の複雑な関係性についてのフーコーの理解ではない。彼の理解はむしろ、ポジティヴで産出的な関係性であると思われる。それでもなお重要なのは、ここで（そして他でも）フーコーが（特定の権力形態である）法の役割を際立って否定的なものとして、そして非常に限られた法-言説的エコノミーの内部で機能するものとして制限したいと考えているように見えるということである。法は「否を宣告する法」[14]として、そして「禁止の法」[15]としてとらえられている。それは「本質的に」[16]、まったく「過度に」[17]、その作用形態において抑圧的なのである。さらにフーコーにとって重要なのは、この「つねに否を宣告する陰鬱な法」[18]が否定的な権力であるばかりか、結局のところ永久に制限的な権力でもあるということである（これにより、この読解に関しては、近代におけるその歴史的な陰りを、より狡猾で効率的で拡張的な権力形式によって説明するのが容易になる）。こうして私たちは、フーコーが「単純かつ無限に繰り返されるメカニズム」[19]でしかないものとして法的装置を論じていると考える。このような「禁止事項の乏しさと単調さ」[20]ゆえに、それらは近代の社会体のきめ細かな深みや細部にまで行き届かないのである。否定的なサンクションとしての法は本来的にその射程と適用が制限されている、というフーコーの議論を強調するためにも、『性の歴史』第一巻からのやや長めの一節は再度引用する価値がある。

権力が性を抑圧するという一般的なテーマと、法が欲望を構成するという観念の下には、権力について想定される同一のメカニズムが見出される。それは奇妙に制限的な仕方で定義されている。まず、この権力は資源に乏しく、その手段については倹約的で、もちいる戦術は単調、創意工夫の能力に欠け、つねに同じことを繰り返すよう運命づけられているかのようである。さらに、それは自らの側に否定的な力をもつだけの権力であり、否を言う権力である。そして産み出すことはできず、ただ制限することができるのみである。この権力は本質的に反-エネルギーなのである。……そして最後に、この権力のモデルは本質的に法的であり、その中心にあるのは法の文言と禁忌の機能に他ならない。[21]

繰り返すと、上記の引用のなかで、フーコーはおそらくある種の法-言説的な権力概念を攻撃している。しかし、私たちの目的にとって記すべき重要な点は、あたかも法が現実にこのように機能しており、フーコーが上で述べたように、法は「ただ制限を設けることができるにすぎない」かのように、権力についてのそうした理解を、それが法的であるという観点から、彼が語っているということである。これらのテクストから見えてくるのは、フーコーにとって、法は「否定の審級」[22]を表象しているにすぎないということである。そして、フーコーの命令説的な法理解について、ダンカン・ケネディのような理論家たちは彼に「犯罪学者」とのレッテルを貼り、[23]また、たとえば、ハントとウィッカムはフーコーの「不適切な法概念」が法の構成的な力についての豊かな考察を排除したと論じたが、[24]彼らをこうした行動に駆り立てたのは、間違いなくこれらの著述なのである。ハーストもまた、フーコーが法は「制限あるいは禁止でしかなく、他方で、規律訓練権力は、それが作用する主体の能力を変容させ、拡張する」[25]と論じていると解釈する。

もし法が単に否定的で、本来的に制限されていると思われるメカニズムであるなら、法は権力行使の歴史的な手段としての意義を次第に失うことにもなる。なぜなら、このような法をめぐるフーコー解釈は、彼が抑圧という否定的な力として法を特徴づけていると主張するのみならず、近代の到来により、法がほぼ末期的な衰退に陥ったと彼が考えているとの主張を行うからである。中世の君主制国家は、歴史上、法をもちいて地方の敵対する諸派への支配権を確立したという記述について、フーコーは次のように述べている。

おそらく、偉大な君主制度のこうした発展には単なる法的組織以上のものが存在していた。しかし、権力の言語、あるいは権力が自らについてあたえた表象はこうしたものだったのである。そして、中世につくられ、あるいはローマ法からつくり直された公法理論のすべてがその事実を証明している。法は、単に君主によって巧妙にもちいられた武器にとどまるものではなかった。それは君主体制を表明する形態であり、それが受け容れられるための形式であった。中世以来、西洋社会では、権力の行使はつねに法によって定式化されてきたのである。[26]

ハントとウィッカムはここで、法は単に主権者の意志を表象しているにすぎないという狭隘で歴史的にも不正確な主張をしているとしてフーコーを批判し、散在する他の合法性の源泉を彼は説明しえないと論ずる。[27] しかし、これはすべてではない。フーコーはこの法を否定的で抑圧的で制限的なものとして特徴づけたと考えられているが、それは君主支配の下、ほんの時折、臣民を脅して服従させるために行使されたきわめて暴力的な権力でもあった。フーコーが国王殺害者ダミアンの公開処刑について詳細に論じた『監獄の誕生』冒頭の数頁、あるいは、一五八四年のオラニエ公ウィレム暗殺犯に対する一八日間の拷問について記したブラントムの解説を長々と引用した文章、[28] これらは法によって規定された主権者の暴力にまつわる彼のよく知られた（そして悲惨な）例証のうちの二つにすぎない。私たちはまた、フーコーの歴史編纂手法にニーチェがあたえた多大な影響を明らかにした一編である「ニーチェ、系譜学、歴史」という論文のなかでのフーコーによる法の喚起を思い出すかもしれない。[29]彼はそこで、あたかもニーチェを思わせるような言葉で、法について次のように述べる。

残忍さについて計算された快楽。それは血の約束であり、新たな支配を永続的に扇動し、細密に繰り返される暴力の場面を演ずるのである。[30]

しかし、激怒した国王が時折、思慮深く(あるいは無思慮に)暴力をもちいて法律違反者に残忍な報復を強いるという、この主権的権力の形態は――歴史に関する広い視野からのフーコーの主張によれば――、一八世紀には他の権力形式にとって代わられたのである。この権力形式は、侵犯された君主によって行使される残酷な法という装置よりも、かなり細かく調整されたテクノロジーである。「主権の荘厳な儀式」とその法とは反対に、新たに現れたこのテクノロジーは「控えめな様式」であり「ささやかな手続」である。[31]ここで私たちは、権力の産出性について考えはじめる。再びフーコーに戻ろう。今度は講義『異常者たち』からの引用である。

権力メカニズムの新たなエコノミーともよばれうるものがつくりあげられた。それは、権力の諸効果を増大させ、権力行使にかかるコストを縮減し、その行使を生産メカニズムに統合することを可能にする一群の手順と分析である。権力効果の増大ということで私が意図しているのは、封建制の下で行使され、絶対君主制においても続いた儀式的で祭式的で断続的なかたちの権力行使ではなく、権力が連続的な手法で行使されうるための多くの方法、あるいは少なくとも、そのための原理が一八世紀に発見されたということである。つまり、権力はもはや儀式をつうじて行使されるのではなく、恒常的な監視と管理のメカニズムをつうじて行使されるのである。(32)

フーコーが上記一九七五年一月二九日の講義で論じている「権力のエコノミー」は、彼の規律訓練権力についての概念として多くの読者に知られており、彼が『監獄の誕生』でもっとも広く展開した概念である。刑務所、工場、学校、兵舎、保護施設では、この新たな権力のエコノミーが、身体的な暴力を直接課すのではなく、段階的に配列された活動様式と日々の日課の微細な繰り返しをつうじて、近代における主体を「つくりあげる」(33)ために作動したのである。権力が（生産的な労働者、勤勉な学生、礼儀正しい子どもなどのように）諸個人を適切な行為のノルムにしたがって規律し、これら諸個人を生産様式へと組み込むよう機能したのは、こうしたさまざまな制度の場においてであった。そして近代では、これらの場の有意な同型性が明らかとなった。(34)意図的な反復をたえず行うことで、これらのノルムは個人によって内面化され、彼ないし彼女の行為に表出されたのである。私たちの当面の目的にとって記すべき重要なポイントは、結果として生み出される従順な主体、すなわちフーコーが言う「従順な身体」(35)がつくり出されるのは法的メカニズムと思われているものによってではない、ということである。むしろ、規律訓練による近代的な主体の構成は新たな別の技術——空間的な配分、階層的な監察、ノルム化する判断、恒常的な監視と試験（それらには、わずかな罰則と活動の強制が伴う）をつうじて達成されたのである[36]。

フーコーは多くの異なる規律訓練技術について論じているが、おそらくもっとも有効なメカニズムはジェレミー・ベンサムによるパノプティコンの建築設計であった[37]。以下は、そのモデルについての『監獄の誕生』からの記述である。

周囲には円環上の建物、中央には塔が建っており、この塔には円環の内側に面して大きな窓が取りつけられている。周囲の建物は独房に区分けされており、各独房はその建物の全幅に及んでいる。そこには二つの窓があり、一つは内側で塔の窓に対応する位置にある。もう一つは外側にあり、これによって光が独房を貫くように差し込む。それゆえ、中央の塔に監視者を一人配置し、各独房には狂人や患者、受刑者、労働者、生徒を一人ずつ閉じ込めるだけで十分である。逆光線の効果で、監視者は、周囲の独房内で光を背にくっきりと浮かび上がる被監禁者の小さな影を塔から監視することができるのである。それらはまるで、非常に多くの檻、非常に多くの小舞台であって、それぞれの役者はただ一人であり、完全に個別化され、たえず見ることができる。一望監視のメカニズムは、つねに見ることができ、すぐに判別することができる空間的な単位を配置しているのである。要するに、地下牢の原理とは反対であり、より正確に言えば、その三つの機能——閉じ込め、光を奪い、隠す——のうち、最初の機能のみが維持され、他の二つは除去されているのである。十分な採光と監視者の視線が、暗闇よりも見事に相手を捕らえるのであり、暗闇は結局保護の役目を果たしていたにすぎない。可視性こそが罠なのである。[38]

フーコーは「パノプティコンの主たる効果」が「権力の自動的な作用を確保する自覚的で永続的な可視性という状態を被監禁者にもたらすこと」であると論じている。[39] 一望監視的な規律訓練体制では、実際に強制される必要もないため、権力はますます効果的に機能することになる。つまり、規律されるべき個人は、塔のなかの監視者に監視されていると無意識に思い込み、それに応じて彼ないしは彼女の振る舞いを修正するという点で、それは自動的なのである。『監獄の誕生』から引用した上述の長い文章で、フーコーはまた、パノプティコンが「地下牢の原理とは反対である」とも論じている。パノプティコンが実際により根本的な反転を生み出しているということは、さらに重要である。これは、フーコーが「個人化についての政治的な基軸」とよぶものの反転である。フーコーは『監獄の誕生』の別の箇所で次のように説明する。

規律訓練は、個人化についての政治的な基軸の反転——とよばれうるような事態——を引き起こす契機を示す。封建体制はその一例にすぎないが、そうした社会では、主権が行使される高次の権力階層において、個人化が最大化すると言われるかもしれない。権力や特権をもてばもつほど、祭式や記述、視覚的複製により、個人として注目されるようになる。……他方で、規律訓練体制においては、個人化が「下降する」。権力が匿名的、機能的になるにしたがって、権力が行使される人々が個人化される傾向はますます強まる。権力は儀式よりも監視によって、記念の言葉よりも監察によって、そして先祖を評価基準とする系譜よりも「ノルム」を参照する比較尺度によって行使されるのである[40]。

規律訓練の状況下では、生徒や患者、兵士、受刑者が均質化したノルムにしたがうよう強いられる一方で、規律的な視線の詳細な仕様によって、規律訓練の主体の大規模な個人化が現実に行われた。諸個人は「ケース」とされ、規律訓練体制では、そのノルムからの相対的な懸隔が階層的に序列化される。

この典型的な近代の権力形式は、所与の法に違反したことよりもむしろ、発達し続ける内在的な正常性に到達しなかったことを理由に主体を罰することを目的としており、ポジティヴかつ産出的に機能していた。このように、フーコーによれば、諸個人は規律訓練権力の産物としてとらえられる。つまり、「個人は明らかに社会の『観念論的な』表象の虚構的な原子であるが、それはまた、私が『規律訓練』と名づけたこの特異な権力テクノロジーによってつくり出された現実でもある[41]」。そしてまた、フーコーは次のように書いている。「個人の美しき全体性は、私たちの社会秩序によって切断されたり、抑圧されたり、改変されたりはしていないが、個人はそこで力と身体に関するすべての技術によって注意深くつくり出されているのである[42]」。

ノルムの解明[43]をつうじて、自らが作用する主体を産出する規律訓練権力の概念を定式化する際、フーコーは国家の論理を超え、国家権力という通常の戦域を超えた権力の一様式を特定しようと試みていた[44]。彼は、国家を主題としてきた政治理論家たちが見てこなかった場所、すなわち職場や保護施設など、規律訓練体制というすき間での権力行使を探究していたのである。フーコーの言葉を借りれば、彼は権力の効果を「その末端で、その外縁で、権力が毛細状になる地点で[45]」探究していた。それゆえ、フーコーの定式化では、規律訓練は拡散した権力であり、日常の些細なことがらに対するごくありふれた配慮をつうじて、際限なく「国家」とその法「という限界を超えて拡大する」ことができたのである[46]。

フーコーは後に『性の歴史』第一巻で、このノルム化という規律訓練権力の定式化を、別の権力テクノロジーについての説明によって補足している。その権力テクノロジーとは、彼が「生権力」と名づけたものである。規律訓練権力が矯正のために個人の身体に焦点を当てたのに対し、生権力は個人という次元ではなく、人口あるいは全体としての種という次元に焦点を合わせた[47]。そして、君主による古い主権的権力は、執念深く暴力的な法をつうじて行使され、「徴収（prélèvement）、窃取のメカニズム、富の分け前を専有する権利、臣下から生産物と財と奉仕と労働と血を強奪する[48]」権力を表象していたのに対し、生権力は規律訓練権力と同様に、本来的に産出的なメカニズムであった。それは生を促進し管理したのである。実際フーコーにとって、生権力は生を政治秩序のなかに編入することに他ならず、それは「政治権力が生の管理を自らの務めとするにいたった社会[49]」の出現であった。フーコーによれば、生権力の時代には住民全体の福祉が政治的な注目のはっきりとした対象となり、「繁殖や誕生、死亡率、健康水準、寿命、長寿といった要素が、これらを変化させうるあらゆる条件とともに[50]」、統治のための介入や管理、規制監督に服することとなったのである。フーコーが生権力[51]を精緻化したことで、私たちは――いわば「ミクロ」と「マクロ」

の次元で——権力の二つのテクノロジーの接合を理解することとなるのである。フーコーが述べているように、「人間の身体の解剖-政治学」（規律訓練権力）は「人口の生政治学」（生権力）と結びつく。そして、両者を結びつける目的は、生を授け、それを利用することである[52]。

もっとも、私たちの議論を後戻りさせ、さらに法の地位——より正確には、「排除テーゼ」における法の（低下しつつある）地位——へと近づければ、規律訓練的で生政治的な近代の新たな布置においては、控えめに言っても法の役割がいくぶん低下しているとフーコーが所々でほのめかしていることが再度確認される。たとえば『性の歴史』第一巻で、彼は次のように述べる。

> 私たちはすでに数世紀の間、法的なものが権力をコード化できずに、その表象体系としてますます役立たなくなってしまった社会の一類型へと突入しているのである。私たちの歴史の下降線は私たちを法の統治からさらに遠ざけているが、その後退は、フランス革命とそれに伴う憲法や法典の時代が法の統治を近い将来に予定していたときには、すでにはじまっていたのである[53]。

実際、同じ著作で彼は、「法がもつ法的体系を犠牲にして、ノルムの作用がますます重要性を帯びており[54]」、これによって特徴づけられる「法の退行段階」に私たちは入っているという表現で語っている。もしフーコーが、法や法制度がなおも存続すると主張するなら（「私は、法が消え去るとも、裁判制度が消滅する傾向にあるとも言うつもりはない[55]」）、そのとき、まさに近代における法の運命とはどのようなものなのであろうか？　フーコーがもっとも（興味深いことに）矛盾を抱えているのはこの部分なのである。これから見るように、「排除テーゼ」を主張する多くの論者は、フーコーによって提示された規律訓練や生権力と法との関係性について、いくつかの異なる定式化が存在することを認めており、これに関して、彼らはフーコーの思想のニュアンスに注意を払っている。それでもなお、こうした読解を行う者たちを結びつけているのは、フーコーが法と新たな近代的権力の諸形式との精確な関係性を考慮することなく、より拡張性と浸透性を備えた権力形式が必要とされる近代において、法は軽視され、ますます重要性を失うことになると彼が考えていたという主張である。こうした主張をつくりあげる際に、彼らは最終的に、フーコーの曖昧な言葉を法の消滅というわかりやすい物語に同化させてしまうのである。

さて、法と規律訓練権力との関係性というここでの問題に目を転ずれば、法的権力と規律訓練権力について、ダンカン・ケネディがそれらの間の「根源的な不連続性」とよんだもの[56]、そして、ボアヴェンチュラ・デ・ソウサ・サントスがその「相互的な両立不可能性」と名づけたもの[57]をフーコーが所々で明確化していることがわかる。たとえば「権力の眼」のなかでフーコーは、法をつうじて行使される「君主権力の正反対に位置づくもの」[58]として規律訓練的な新しい一望監視を論じている。そして『監獄の誕生』において、彼は規律訓練を現実に「反-法律」を構成するものと見なしている[59]。『安全・領土・人口』では、「私が標定しようとしている問題は、どのようにしてノルム化の技術が法体系から、法体系の下で、あるいはその余白で、もしかするとそれに抗して展開するのかということである」[60]とフーコーは説明している。『社会は防衛しなければならない』では、さらに強い表現で、彼は規律訓練的なノルム化と合法性との対立を提示しており、「この権力形式

［規律訓練権力］は、すべての点で、主権理論が描き出した権力の仕組みとは正反対である［61］」と主張する。――ここで主権理論とは、フーコーにとって「法と主権の体系［62］」を表象するものであった。『社会は防衛しなければならない』では、機能という観点において、このような規律訓練権力が、法をつうじて媒介された「主権の諸関係とは絶対的に両立不可能［63］」であったとフーコーは強調している。そして次のようにフーコーは続ける。

規律訓練の言説は、法の言説とは異質である。それは、ルールを主権者の意志の産物とする言説とは無縁なのである。規律訓練の言説は、ルールについてのものであるが、主権に由来する法的ルールではなく、自然のルール、あるいは言い換えれば、ノルムの言説なのである。規律訓練は法のコードではなく、ノルム化のコードを定義する。それらは必然的に、法の体系ではなく、人間諸科学の領域である理論的地平に準拠する。そして、これら規律訓練に関わる法領域は臨床的な知に関するものとなるであろう［64］。

上記の例で、もしフーコーが規律訓練権力と主権的-法的権力との間の概念的かつ実践的な区別を維持したいとしても、――実際には、権力の二つのエコノミーの絶対的な還元不可能性を確立するつもりはないであろうが――なお他の箇所で、彼はそれらの共存や相互作用、そして法と法外の権力様式との間の必然的な関係を強調する。たとえば、先に引用したのと同じ講義で、フーコーは「主権と規律訓練、立法や主権者の権利と規律訓練メカニズム、これらは実際には、――絶対的な意味において――私たちの社会の一般的な権力メカニズムを構成する二つのものである」[65]と述べる。そして彼は、他の箇所で、「規律訓練権力と法権力との間のコミュニケーション」[66]について書いている。このように、規律訓練的で生政治的な近代の新たな布置における法の位置づけに関しては、ここでフーコーの側にやや決めかねているところがある。一方で、彼は主権や法という古い形式を新しい権力様式に対置している（後者が前者に勝っていると示唆している）ように見える。しかし他方で、表面上、彼はそれらの相互作用や相互的な解明へとむかうように見せかける。私たちは後章で、この決めかねている部分に立ち戻りたいと思う。そこでは、フーコーの不確定に見える部分（そして、この不確定さは彼の読み手たちによっても確認されているのだが、その理論的含意はいまだ検討されず、未解明のままである）が、実はきわめてラディカルで、実際には、一貫性を備えた法の理論化の表明であると論ずるつもりである。

フーコーが法の役割を軽視していたとする読解のなかには、彼が完全に法を規律訓練や生権力に服従させたという（ボブ・ファインやポール・ハーストのような）単純な解釈[67]もあるが、他方で、このようなフーコーの側で決めかねている部分に注目している読解もある。フーコーによる法の扱いは矛盾しているとハントとウィッカムが述べるのは妥当であり、彼らは「法と規律訓練を断固として切り離した後に、そこから部分的に手を引いてしまう」[68]と表現している。また、デ・ソウサ・サントスは、新たな権力テクノロジーと法の関係をめぐるフーコーの立場が、微妙なニュアンスや興味深い不安に満ちていないとしても、とにかく「混乱をもたらしている」[69]ことを認めている！

それでもなお、ここで私たちが議論してきたいくつかのフーコー読解を結びつけているのは、全体として、フーコーが「近代に特有の諸特徴を創出する場面で、法的規則に重要な役割をあたえようとしない」[70]という彼らの主張である。これらのフーコー読解が指摘する文章は、法と規律訓練の対立や相互作用を考慮せずに、法が規律訓練ネットワークの制度的な支えとなるか、あるいは新たな権力によって法の存在自体が問いただされ、実際に侵略されているというものである。たとえば、フーコーは『性の歴史』第一巻で、「法はますますノルムとして機能する。そして、法制度は調整を主たる機能とする諸機関（医学的、行政的等々の）の連続体へとますます組み込まれていくのである」[71]と書いている。『監獄の誕生』でも同様の定式化が見られ、彼は規律訓練が「徐々に、……主要な［法的］諸形式を侵略し、そのメカニズムを変更して、自らの手続を押しつけてくる」[72]と論じている。ついには『社会は防衛しなければならない』においても、「規律訓練の技術と規律訓練から生じた言説が権利を侵略し、ノルム化の手続がますます法の手続を植民地化している」[73]と示唆して、フーコーは侵略／植民地化のメタファーを続ける。これらの文章で、法が何かしら別の存在形態を保持するとしても、法は規律訓練の物質的、身体的作用を覆い隠すか、あるいは正当化するかという補助的な役割へとさらに追いやられるのである。フーコーはしばしばイデオロギーと（虚偽）意識というマルクス主義の問題構成を回避しようと懸命に試みていたが[74]、皮肉にも、このような記述は、随伴現象あるいは上部構造である法が「現実の」規律訓練による奴隷化を神秘化しているかのようであり疑わしい[75]。彼が『監獄の誕生』で述べているように、

歴史的には、ブルジョワジーが一八世紀のうちに政治的な支配階級となったプロセスは、明瞭

でコード化され、形式的には平等主義的な法的枠組みの確立によって覆い隠されていたのであり、それは議会による代議制の組織化によって可能となったのである。しかし、規律訓練メカニズムの発展と一般化はこれらの諸プロセスとは別の隠れた側面を構成した。原理的に平等主義的である諸権利の体系を保障した一般的な法の形態は、これら微細で日常的な身体的メカニズムによって支えられており、それは、規律訓練とよばれる本質的に不平等主義的で非対称的なミクロ権力のそれらすべての体系によって支えられていたのである。……［そして、それは］その基盤において、力と身体の服従を保証する。現実的で身体的な規律訓練は、形式的で法的な自由の基盤を構成したのである。(76)

こうした独特なフーコー読解を要約すると、所々でフーコーの仕事の複雑さやそこに含まれる法、規律訓練、生権力についての矛盾した定式化を認めながらも、彼が法の地位を低下させ、軽視し、排除したというのが、これまで本節で論じてきた解釈の一般的な傾向や趨勢であるということがわかる。「排除テーゼ」によれば、フーコーの法は制限的であるとともに（歴史的に）制限されてもいる。つまり、それは、彼が君主主権と同視し、近代の到来とともに直ちに退けた否定的な権力形式であり、彼はそれを従属的で完全に抑制された地位へと追いやるのである。もし法が現在でも「生き残っている」(77)とするなら、それは過ぎ去った時代のアナクロニズムとしてであり、より潜行的で広まりを見せている規律訓練権力や生権力といった形式のための装置、附属品、あるいはその支えを装っているのである。これまで見てきたように、フーコーの仕事、とりわけ一九七〇年代中期から後期のいくつかの仕事において、テクスト的には、このような読解を支持するのに不足している部分はない。実際、近代において「法は後退する」[78]といったあからさまな言明や、私たちは「法の退行」[79]という時代に突入したという記述を前に、法が産出される場をフーコーの思想に見出すのは困難であると思われるだろう。しかし、本章の残りの部分での読解（そして第二章と第三章でさらに詳細に展開される私たち自身の読解）が示すように、法に関するフーコーの立場については、まったく別の見解を生み出す余地が十分に存在しているのである。

2 フーコーを救出／再読する

前節の最初でほのめかしたように、「排除テーゼ」によるフーコー読解は彼の法のとらえ方についてのもっとも一般的な理解であるかもしれないが、これまでなされてきた唯一のフーコー解釈では決してない。事実、フーコーが法を無視したというテーゼに対しては、さまざまな理論家によりさまざまなかたちでの異議が唱えられてきた。理論家のなかには、法と規律訓練、あるいは法と生権力との間のよりニュアンスに富んだ相互関係が彼の思想を貫いているとの推察を行っている者もいれば、フーコーが法との関わりを欠いていると推測される点を補うために、彼の中期の著作に抗して後期の著作を読むことでフーコーによる法の議論を回復しようと企てている者もいる。他方で、フーコーによる「juridical」という言葉の用法（および、それが「law」や「legal」といった用語と同義語ではないということ）について議論を提起している理論家もいる。これらの解釈的な戦略はすべて、フーコーの仕事において法を強調し、近代をめぐる彼の省察から法が省かれてはいなかったと論ずることについて関心を共有している。次に論ずる著作の作者たちの多くは、これら三つの異なる方向性をもつ議論を一緒に、あるいは組み合わせて明確化している。たしかに、それらはいくつかの重要な点で相互に関係しているが、私たちの目的は前節と同様（つまり、法をめぐるフーコーの矛盾したスタンスを解釈する個々の手法を調べ、その際に彼のテクストを参照すること）であり、明瞭化のため、それらの議論を順次取り上げる。私たちは各々の議論を主張するすべての論者を取り上げるよりも、一般的な議論についての代表的な文章を引用するように努めた。以下の章で明らかになるように、私たちが法をめぐるフーコーについての独自の解釈を構築する際には、これらの読解のなかから議論を導き出すことになる。その際、ここで論ずる最初の読解からもっとも多くのことを導き出す。そして第二章の議論で明らかになるように、私たちはこの独特な解釈に含まれる洞察を発展させる余地がおおいにあると考えている。フーコーのなかに法を読み返そうとして論じられる最後の二つの解釈は、実際には、フーコーの法を回復するものではなく、「排除テーゼ」について同様の批判的態度をいくつか並べ立て、フーコーの法を近代に出現した支配形態に制限し、同質化させるにとどまっている。それでは、これら三つの関連し合う解釈について順次検討する。

規律訓練と法

前節で論じたハントとウィッカム、そして他の多くの人々の読解とは反対に、実はフーコーは規律訓練権力を法と対置させてはいない（そして、その際に後者を前者に従属させてもいない）との異論を提起している批評家もいる。それどころか実際には、フーコーは近代において法と規律訓練がいかにして相互に関係づけられ、共同で展開されたかということを述べている。アンソニー・ベックは、ハントとウィッカムによる『フーコーと法』の中心的なテーゼを批判的に論ずるなかで「規律訓練は法と対立するというのが［彼らの］主題である」[80]と指摘している。ベックによれば、実際には「法は規律訓練によって排除されてはおらず、この二つは相互に依存している」[81]にもかかわらず、この（誤った）二律背反にもとづいて、その著者たちは法の排除をフーコーによる主張としたのである。こうした論調でベックは次のように続ける。

フーコーの議論は第一に、近代の秩序と権力が一方では国家法、他方では規律訓練という二つのシステムから構成されているというものである。第二の議論は、いたるところで見られる法の民主的特徴づけと法の支配が、規律訓練をつうじた民衆管理という現実の重要性を覆い隠してきたというものである。法は覆いにすぎないと彼が論じたのは事実ではない。なぜなら、それは覆いであると同時に権力の実際の源泉であり、少なくとも規律訓練と等しく重要なのである[82]。

このように、規律訓練と法であり、法に対する規律訓練ではない、というのがベックによるフーコーの読み方である。そして、それは他の批評家たちにも共有されている[83]。たとえば、ニコラス・ローズとマリアナ・ヴァルヴァードは、フーコーの思想に「法とノルムの共存在、ハイブリッド化、両者の相互依存[84]」を見出す。そして、ダンカン・イヴァイソンは彼らの見解と同じく、「近代社会における法の役割分析の手法として、『法的支配の技術』を『ノルムの技術』から、失敗せずに、切り離すことができる」[85]、そうしたフーコー的な法の解釈と研究を主張している。ベックが「有効な規律訓練空間の構成は、それ自体、法に支えられており、所有権や契約に支えられているのであり、たとえそれが監獄、学校、病院、職場のなかであったとしても、その空間に関わる当事者たちの関係性はそれらに支えられているのである」[86]と論じるとき、彼は、法と規律訓練の相互作用について考えうる一例を示しているのである。それゆえこの見解によれば、法は規律訓練権力に先立ち、後に規律訓練によって横断され包囲される空間を構成することで、規律訓練の働きを容易にしているということになる。

フーコーの講義『異常者たち』に目を転ずると、法と規律訓練権力（とくにこの事例では精神医学の権力）との間での、この種の授権的な連携について整理された図式が見出される。一九七五年二月一二日の講義で、フーコーは入院命令（精神病院における精神異常者の監禁）の作成を規制した一八三八年の法律の効果について論じている。フーコーによれば、監禁についての「医学的に専門化された特徴」を法律で定義することにより、「一八三八年の法律は、精神医学を医学分野としてのみならず、医療実践の領域内部における専門化された学問分野としても公認したのである」[87]。さらに、主体の精神的な能力への関心から暴動や社会秩序の混乱を引き起こす潜在的な危険性に対する関心へといたる精神医学研究の流れを再定位する際に、一八三八年の法律は「公衆衛生に関してとりわけ科学的で専門化された技術として、精神医学の役割を認めたのである」[88]。こうしてこの事例では、法が精神医学の権力を医学の一分野として確立することで、その権力作用を可能にするとともに、（精神医学の権力領域とその影響力の拡大および発展を可能にした）新たな問題の提起によって精神医学の権力機能に強い影響を及ぼしたのである。それゆえ、近代において法の重要性が後退することはなく、これまで以上に、法は規律訓練の展開とその利用につねに関わるようになる。それは、法と規律訓練による一種の構成的共存である。つまり、フーコーの協力者の一人が一九七八年の共同インタヴューで述べているように、「伝統的な抑圧の法がさらに微細な管理形態と並んで機能すると考えることは、まったく可能なのである」(89)。

フーコーの仕事における法と規律訓練の関係について、もう一つ考えられる読み方は、前者が後者の収奪を制限する役割を果たしているというものである。これは共存関係とは対照的な闘技的関係であるが、何らかのかたちで法を存続させるという特徴を維持している。法的言説がもつ解放の可能性をフーコーが信用していないように見えること(90)、そして、法は（その解放のための主張がどのようなものであろうと）拡大する規律訓練権力を制限することがますます困難になってきているという彼の信念(91)、これらに批判的なフーコーの批評家たちが、『社会は防衛しなければならない』第二回講義の終わりでの彼の忠告、すなわち「私たちがもし、非規律訓練的な権力を求めて、規律訓練あるいは規律訓練権力と闘おうとするのであれば、古い主権の権利へと戻るべきではない」(92)という忠告を指摘するのはその典型である。たとえばハントとウィッカム、そしてキルスティ・マックルアは、フーコーが（この文章や彼の仕事の別の箇所で）権利主張の政治的可能性を省く傾向にあると論ずる(93)。しかし興味深いことに、ジャン・ゴールドステインは、いかに薄められているとしても、フーコーには、法が規律訓練権力に対して何らかの制約を課するとの読解を行う余地が存在すると論じている[94]。フーコーによる一九七七年の論文「一九世紀の司法精神医学における『危険な個人』の概念について」の文章に依拠しながら[95]、ゴールドスティンは次のように論ずる。「規律訓練との関係における法の価値」をめぐるフーコーの立場は、そうした批評家たちが認めるものに比べて「……より曖昧で玉虫色であり、……知的にも興味深い」[96]。そのうえ、少なくともこの論文では、「危険な個人」に対するある種の「社会防衛」を確立しようとする犯罪人類学と司法精神医学の規律訓練的な言説の受容を、一九世紀後半から一九七〇年代まで、法が拒絶していたということをフーコーが認めている（そして称賛している）ということがわかる。おそらく「蜂起は無益か？」、「ポーランドの倫理的・社会的経験はもはや消されることはない」、「政府に対しては、人権を」[97]といった、フーコーによる後期のジャーナリスティックなテクストのいくつかが類似の観点から読めるであろう。これらのテクストでは、被治者の権利というかたちで権利言説の転換がなされる。そして、この権利は統治権力への制限として機能しうるのである[98]。

第三章では権利の問題が扱われる。しかし、こうした議論の方向性についての簡潔な見取図をまとめるに際して、私たちは次のように考えることができる。すなわち、フーコーがその近代についての研究から法を欠落させたとの非難に対して彼を擁護する方法として一つ考えられるのは、法と規律訓練とを誤って対置させたり、前者を後者の制度上の補助的な役割や単なる附属品へと格下げするのではなく、彼が実際に、ある場所ではそれらの相互作用や重なり合う相互連関を描き、また別の場所では、それらの緊張関係や継続的な対立について述べていた、という論じ方である。法と規律訓練のこうした関係、ある意味では法の外部に位置する権力と法との関係、これは私たち自身によるフーコーの法の再読にとってその中心を占めるものである。このような議論の方向性は、私たちがフーコーの再読をはじめるうえでもっとも啓発的な方法であり、続く各章ではその洞察を鍛え上げ、洗練していくつもりである。

法の統治性

ここまでは、主に規律訓練の編成をめぐるフーコーの一九七〇年代中期の仕事に焦点を当ててきた。法をめぐるフーコーの読み方として考えられる二つめは（他方で、これらの読解方法がけっして相互に排他的ではないということも強調されるべきだが）、『性の歴史』第一巻の後に発表ないしは公刊された仕事に焦点を当てるというものである。この仕事が、フーコーによる統治性の考察および自由主義的支配と政治的合理性の様式に関する彼の議論（これらはしばしば『性の歴史』第二巻および第三巻と古代ギリシアの倫理に関する彼の仕事とともに、「後期フーコー」としてまとめて言及される）からなることは明らかである[99]。「排除テーゼ」の主唱者であるハントとウィッカムへの公平を期すれば、これは、一九七〇年代中頃の「権力の分析学」をめぐるフーコーの初期の仕事の欠落を修復しうるものとして彼ら自身が認める一群の公刊された仕事であり、それゆえ、フーコーの側での自己修正とも見なされるものである（しかしこれから検討するように、この意外な事実は単なる法の再導入を示すものではない）。それでもなおハントとウィッカムは、「その初期に見られたような近代からの法の排除がはっきりと修正される」のはこの仕事においてであると主張する。フーコーは、その仕事で「代表制の立法機関による法制定の目的合理性」を論じはじめ、ついには「規制装置のますますの個別主義化」について認める。[100] それゆえ、法へと（回帰）転回すると思われた。

この時期の仕事でもっとも有名なのは「統治性」と題されたフーコーの講義である。それが広範囲に及ぶ関連の研究プロジェクトを推進し、私たちが論じようとしている資料にもっとも深く関わる部分であるとすれば、[101] その講義はおそらくこの時点での簡潔な概要に相当するであろう。これはまた、一九七〇年代後半および一九八〇年代初頭のフーコーの統治的地平における法の（転換しつつある）位置をよりよく見分けるのに役立つ。[102] しかし、まず最初に必要なのは、フーコーによる当時の仕事（それが元々はその一部であった連続講義も含めて）の広範な文脈のなかに「統治性」を定位し、それを彼の重要な転換――規律訓練と諸個人の服従化の強調から統治の問題編成、そして近代の主体がますます制度外において自らを統治するようになる手法に対する関心へ、という転換――の内側に位置づけることである。その講義は、一九七七年から一九七八年にかけて開講されたコレージュ・ド・フランスでのフーコーの講義『安全・領土・人口』の一部として一九七八年二月に行われた。[103] 講義全体では、フーコーが司牧権力と名づけた権力形式の興隆が明らかにされ、その起源がヘブライや東方キリスト教にあるとされた（フーコーによれば、これは牧者や羊飼いとしての主導者という比喩が注目されず、重視されなかった古典期ギリシアの政治文化とは対照的である）。[104] この司牧権力という様式は、三世紀以降、キリスト教の牧師という形式で西洋キリスト教により領有され、強化され、大規模につくりあげられた。しかし重要なのは、宗教改革以降、司牧権力の諸要素が徐々に（国家理性論やドイツのポリツァイ学、あるいは単純にポリスのような）「世俗的」とされる国家の支配形式により採り入れられ、同化されるようになるということである。[105] それゆえフーコーはその講義で、キリスト教の牧師が次第に「世俗化」し、近代ヨーロッパの国民国家制度によって司牧権力の多くの側面が導入されたと語っている[106]。

フーコーは司牧権力の政治的テクノロジーを次のように特徴づけている。第一に、それは一定の領土ではなく、動き続ける人々の群れに対して行使された。第二に、それは基本的に慈善に満ちた権力であり、そのため（自己犠牲へといたる）牧者の義務は群れの救済であった。そして最後に、それは個別化する権力であった。そこでは、群れに属する各々と群れの全体に対して牧者が個別にケアしなければならないのである[107]。フーコーが述べているように、「牧者は、自らが管理する群れの羊たちの行為や振る舞いについて際限のない知を形成するために、実際に日常生活を引き受け、観察しなければならないのである[108]」。決定的なのは、自らが世話をする日常的な行為についての牧者の関心が、彼の群れのなかにあるさまざまな考えに対する「精神的な導き」（良心の教導）へと拡大しなければならないということである。――それは「その人とその人の良心を導く人とを結びつける真理[109]」の産出と抽出を含む手続である。そこでフーコーは、一つの権力モデルについて説明する。そこには、救済をたしかなものにすべく、群れの身体的な行為と精神を細心かつ慎重に管轄する牧者と、彼に対して「徹底的、全体的、永続的なある種の個人的服従関係[110]」を負わなければならない群れの各々との間に、複雑な（そして、まったく情緒的な）つながりが存在している。『安全・領土・人口』でのフーコーによる歴史をめぐる語りが明らかにしているように、初期キリスト教の牧師モデルにおける群れへの司牧的ケアから近代国家の編成における人口の統治管理へ、あるいは精神的な救済という司牧的な約束から近代行政国家という枠組み内での物質的な救済という司牧的な約束へ、という転換をたどることができるのである。フーコーは別の場所で次のように論ずる。「ある意味で、国家は近代的な個別化のマトリクス、あるいは司牧権力の新たな形態と見なしうる」(111)。

フーコーの統治性概念には一般的な意味と具体的な意味がある。もっとも一般的には、統治性は、自らや他の人々を統治するためにつくられた計画について人々が考え、実行する何らかの手法を指すにとどまる。この点で、講義『安全・領土・人口』の第五回、第六回、第七回で論じられた牧師の初期形態は統治性の一例である。そこでは、群れの構成員が自己自身や自己の良心を審問することで一定の自己統治を実践する一方で、牧者がその群れに対して(詳細で非常に注意深い知と結びついた)一つの統治形式を実践する(112)。しかし、統治性という言葉のより具体的な意味、そして多くの研究者に影響を及ぼした意味とは、その講義の第四回でフーコーが論ずる統治性の独特な形式であり、上述したように、それは「統治性」として単独で公刊されている。

この統治性についてのより具体的な理解とは、一六世紀中頃から一八世紀末までに特定の政治理論家たちが発展させた権力についての独特の展開および省察の形態(フーコーがその初期に、規律訓練権力や生権力を権力の様式として確認したように)を指している。これらの政治理論家たちは、権力を自らの領土に対して君主が保持する支配権ととらえるマキャベリの権力概念から離れようとしていた。反マキャベリ的な「統治術」を展開する際、これらの著述家たちは非主権的な種類の合理性、すなわち「君主という問題編成、あるいは、彼がその主人であり支配者である領国との関係性という問題編成の下に合理性を従属させるのではなく、統治術に内在している合理性(113)」について説明を行った。これらの理論家にとって重要なのは、領国に対して超越的な唯一の君主権力を維持することではなく、むしろ人口それ自体の可能性に配慮し、これを最大化することであった（そしてここに、権力について考え、行使するこの手法の司牧的起源を見出すことができる）。人口は、その正確な密度とともに統治性の政治的目標となる。そして、統治術の技術が自らを適合させ、集中しなければならないのは、人口に対してなのである。つまり、「それ［人口］は諸要素からなる一つの集合であり、そこでは、事故のなかにさえ定数と法則が認められる。……そして、この集合に関しては、それが従属する多くの修正可能な変数を標定することができる」(114)。一六世紀の著述家、ギヨーム・ド・ラ・ペリエールの言葉をもちいれば、「統治術」は「適切な目的へと導くために準備された事物の正しい処理(115)」に関わる。そして、この目的とは人口の常なる改良であり、戦術的な規制による介入をつうじて、その健康、幸福、物質的な豊かさ等々を最大化することである。

ラ・ペリエールは次のように言う。統治が案じなければならない事物とは人間である。それは、富や資源、生活の手段、そしてもちろん、国境や特色、風土、干ばつ、肥沃な土壌等々を備えた領土といった事物と関わり、結びつき、複雑に絡まりあった人間のことである。「事物」とは、慣習、習慣、行動や思考の仕方といった事物と関わる人間である。最後に、事物とは事故や不幸、飢饉、疫病、死といった事物との関わりにおける人間である(116)。

ところで、この統治性という概念は、『性の歴史』第一巻の最終章と講義『社会は防衛しなければばならない』の最終回でフーコーが導入した生権力の観念と非常に似ている[117]。この二つは、人口に対して、その可能性の最大化と容量の最適化にむけて権力を行使する手法に言及するが、私たちの知る限りでは、この二つの概念の関係性についてフーコーははっきりとは論じていない。私たちはその差異を主に強調の違いと細部の違いとして理解している。第一に、統治性とその概念が自己統治の観念とともにフーコーの思考にもたらした転換は、主体を自己統治（自己のテクノロジーの使用）へと駆り立てることで機能するそうした統治戦略をさらに大きく強調するという意味を含んでいる[118]。それから第二に、統治性の概念は、生権力による生の管理というかなり広範な（そして相対的に未発達な）概念について、（政治理論家の著述や政治的支配の具体的な諸実践をつうじて）さらに詳細な歴史上の事例を提供する[119]。

フーコーが述べているように、近代国家がこの統治性という計画的なテクノクラートの論理にしたがっていまなお機能しているということが重要なのである。つまり、「国家の『統治性化』」を特徴とする「統治性の時代に私たちは生きているのである」[120]。フーコーの説明で主に重要なことは、国家それ自体ではなく、むしろ近代国家が統治性とよばれるこの新たな権力様式にしたがって機能するようになったという事実である[121]。

> この「統治性」という言葉で、私は三つのことを示している。第一に、「統治性」とは、人口をその標的とし、政治経済学をその主要な知の形式とし、そして、セキュリティの装置をその本質的な技術的道具とする、この非常に特殊な、とはいえ非常に複雑な権力の行使を可能にする制

度、手続、分析、省察、計算、戦術から成る全体である。第二に、「統治性」とは、西洋全体で長い間、「統治」とよびうる権力タイプを、主権や規律訓練といった他のすべての権力タイプよりもつねに優先するよう導いてきた傾向であり、その力線のことである。これは一方で、一連の特殊な統治の装置(appareils)を発展へと導き、［そして他方で］一連の知(savoirs)の発展を導いてきた。最後に、「統治」とは、中世の司法国家が一五世紀から一六世紀に行政国家となり、しだいに「統治性化」される過程、あるいはその過程の結果を指すものでなければならないと考えられる。(122)

権力のさまざまな様式に関する上記の定式化からは、主権が規律訓練に置き換えられ、次に、規律訓練が統計による人口の調整と管理を行うテクノクラートの統治性に置き換えられたという印象を受けるが、フーコーはその講義の別の箇所で、権力の一形式としての統治性が規律訓練とともに作動していることを明らかにしている。

それゆえ、規律訓練社会によって主権社会が置き換えられ、それから統治社会というようなものによって規律訓練社会が置き換えられたというように物事を考えるべきではない。実際には、主権、規律訓練、統治的管理からなる三角形が存在しているのである。そして、統治的管理の主たる標的は人口であり、その本質的メカニズムはセキュリティの装置なのである。(123)

たとえば、少なくともこの時期の著作では、法的、規律訓練的、そして統治的戦略の相互関係と相互的な影響をフーコーは示唆するつもりでいたということをニコラス・ローズやマリアナ・ヴァルヴァードといった研究者たちが確信したのは、フーコーの統治性研究に見られるこの衝動、すなわち、この異なる権力様式の三角形化に他ならない。この読解では、「法的複合体」が重要性を失うことなく、実際に統治戦略へと統合され、政府による社会問題の分離と管理の中心をなすのである。[124] 法はより広範に分散した統治の場の一部となり、社会体のいたるところで機能する。同様に、マリアンヌ・コンスタブルは現代米国の移民法の文脈で主権権力と統治性の様式との相互関係を分析し、そのなかで、現代国家によって生み出された法がいかに「『政策』――人口とその個々の構成要素という次元での秩序に関する規制、そして人間諸科学によって描き出された規則性と利害関心によってもたらされた知にもとづく規制――」という性質を帯びているかを（フーコーに倣って）示している。[125] 私たちは、移民法に限らず、健康、福祉、住宅の各手当の支給を定めた法律、健康と安全に必要な物を管理する法律、そして（明らかに今後その対象に含まれる）試験管受精、ヒト胚の使用等々に関連する法律についても考えるであろう。それゆえ、このようにフーコーを読むと、法はここで規律訓練のマトリクスや人間諸科学の出現によって生み出された必須の「人間に関する知」とともに、統治の工廠の中心部分を構成するのである。

しかし、フーコーが『安全・領土・人口』の第四回講義で説明しているように、ある見方では、これは法の本質に微妙な変化をもたらす。

これに対して、ここでは、人間に法を課すことではなく、事物の処理が問題となる。つまり、法よりも戦略をもちいること、あるいは、最大限、法を戦略としてもちいることが問題となる。すなわち、いくつかの手段によってあれこれの目的が達成されるように事物を配置することが問題となるのである。[126]

この引用文には、ハントとウィッカム（そして他の研究者たち）が近代的権力の要請に手段として服従させられていると批判してきた、まさにそうした法の輪郭が認められる。統治性の地平において法は効力を維持しているように見えるが、おそらく、もっとも重要な統治-管理装置の戦術的な要素として再定位されているのである。こうした法の展開を（上記のローズとヴァルヴァード、そしてコンスタブルのように）近代における法の再統合としてではなく、統治あるいは管理の要請への法の同化として読むことも可能である。これは、フーコーが初期に述べていたとされる規律訓練権力や生権力への法の従属とおおむね類似している。事実、統治性と政治的合理性についてのフーコーの仕事は、法には近代において果たすべき構成的な役割があることを示唆しているにもかかわらず、遅すぎた法の回帰の物語として素直に読むことができないという特徴を有している。この仕事にはむしろ法の卑劣な二面性――愚鈍で残忍で時代遅れな主権の道具としての法（これに対置されるのが統治性としての法というモデルである）、あるいは、私たちが現在追い込まれている戦術的な管理の柔軟な装置としての法――という物語が見出されるのかもしれない。

本節で扱ってきた統治性と法に関する仕事には、法がいかにしてフーコーによる近代についての批判的な記述の一部であり続けたのかを論証できるという利点がある。しかし、合法性の諸形態と管理や統治性の諸形態との間の緊張関係やアンビヴァレンスを扱うことができないというのはたしかであり、その際に、これらの新たな権力形態と法との関係性がもつ「特殊性」[127]とも言うべき点をとらえることができない。つまり、法は後期近代における管理された世界の多様な側面の一つとなるにすぎず、こうしてある意味では、統治性の技術に包含されてしまうのである。[128]次章では、法とその外部、あるいはそれを超えて存在する権力形態とのやや複雑な関係について示したいと考えている。

「juridical」なものと「legal」なもの

最後に、本章で考察したフーコーの思想に法的なもの（the legal）を（再）定位する最近の試みとして、いくぶん単純化すれば、「juridical」（あるいは juridico-discursive）という語と「legal」という語がフーコーの用法では同義ではないという議論がある。これから見るように、この批判の方向性は出発点こそ意味論的であるが、最終的には近代法の本質とそのノルム化の実践との関わりについて、より広範な概念的主張の提示を目的としている。その議論を最初に提起したのは、フーコーのかつての同僚でコレージュ・ド・フランスでは彼の助手を務めたフランソワ・エワルドであることがわかっている。彼はその論文「ノルム、規律訓練、法」の冒頭で、法と主権に対するフーコーの印象的でレトリックに満ちた非難の一場面、すなわち『性の歴史』第一巻の（「死に対する権利と生に対する権力」と題された）最終章に立ち返る。この最終章でフーコーは、近代にいたる間際で法を早々に墓場へと送るかのようである。フーコーが、生権力の隆興を「法の後退」[129]という相関的な過程といかに結びつけているかはすでに見た。フーコーの考えでは、生に対する権力の歴史的拡大は、死への権利の衰退と反比例の関係にある。[130] つまり、生権力は法的なもの（the juridical）が退いた空間を次第に埋めていく。そして、早まって埋葬された法をフーコーの記述から掘り起こす際に、エワルドがその支えとしたのは、まさにこの「法的なるもの（the juridical）」という表象なのである。「ここでフーコーは、生権力の発展が法の衰退に付随するというつもりはない」とエワルドは述べる。[131] 本章をつうじて論じてきた理論家の多くとはまったく対照的に、エワルドは次のように論ずる。

［フーコーの］さらなる解説で明らかになるのは、ノルム化する社会の形成が法の権力を縮減したり、法制度の消滅をもたらすことは決してないということである。事実、ノルム化は立法の驚異的な増加を伴う傾向がある。……それゆえ、ノルムは法そのものに対立するのではなく、フーコーが「the juridical」とよぶもの、すなわち、主権者の権力の表出としての法制度と対立するのである。フーコーが述べているように、もし「法が武装せざるをえない」としても、そして、その武器の最たるものが死であるとしても、この法と死という等式は法の本質的な特性に由来するものではない。法はまたノルムを定式化することで機能しうるのであり、「殺戮者としてのその華々しさにおいて姿を見せるよりも、資格をあたえ、測定し、評価し、階層化しなければならない」別の種類の権力の一部となるのである。生権力の時代においては、君主の法を特徴づける法的なもの（the juridical）はノルム的なもの（the normative）と対置されうるのであり、もっと

も典型的には、憲法、法典、そして「たえず繰り返される、喧騒に満ちた立法活動」に、ノルム的なものが目立つのである。[132]

それゆえ the legal から the juridical を切り離す際、エワルドは、フーコーの実際の標的が the legal それ自体ではなく、the juridical、つまり、エワルドがここで「主権者の権力の表出としての法制度」ととらえたものであったとの議論を提起する。[133] エワルドの見解では、the juridical と the legal の区別を一度認めれば、実はフーコーにとってより重要な区別が、法の作用を表象あるいは理解する二つの方法、すなわち、法的なもの（the juridical）とノルム的なもの（the normative）との区別であるということがわかるのである。フーコーの思想では、これらが執念深く対立しているとエワルドは主張する。さらに、法はノルムの論理にしたがって機能する（そして、ますます機能している）のであり、欲望、命令、威嚇的制裁という時代遅れの法の（juridical）論理にはしたがわない。「近代社会における法と合法性」[134]の終焉を語ることなく、エワルドのフーコーは近代にはじまるノルム的な法へとむかう素振りを見せる。実際、『性の歴史』第一巻でフーコー自身が書いているように、生権力の時代において「法はますますノルムとして機能する」のである。[135] こうしてフーコーの批判の対象は、法がいまだに juridical な定式（フーコーの言葉によれば、「the juridical はますます権力をコード化できず、その表象システムとしての役割を果たせなくなりつつある」）にしたがって機能していると主張する人々となる。[136] エワルドによれば、フーコーが述べているのは、近代において the juridical は法を表象し理解するのに不適切な方法であり、実際に、法は誤って割り当てられた juridical のエコノミーを超えているということである。つまり、法は規律訓練的で生政治的になるのである。[137]

エワルドによるフーコーの読解は、フーコー派の法学研究者に大きな影響を及ぼすものであった。たとえばヴィクター・タドロスは、エワルドによる the juridical と the legal の区別をもとに、近代的な権力関係に関するフーコーの概念を理解する際には、その区別が重要になると論じている。タドロスは、the juridical が権力を表象するコードや方法であるだけではなく、「権力の特異なネットワーク、すなわち、特定の形式でつなげられる現実の権力関係の集合」[138]でもあると論じて、エワルドによる定式化を拡張している。それゆえ、この読解では、法、権力関係のネットワーク、そして最後に、権力が自らを（表象）提示するコードや方法を区別しなければならない。[139]フーコーの思想において the juridical とともに the legal を省くことへの警告は、フェミニストに定位した批判（これは、キャロル・スマートが法をめぐるフーコーについて『フェミニズムと法の権力』で行った読解と関わる[140]）、そしてまた、最終的には、先に言及してきた統治性に関するフーコーの仕事に触発された批判のなかに手がかりを見出してきたのである。[141]これらの読解すべてが、フーコーの仕事のうちに法を復活させること、そして――フーコーにならって権力の法的（juridical）形態が衰退しつつあることを強調する際には――法がいかにしてノルムをつうじた生政治的な手法で機能するのか、つまり、支配の法からノルムの法への移行を明らかにすることについて関心を共有している。

しかし、これらの読解の適確さにもかかわらず、またフーコー解釈のうちに法を再定位するという意図が適切であったとしても、そこではフーコーの説明における法の特殊性とも言うべきものが見失われている（こうした特殊性は、一般にはそれほど認識されていないが、このような見方こそが、本書で私たちが成し遂げつつあることの一部なのである）。むしろ、統治性に関するフーコーの仕事を起点とする上述の読解のように、これらの解釈は、それが強調し回復しようとしているものを実際には妨げることになるのである。差し当たり、フーコーのテクストのなかで（この読解が依拠していると想起されるであろう）the legal と the juridical との区別がなされていないように見える箇所については考慮せず[142]、ノルムとしての法という読解が、フーコーの意味で、いかに法の諸側面を適切にとらえられていないかを示して本節を終わらせたいと思う。

「ノルム、規律訓練、法」のなかで、エワルドはフーコーの法理解についての解釈論を展開している。関連する著作群においては、「社会法」の概念を構築するため、エワルドは自らのフーコー解釈に依拠している。これら「社会法」に関する著作については第三章でさらに深く、別の角度から論ずる。しかし、ここで私たちが主に関心を抱いているのは、いかにしてエワルドのフーコー解釈がノルムによる法の包摂という帰結にいたり、そして、これまで見てきたように、フーコーが主張したいと考えていた、これら二つの複雑な相互関係の解明を失敗へと導いたのかということを、エワルドによる「社会法」の定式化からどうやって示すか、ということである。それでは、エワルドがいくつかのテクストで明確化している「社会法」の概念について見てみよう[143]。

社会法とは「福祉国家に典型的な法実践を表す用語[144]」であると、エワルドは論じている。彼によれば、社会法の諸原理が出現し発展するのは、労働法と社会保障法の領域に限られている。しかしむしろ、エワルドの社会法は彼の元指導教授を彷彿とさせるマクロな歴史のカテゴリー化という特徴を示しており、それは「新たな法システム」[145]を構成するものに他ならない。福祉国家の到来が法システムの新たな形態と合法性についての新たな考え方をもたらすのである。この合法性は、抽象的で普遍的な諸原理を課するのではなく、たとえば、資源配分や政治過程へのアクセスをめぐる社会的紛争の一時的な解決における「政治的な手段、統治の手段としての」[146]法の使用をその基盤とする。社会法は、権利についての普遍的な諸原理を定義することにではなく、むしろ、不公平な状態に衡平をもたらし、政治共同体の構成員による権利主張について論議することに関心を払う。そしてその際、社会法は否応なくノルムに訴えるのである。

一つの言葉が、この法的判断の論理についてのすべての特徴を示している。その言葉とはノルムである。社会法の意味において、衡平についての判断とはノルム的な判断である。衡平の観点から判断するということは、ある時点における所与の集団の慣習や習慣という観点から、その社会的標準との関わりにおいて、行為や実践の価値を判断するということを意味している。[147]

エワルドは、実際に彼の論文「社会法の概念」の最後の頁で分析を結論づける際に、フーコーに依拠して自らの社会法の概念を正当化する。『性の歴史』第一巻の一文を引用しながら、エワルドは次のように書いている。「それゆえ、古典的な法から社会法への移行は、『法からノルムへ』の移行として分析されるべきである」[148]。結局、エワルドは判断、衡平、正義という法概念とノルムとを接合しようと努力したが、社会法という新たな原理を構築する試みは、法をノルム、規律訓練権力、そして人間諸科学に従属させるという行為――これまで見てきたとおり、この行為ゆえにフーコー自身が批判されてきたのである――の繰り返しにすぎないと考えられる（たとえば、「ノルム化の手続が法の手続をますます植民地化しつつある」[149]という先に論じられたフーコーのコメントを参照）。エワルドは結局のところ、ノルムにもとづくフーコー的な法律学を構築しようと試み、法はノルムにしたがって機能すると論ずることで、法をノルムに同化させることとなった。その際、彼は、イヴァイソンが命じたように、「『法的（juridical）支配の技術』……［と］『ノルムの技術』とを「分離」するのではなく、実際には「虚脱」させてしまったのである。[150]すでに見たように、フーコーの仕事の全体的な傾向は、これら別々の技術の間に差異を確立するというものである。ハントとウィッカムに追随するほとんどの批評家は、フーコーが二つの支配形態を切り離しただけでなく、実際には、一方を他方に優越させたと論じている。しかしエワルドは、フーコー的な合法性の形態とも言うべきものが存在し続けると論じようとするときに、その区別を骨抜きにしてしまったのである。私たちは、フーコーの法を読解する際に、法とノルムとを同一視せず、それらの構成的な差異を認めることができる、よりニュアンスに富んだ法理解について論ずる。法の内部と外部に位置する規律訓練権力および生権力の様式と法との接合こそ、私たちがとらえたいと思っているものであり、第二章でのフーコーの法に関する議論を基礎づけるものに他ならない。

3　結論

本章での私たちの目標は、法をめぐるフーコーの立場を解釈するいくつかの異なる手法へと読者を導くこと（そして手短ではあるが、その過程で、規律訓練権力、生権力、統治性といったいくつかの鍵となるフーコーの概念についての解説を提供すること）であった。もちろん、ここで論じてきたさまざまな対話者たちの記述から浮かび上がるフーコーの法に対する態度は、実際のところ、一方では、法を従属させ制限するものと、他方では、法を再構成し、何らかのかたちでの近代との継続的な関連性をほのめかすものとの間で揺れ動いているように見えるが、フーコーの「立場」という確定的な言葉で語るということは、ある種の概念的な安定性や固定性を含意している。フーコーの法に関する私たちの説明を、本章をつうじて論じてきた説明――「排除テーゼ」および、一見陳腐とも思えるフーコー的な法をさまざまな手法で刷新しようとするそれらの読解――と分かつのは、私たちがこの不決断を組み込んでフーコーの法を定位しているという点である。私たちはフーコーの法を従属させられた法と超越する法の間に、そして、規律訓練権力や生権力という新興の権力様式によって制限される法と、無限の法、すなわち、法が自らと自らを手段にしようとする人々とをつねに超出する法との間に位置づける。フーコーが実際に、法について完全に一貫性のある――そして非常に適切な――ことがらを述べているのは、これら二つの異なる法の側面の間にある表面的な矛盾においてなのである。立場を次々に変え、御し難いようにも見えるフーコーの思想を飼い慣らそうとするのではなく、私たちは、フーコーの法についての一理論を、まさにこの立場の転換から導き出そうとするのである。その結論は、もしそれが「存在する」のであれば、はじめにそれ自身をつねに超えていなければならない法である。しかし私たちの最初の課題は、これまで本章ではほのめかしてしかこなかった法の側面——法は無限であり応答的であるという観念——をフーコーのいくつかのテクストにおいて説明することである。これこそ、私たちが次に第二章で焦点をあてるものに他ならない。

第二章　フーコーの別の法

私は自明性や普遍性を破壊する知識人を夢見る。それは、現在の惰性と制約のなかで、その弱点、隙間、趨勢を見定め、示してみせる知識人であり、たえず自らの位置を変え、あまりに現在を気にかけすぎているために、自分がどこにむかっているのか、自分が明日何を考えるのかが正確にはわからない知識人である。(1)

先ほど第一章の終わりで見たように、フーコーの法は変幻自在ともいえる性質を帯びはじめた。この法は、主権者の鈍らな道具、あるいは、規律訓練権力の言いなりになる手先にすぎないどころか、それ以上のものでありうることを私たちは示唆した。本章で強調したいのは、その避けることのできない、それ以上のものについてである。フーコーの法の動き、すなわち、決定性から超越へ、制限された法からたえず動き続ける超越の法へという場の転換が、実際には、法に認められる「論理」そのものとどのように対応しているのかを示すことが重要なのである。この必然的な不決断がフーコーの法の（不）統一の構造である。したがって、本章で着手するのは、法に関して一見矛盾しているフーコーの一連の主張から、ある程度の一貫性を導き出すことである。私たちは、フーコーによる他のいくつかのテクストに触れるだけでなく、前章で見た主張についても再検討する。その際、フーコーのテクストに見られる一見対立するような近代法の属性——固定された決定性の法と、はじめから浸透していて限りなく応答的な法、すなわち、手段として従属させられた法と、いかなる権力による全体的な管理からも逃れ去る超越の法——が、はじめはバラバラで不決断なものに見えたとしても、実際には、まったく同じ法の不可分に関係し合う側面であるということを示そうと思う。

これまでの解釈とは対照的に、以下の議論をつうじて私たちの関心を導くのは、フーコーの法の応答的で、自己抵抗的な側面の解明である。しかし、私たちの解釈を前章で論じたアプローチと結びつけるために、私たちが示したいと考えているのは、法が、その決められた場に到来し、あるいは、そこにもたらされるものに対して、必ず自らを開き、それを受容するようになるとき、実際に、法は——第一章で詳述した「排除テーゼ」にしたがい——表向き優勢な権力（それらが主権であれ、規律訓練や生政治の類であれ）の支配にどれほど影響を受けやすいかということである。しかし、私たちがこのテーゼから離れるのは、フーコーの法がなぜ——この生来の影響されやすさにもかかわらず、ではなく、それゆえに——権力によって制約されえないのかを示す地点においてである。フーコーの法は、権力を関係的なものととらえ（直し）たことでよく知られる彼の思考のように、停滞し続けることはできず、むしろ、他なるものの到来、そして、抵抗や侵犯の根深く執拗な要求に対して、つねに、はじめから応答的であり続けなければならない。これから見るように、フーコーの法をそれ自体で形成しているのはそうした抵抗へと駆り立てる力なのである。実際、ここでの議論で私たちがもっとも示したいのは、フーコーの法において機能している自己抵抗的合法性という或る種の倫理である。これは、たしかな核や要件ではなく、法をいつでも別様でありうるように開く不安定な状態である。

こうしたフーコー的な法の概念についての読解を詳述する際、私たちは第一章で論じた一九七〇年代中期から後期にかけての彼のよく知られた系譜学のテクストをもとにする。しかしそれに加えて、とくに欠かせない「モーリス・ブランショ——外の思考」(一九六六年にフーコーがモーリス・ブランショの仕事について行った取り組み)や「侵犯への序言」(フーコーが一九六三年にジョルジュ・バタイユに捧げたオマージュ)(2)といった、フーコーと法に関する文献ではそれほど一般的には依拠することのない、他のいくつかの重要なテクストも参照する。フーコーの法の応答的な側面、そしてその決定性の側面との構成的な関係がいっそう明白に現れはじめるのは、これらの仕事においてである。このような早い段階では繰り返しのおそれもあるが、本章では、フーコーの法はオーソドックスな記述によって決定された所産であるとともに、その決定された自己をたえず超え出てしまう、つねに応答的な法でもある——そしてそれは必然である——と論ずるつもりである。それが必然であるのは、フーコーの法に内在していると感じられる不決断が、それ自身、ある種の決断だからである(それゆえ「不決断」なのである)。本章では、この不決断が実はある種の統一性の動的な構造である、ということをたしかめるつもりである。

ともあれ、議論を方向づけるために、前章で論じた問題に少し戻ってはじめることにする。前章では、法をめぐるフーコーの立場についての支配的な解釈を紹介した。そのとき述べたように、このフーコー解釈は彼の著作におけるテクスト上の裏づけをほとんど失っていない。――実際、「排除テーゼ」という言葉を概述する際に指摘したように、この解釈を再読することで、私たちはこのような立場を掘り崩そうとはしていない。むしろ、それを批判的に補うことで拡張しようとしているのである。この「排除テーゼ」は基本的に二つの主張で構成されていた。第一の主張は、フーコーによれば、法は近代においてさほど重要ではなく、前近代で法が果たしてきた（社会統制や規律訓練などの）機能を他の権力様式が果たすようになってきたというものである。そして第二の主張は、これらの新しい規律訓練的、生政治的、統治的な権力様式の出現とともに、法は凌駕され侵奪されただけでなく、実際には、これらの権力の要求に取り込まれ、道具として従属させられたというものである。この第二の主張では、フーコーの法はその外部にある卓越した権力の道具以外の何ものでもないと考えられている。つまり、法は権力との関係において道具と化しているのである。この後者の主張は、フーコーによる近代の叙述に関して頻繁になされており、そこでは、フーコーが単に「規律訓練システムの機能を是認するゴム印[3]」として法を位置づけているとされる。他方、前章では、フーコーがさまざまな点でいかにして法を前近代における主権的あるいは君主的管理の道具としているのかを確認した。そこで要約すれば、両主張――近代において法が次第に周縁化しているという主張と、法が惨めな道具と化したという主張――において、フーコーは法の役割を過小評価したとして批判されていたのである。また、この読解でフーコーのものだとされる法の見方は、抑制されており、そうした「境界を画定する権威[4]」が主権的権力や規律訓練権力の道具「である」にすぎず、それ以外のものではない、という見方であることもわかる。法は別様ではありえず、権力によって割りあてられた秩序、計算、管理のエコノミーを超えられないのである。フーコーのテクストに法をとり戻すべく、私たちが検討したさまざまな取り組みは――それらの取り組みが、たとえば、規律訓練権力と法の共存を支持するものであれ、統治性と法の統合を強調するものであれ、あるいは、「the juridical」という表象と法との概念的な区別に賛同するものであれ――、それ自体、「排除テーゼ」とはまったく異なるとは言えない仕方で法を制限する傾向にあった。本書で私たちが行う再読は、まさにこのようなフーコーの法を制限するのとは反対の方向、それが何らかのかたちで事実上制限される可能性とは反対の方向にむけられている。

次節「関係のなかの法」では、前章の最後のあたりで論じたフーコー解釈の一つの視点――すなわち、法が規律訓練権力とともに存在し、そして何らかのかたちで関係しているという議論――について考察することから、フーコーの法の探究をはじめる。私たちはこの議論にいくぶん磨きをかけ、その過程で、その視点とは別の視点と比較することでフーコーの法についての理解を洗練させたいと考えている。前章の最後で論じた論者たちの側の主張、すなわち、フーコーは法を規律訓練権力や統治性に従属させてはおらず、実際には、法はこれらの権力編成とともに作用し続けていたという主張は、フーコーによる近代の説明のなかに法が存在し続けていたことを思い出させるのには有益である。しかし、ここでは、法が規律訓練権力のような権力編成と協力して機能するだけでなく、実際には、そうした編成とのより複雑な関係の動きのなかにあるという洞察を展開したいと思う。第2節「フーコーの法」では、対立しつつも不可分に関係づけられた側面から、フーコーの法「それ自体」の完全な全体像を明らかにする。その際に私たちが焦点をあてるのは、現在の決定性と、それを超えるものに対する無限の応答性との間の創造的な不決断となるであろう。それゆえ、本章の議論は二段階で進行する。第一に、規律訓練権力が法を凌駕し排除するという主張を反駁するため、「関係のなかの法」と題された節では、法と規律訓練権力の関係性を検討する。フーコーが二つの権力様式の間に描いた複雑で相補的な関係から明らかになるのは、「排除テーゼ」の主唱者たちによって主張されたように、法が規律訓練権力によって単に従属させられているということはありえず、反対に、規律訓練権力が法に対して構成的に依存しているということである。第二に、「フーコーの法」と題された節では、かなり詳しくフーコーの法概念それ自体に焦点をあてる。そこでは、「排除テーゼ」を覆すだけでなく、フーコーの法についてのよりニュアンスに富んだ構想の解明に着手し、それを拡張しはじめる。フーコーの法についての私たちの理解では、法は決定性や閉鎖という観点から描かれるだけではない。むしろ法は、外部性、すなわち、法の編成そのものを構成する役割を担う抵抗や侵犯からなる外部と応答的に関わり合うと考えられるのである。

1　関係のなかの法

そうした「排除テーゼ」の批判者たちとの手近な同意を認めてから、議論をはじめるのがもっとも簡単であろう。彼らの議論によれば、近代のノルム化する規律訓練と前近代の合法性とを隔てていると思われる境界線を私たち近代人が一度踏み越えてしまえば、法は衰退することになると、フーコーは示唆してはいないのである。すでに見たように、フーコーは法の衰退を認めることになるいくつかの歴史に関わる定式化――おそらくもっとも顕著なのは、彼が近代を「法の退行段階」[5]の時代であると記した部分であろう――を提示しているが、彼は別の場所で、それによって「法が消え去るとも、裁判制度が消滅する傾向にあるとも言うつもり[6]」はなかったと明言している。実際、フーコーは所々で法の衰退についての画期的とも言える一般化を行っているが、しばしば彼は、多少のニュアンス、歴史上の重なり合い、あるいは複雑化を持ち込むことで、そうした言明を修正しようとしているというのがより正確であることは間違いない。アン・ローラ・ストラーが述べるように、「大胆な二分法をつくり出し、それを打ち立てるとすぐに取り消してみせる技芸の名人として、フーコーを読むこともできるだろう[7]」。たとえば『性の歴史』第一巻でフーコーが近代への移行を枠づける手法の一つは、「血の社会」から「『性』の社会、あるいはむしろ『セクシュアリティをもつ』社会[8]」へという歴史的な動向に関わるものである。前者は、姻戚関係や血縁、家系の維持といった法システムによって特徴づけられるのに対し、後者はセクシュアリティ、そして身体を名宛人とする権力形態をその典型としていた。

古典主義の時代に考案され、一九世紀にもちいられた権力の新たな仕組みこそが、私たちの社会を血の象徴論からセクシュアリティの分析学へと移行させたのである。明らかに、法、死、侵犯、象徴的なるもの、そして主権の側にあるのは、血のみである。同様に、セクシュアリティは、ノルム、知、生、意味、規律訓練、そして規制の側にある。(9)この唐突ともいえる歴史的な区分には、その後、隣の頁で以下のような留保が付される。

セクシュアリティの分析学と血の象徴論が、当初は二つのはっきりと区別された権力体制にもとづくものであったというのは間違いないが、実際には、一方から他方への移行は（これらの権力そのものと同様に）、重なり合い、相互作用、反響を伴わずには生じなかったのである。(10)

それゆえ、前章で論じた「統治性」講義での「主権、規律訓練、統治的管理」という「三角形」についてのフーコーの議論も想起すれば、(11)おそらく、彼が重大な歴史的断絶を主張したとしても、(12)その中身には興味深いニュアンスがさらに含まれており、実際には、フーコーが述べてきたさまざまな権力様式が同時に存在して、何らかの仕方で関係しているということを彼が認めていたとも考えられ、そのように想定するのがもっともたしかであろう。ジョージ・ペイヴリッチが簡明に述べているように、これらさまざまな権力様式が「隣接して配置され、複合的な文脈の混合物をなしている」のである。(13)

後から洗練させるつもりでのみフーコーは「大胆な二分法」を打ち立てるという、いま述べた傾向に加えて、彼が法そのものについて明確に述べている内容の多くが、フーコーは法を排除してきたと言われていることと矛盾していることにも気づくだろう。これは、近代においても法は消滅しないとフーコーが強調していただけでなく、[14]――一見すると、やや直観に反するかもしれないが――「法と主権の理論的な特権から……脱却する」あるいは「権利のシステムや法の形態に由来しない権力の分析原理を見つける」と彼が繰り返し命じていたことからも明らかである。[15]これら後者のコメントは、法との関係を断ち、実際には、法を退け、排除したいという彼の欲求の現れであるとして、フーコーの批評家たちによってしばしば取り上げられる。[16]フーコーが社会における権力研究の新たな理論的視点をつくり出そうとし、より正確には、法に由来しない権力の「歴史的解読格子[17]」の形成を企図していたことを示すものとして、これらの言明は間違いなく適切である。その言明によって証明しえないのは、近代において実際に、彼が描き出しつつあった権力に法がとって代わられた――あるいは、全面的にとって代わられうる――とフーコーが考えていたということである。むしろそれらの言明は反対のことを証明している。「国王の首を切り落とせ[18]」という現代の政治思想や政治分析の文脈でもよく知られ、語られる彼の要求がそうであるように、国王の首（そして、近代における国王の主権のさまざまな化身とも言えるもの）がその身体と強固につながったままであるという認識をもっていなければ、このような宣告はなされない。実際、新たな理論的原理を発見することや古い原理を比喩的な意味で断頭することを求めるフーコーの執拗な要求は、乗り越えられなければならないと考えられているものが生き残っているという事実から、まさにその力を引き出しているのである。したがって、フーコーによる新たな視角の要求を（これらの要求が、法や権利のある側面に対する反感をあらわにしているように見える言葉で行われている場合であっても）、法が現実に他の権力にとって代わられた、あるいは、とって代わられつつあるという発言ととり違えないように注意しなければならない。フーコーにとって法と主権は不可分な関係にあり、「法-と-主権のシステム」[19]のようにハイフンで結ばれた近しさで彼が表現した関係であることに留意すれば、この主権の存続という問いが、なぜ法の存続をも含意するのかがわかる。フーコーが主権と統治性の関係を論ずる際に述べたように、一八世紀における統治術から政治学への移行期ほど「主権の問題が鋭く提起されたことはなかった」[20]。「主権は、政治学への敷居を踏み越えた新たな統治術の出現によってもけっして抹消されない。主権の問題は抹消されたわけではない。それどころか、この問題はこれまで以上に先鋭化された」[21]とフーコーは書いている。そして、法についてもまた、まさに「私たちの社会における社会の働きの一部」[22]であり続けると、別の箇所で述べている。もし近代の新たな権力が「法の一時停止をもたらす」としても、この一時停止は「けっして取り消されはしない」が、同様に「けっして全面的でもない」[23]。要するに、主権と法はフーコーの近代に存在し続けるのである。

それゆえ、もしフーコーがしばしば自らの歴史的な時代区分を修正し、また、法や主権に関する彼のコメントの多くが、依然として、それらがまさに近代の中心的な特徴であると示唆するならば、そのとき私たちは、フーコーの仕事が浮き彫りにする他の権力と法との関係をどのように理解しうるのであろうか。たとえば、ニコラス・ローズやマリアナ・ヴァルヴァードにしたがって、継続的な「法とノルムの相互依存」[24]をどのように理解すればよいのか。あるいはおそらく、アンソニー・ベックが言うように、「近代的な秩序と権力が、一方では国家法、他方では規律訓練という二つのシステムから構成される」[25]仕方をいかに理解すればよいのであろうか。実際、この最後の定式化で、ベックは「近代社会において、権力は、主権という公的な権利と規律訓練という多型的構造との間の異質性のゲームをつうじて、それにもとづいて、そしてそのゲーム自体のなかで行使される[26]」というフーコー自身の主張を繰り返す。法と規律訓練権力、あるいは生政治的権力との共存は、法の効果を高め、社会体への法の浸透を確実に強化するために、法がこれら他の権力ととものに作用するという問題にすぎないのであろうか。それは、合法性の古い形式と考えられているものの範囲を最大化するために、規律訓練権力が「それらの媒介となり、それらを相互に結びつけ、それらを拡張し、とりわけ、もっとも微細でもっとも離れた構成要素にまで権力の効果を及ぼすことを可能にする[27]」ことで機能するという問題なのであろうか。これまでのところ、私たちは明らかにフーコーが法を排除したとされる従来の見方からは離れたところにいる。――しかし実際には、法は軽視されるどころか、これらの引用からすれば、規律訓練権力や生権力のような近代の他の権力形式以上ではないにせよ、少なくともそれらと同等に重要であると思われる。以下の議論では、上記の定式化に含まれる相互依存性が暗に示唆しているものを洗練させたい。これらの定式化は、法の存続、そして、規律訓練権力、生権力、統治性等々の体制とともに法が存在し続けると私たちに示しているという点で、たしかに有用である。しかし法と法の外部に存在する権力（それにもかかわらず、この権力は法の内部に繰り返し刻み込まれることになる）との関係は、フーコーの説明によれば、共通の目標や目的を達成するために、ともに、あるいは並行して機能する二つの権力制度や権力様式といった単純な問題ではなく、より複雑で、さらなるニュアンスを含んでいる。法と規律訓練権力の相互作用の仕方に関するこれらの主張は、法と規律訓練、あるいは、法と生権力による新たな管理技術がいわば一体となって協働するにいたる完成された様式であるとの印象を読者に抱かせる。しかし、私たちがフーコーから引き出したいと考えている動き、そして、本節での議論をつうじて強調したいと思っているテーマは、法とその外部にあるとされる権力が相互の表面的な対立において、あるいは、その対立をつうじてアイデンティティを獲得する仕方なのである。法（と規律訓練権力）の不安定な一貫性がたえ間なく繰り返されるのは、フーコーが別の文脈で示したように、それらが「相互のために、相互の関係において、それらを分離するやり取りのなかで存在している[28]」からである。ここで素描したいのは、まさにそのやり取りと分離の相貌である。

法とその外部に位置する権力との関係を図式化する際、最初に気づくのは、フーコーの法がしばしば他のものに付加されているということである。それは自立的な一貫性や不可侵性をまったく備えていないようにも見える。フーコーの著作のなかでも法の排除について記した原本の一つとして挙げられることの多い『監獄の誕生』では、法が排除されることは一切なく、むしろ、あらゆる範囲の異なる存在、知の集合体、あるいは権力様式に対して法が構成的に付加されていることがわかる。たとえば、「法的装置」における有罪の主張は、あらゆる「科学的-法的複合体[29]」にしたがってなされる。実際、『監獄の誕生』執筆の企図は「処罰権力がその基盤、正当性、諸規則を引き出している今日の科学的-法的複合体の系譜学[30]」を書くことであると、フーコーはかなり早い時期に述べている。フーコーは知の形成が果たす役割とその制度的実践とのつながり（おそらく「権力-知」というしばしば引用される彼の定式化において、より簡潔に要約されている）を研究するこの企ての重要性を強調している[31]。そして、自らの研究がしたがう「四つの一般規則」のうちの一つは、刑事法の歴史と人間諸科学の歴史を「二つの切り離された系列として」ではなく、むしろ「ある共通のマトリックス」として、あるいはより明確に「『認識論的-法的』構成の単一のプロセス」[32]として探究することを命ずるものであると述べている。同じテクストの別の場所には、「近代的な刑罰の歴史全体」が「法的-人間学的」論理にしたがって機能しているとの記述が見られる。[33]ある種の実証主義者の説明によれば、法は自律的で固く閉ざされた言葉で表現されるが、[34]ここでフーコーは関係的な言葉で法を論じている。法（あるいは、上記の例では「the juridical」）は、私たちがそうした実証主義者の説明に期待するような制限されたものとは考えられず、むしろ、法はつねにハイフンで結ばれる状況にあり、それに手がかりをあたえる「科学的なもの」、「認識論的なもの」、「人間学的なもの」に一定程度依存しているのである（が、法は完全にそれらに従属しているわけではない。というのも、これから見るように、人間諸科学はそれ自体が一貫性を維持するために法に依存しているからである）。しかし、「科学的なもの」、「認識論的なもの」、「人間学的なもの」に加えて、『監獄の誕生』では、ハイフンでつなげて法のパートナーとなることを望むものがさらに存在している。――「政治的なもの」もまた、この関係では重要な位置を占めている。実際、『監獄の誕生』におけるフーコーの研究対象は、まさに「社会の法的-政治的構造」[35]、その「政治的-法的モデル」[36]として定義されうるだろう。フーコーの仕事についてのより完全な説明とは、一つのポイントを繰り返すことであり、それはこれまでに十分なされたと思う。――そのポイントとは、要するに、フーコーの法はけっして法それ自体へとむかうものではないということである。彼の理解によれば、むしろ法と法以外の権力とは関係的に相互依存していると考えられるであろう。

それゆえ繰り返せば、私たちがここで明確にしようとしてきたテーマは、法が法以外の権力や知に依存しているということだけではない（むしろ、反対のことがすぐに現れる）。本節で示したように、私たちはフーコーの説明にしたがって、法が他の権力様式との関係において現れると論じたが、これによって私たちは、法が完全で首尾一貫しており、十分に自足的に存在しているというすべての観念を撹乱させたのである。しかし、だからといって私たちの議論は、規律訓練権力と生権力がともかくも十全な自足性を確実に備えていることを示唆するものではない。むしろ本節での主たる目的は、法と権力（ここでは規律訓練権力）との間に存在する必然的関係を論証することである。その際、私たちは、前章で論じたさまざまな批評家たちの主張、すなわち、近代に関するフーコーの記述的なテーゼでは規律訓練権力と生権力が法を乗り越え、排除するという主張がなぜ不十分であるのかを示していきたい。はっきり言えば、これらの権力技術それ自体が構成的に法に依存する多くの仕方を彼らが提示できていないのがその理由であると示すつもりである。以下の議論では、『監獄の誕生』におけるフーコーの規律訓練権力の概念や規律訓練と法に関する議論（とりわけ、監獄の例に関係するような）に焦点をあてる。このテクストに焦点をあてるのは、フーコーが法を軽視し、近代から法を排除したと主張する人々がもっとも一般的に依拠しているテクストだからである。ここで私たちが例証を続けたいと考えているのは、法と規律訓練権力の相互的構成という動きである。この動きを説明するためにもちいる二つの際立った例は、規律訓練というプロジェクトがもつ二つの関連する局面を反映している。それは第一に、規律された主体に関する知の主張が人間諸科学という媒体をつうじて形成されるということである。そして第二に、最後まで抵抗を続ける主体への規律訓練権力の応答である。第一の例では、人間諸科学による知の主張に依拠しながら、規律訓練権力は自らを構成するために、どのようにして実際に法に依存しているのかを示す。第二の例では、どのようにして法は規律訓練に抵抗する主体に対して応答し、そうした主体について強制可能な決定を下すよう最終的に要請されるのかを考えるつもりである。それゆえ、フーコーによる用語法の優先順位を反対にして、最初に規律訓練の知を論じ、規律訓練の処罰権力で締めくくることにする。そして双方のケースで、規律訓練が法に対して構成的に依存していることを示す。

それでは、フーコーが人間諸科学と規律訓練権力との間に描いたつながりからはじめよう。『監獄の誕生』では、規律訓練的な権力様式との構成的関係をつうじて、フーコーは人間諸科学の起源についての探究をはじめる。フーコーは、たとえば監獄のような規律訓練のプロジェクトと人間諸科学との間の単純な因果関係を否定する（「私は人間諸科学が監獄から生じたとは言っていない」[37]）一方で、なおも次のように述べる。すなわち、人間諸科学が出現する歴史的条件を探究しているのであれば、

> これらの記述と登録の諸手続きを調べるべきであり、試験のメカニズムについて、そして、規律訓練や身体に対する新たなタイプの権力のメカニズムの形成について調べるべきなのである。[38]

実際、

「精神-」という語根をもつすべての科学、分析、実践は、個人化の諸方式のこうした反転のうちにその起源をもっている。個人性の形成に関わる歴史的-祭式的なメカニズムから科学的-規律訓練的なメカニズムへの移行が見られた時期とは、ノーマルなものが先祖伝来のものにとって代わり、測定が身分にとって代わり、そうして、記憶に残る人間という個人性が計算可能な人間という個人性にとって代わられた時期であり、人間についての諸科学が可能になったこの時期は、新たな権力のテクノロジーと身体に対する新たな政治的解剖学が実行に移された時期なのである(39)。

このようにフーコーは、人間諸科学が単に規律訓練というプロジェクトの要請から生じたとは論じていない。むしろ彼の主張は、「人間」についての知の一形態としての人間諸科学の出現が新たな「権力のテクノロジー」あるいは「身体に対する新たな政治的解剖学」の出現と複雑に結びついており、それは、一八世紀の変わりめにかたちができつつあった、ということである(40)。そして実際、監獄は(保護施設、救貧院、学校、その他と同じく)規律訓練に関わる知、すなわち、それ以降、社会体をつうじて一般化されるようになった知を生み出すための非常に重要な場であった。しかし、ここでの私たちの目的にとっては、規律訓練権力が確実に機能するか否かは「人間」についての科学的な知の産出に左右されるという点、すなわち、これらが『監獄の誕生』からの上記引用でフーコーが言及している「科学的-規律訓練的メカニズム」であるという点への留意がとても重要である[41]。「人間」についての限定的な計算可能性、諸表、事件簿、文書記録、検査報告書におけるその描像は、規律訓練権力による時間と空間の調整、および人間の身体に対する執拗な管理に不可欠である。規律訓練権力は、個人と社会に関する知、および、「個人化の手続きの反転[42]」が（政治的に力のある者や社会的に重要な者のみならず）すべての人間に別個の個人性を付与し、異常から正常へといたる巨大な社会的連続体のなかに個別の位置をあたえることを必要とした手法と構成的に結びついている。フーコーが述べるように、人間諸科学の真理‐効果と規律訓練権力との結びつきについて書くとき、「私たちは、真理の諸言説、すなわち特有の権力‐効果をもたらす諸言説によって審判され、刑を宣告され、任務を強いられるのであり、一定の生き方や死に方をするよう定められているのである[43]」。

しかしフーコーの分析が明らかにしているように、この政治的に有用な科学的知はバラバラで不完全なものである。この知識が自らの言葉で「科学的」な「真理」という地位を要求しても、それは完全かつ説得的には主張されえない[44]。近代においては超越論的な参照点が欠けているため、人間諸科学は完全に内在的な地点から社会の真理をそれ自身に対して語るよう求められる。つまり、それは、社会的領野についての理解をその領野自体の内側にある地点から得ようとするものなのである。しかし、全体についての真理、それどころか、まさに彼ないし彼女の存在の内部にある個人の真理さえも正確に知りうるような、社会から切り離された地点は存在せず、この論証という課題は不可能となる。そして、個人と社会の本質を知るなどという図々しい認識論的な企ては必然的に不完全なものとなる（これは、まさにその不完全性において、そしてそれをつうじて、論証されたことがらを超えて、さらなる真理を解明するという人間諸科学によって表明される信念の性質を否定しない)。それゆえ最終的に、もし規律訓練権力の知が全体を覆い尽くすだけの認識論的な射程をもたず、そうした途方もない主張をしないのであれば、何が規律訓練権力や人間諸科学の破綻した言説の(再)構成を手助けしうるのであろうか。その答え、あるいは少なくとも、その一つの答えは法である、とフーコーは言う。

『監獄の誕生』でフーコーは、規律訓練権力の不完全な認識論的企てや個人と社会に関する知の主張に対して、法がいかにして正当性や権威を補う役割を果たしているのかについて記している。すなわち、

しかし、正常性の管理は、それにある種の「科学性」を提供していた医学や精神医学のなかにしっかりと収められていた。そしてそれは、直接的あるいは間接的に法的正当性を付与する法的装置により支えられていた。このように、これら二つの手厚い後見に守られ、しかも、それらを結びつけたり、交換の場として機能しながら、ノルムの管理に関して注意深く練り上げられた技術が今日まで発展を続けてきたのである。(45)

そしてまた、

監禁連続体、そして監獄という形式の融合により、規律訓練権力の合法化が、あるいは、とも

かくもその正当化が可能となり、こうして、それに含まれる行きすぎや濫用のいかなる要素も回避されるのである。(46)

法が規律訓練権力の権威を構成するという目的を達成する仕方の一つは、――逆説的に見えるかもしれないが――それへの制限として機能すること、そして、そう機能しているように見られることである。前章で論じたフーコー批評家のうちの一人の言葉によれば、両者の関係がよりいっそう明確に現れはじめるのは、法による規律訓練権力の「枠づけ」をつうじてである、と言えるかもしれない。(47)また、私たちが監獄の例で示したいのは、法が規律訓練権力との対立を想定して自らを位置づけ、その際、法としての自らの地位を強化するとともに、規律訓練権力に対するこの構成的な責務を果たすために、法がこの権力と共生的に機能するということである。それでは、法はどのように規律訓練権力の欠点を埋め合わせるのか。ここではもう一度、枠づけ、包囲し、主張する司法権というメタファーをもちいるのが適切である。法が自らの権力を主張し、その過程で規律訓練権力を構成し続けることを可能にする司法の策略は実に単純なものである。つまり、規律訓練権力の大幅な逸脱、濫用、行きすぎに対してのみ、それを管理する司法権を行使すると主張することで、法は規律訓練権力の中心部に、正常性と社会的結合に関する問題を裁定するという基本的な主張を確認するのである。その際、法は規律訓練のプロジェクトを当然のものとして刻み込み、科学的に理解され規律的に管理された世界についての薄弱な理解を「確かなものにし」、上手くいかないそうした事例での適用を修正するよう振る舞うだけである。こうして、争いのある周縁部にその法的管理を限定することで、規律訓練権力のまさに核心部における不安定性（ノルム化のプロジェクトに関わる認識論的な確実性や権威の欠如）は問われることなく、それゆえ強化される。法的措置がなされるのは、末端でやや行きすぎているように見える、そうした規律訓練権力の適用事例のみとなる。そして他のすべては、規律訓練権力それ自体の言葉でいえば、ノーマル、つまりノルムとしてもっともらしく示される。重要なのは、規律訓練そのものについて主張されてきた一貫性を掘り崩さないように、規律訓練の行きすぎが法によって改められ、説明されなければならないということである。後に事例で確認するように、規律訓練は究極的に自らを強制しえないのであり、この点で、規律訓練はその行きすぎを抑制するために構成的に法に依存しているのである。現実をありのままに言えば、規律訓練は応答的に適応する能力を欠いており、この構成的な不足に対処するために法に依存しているのである。これは、法が規律訓練権力に対して演じるジェスチャーであり、それは監獄での規律に関する聴聞の司法審査という適切な事例（適切な、というのは、『監獄の誕生』でのフーコーの中心的な関心が監獄にあったとすれば、ということである）に見ることができる。

私たちはここで具体的な歴史上の事例に注目する。それは上訴裁判所の役割を果たしている英国上院による一九八八年の判決である。とくにこの判例を分析するのは、法と規律訓練権力の関係的な力学ともいうべきものを明らかにするためである。この事例で争われたのは、規律違反で告発されたイングランドとウェールズの刑務所の受刑者に法律上の代理が認められる余地があるかという問題であった。当時、こうした聴聞は一般的に刑務所長または訪問者特別（外部）委員会（この委員会は、刑務所当局によって申し立てられた規律に関する告発を裁定するために召集される）により行われていた。告発の聴聞を行うのが刑務所長であるか、訪問者委員会であるかは罰則の重さによる（訪問者委員会が聴聞を行うのは、受刑者が失う可能性のある刑期短縮日数を基準として、罰則がより重い場合である）[48]。端的に言えば、*R v Board of Visitors of HM Prison, The Maze ex parte Hone* という事例で争われた具体的な問題とは、不当な扱いを受けた受刑者には、自然的正義の要求により、訪問者委員会に対して代理人を立てる権利が認められるか否かであった[49]。チーヴリーのゴフ卿の意見は、法が管理者を装ってうやうやしく身を引くことを巧妙に証示しており、さらにはこうして身を引くことにより規律訓練権力の知の主張がいかに強化されるかを示している。ゴフ卿はまず、代理への一般的な権利が存在することを否定した。たしかに、法的代理の規定は個別の紛争や規律に関する告発の文脈に依存するに違いないだろう。監獄システム（同様の文脈でデニング卿がもちいた言葉を使うなら、そこでは「不満を抱いた受刑者たち」が、「刑務所長の生活を……耐え難いものに」する[50]）において、代理への一般的権利を規定することは、「規律に関する裁判権を行使する」[51]組織に対しては不適切だと考えられる。つまり、非行問題の現場で注意深くあつらえられて行使される規律訓練権力は、抽象的な法的権利を「原則として」継承することでは限界づけられないというのが現実であろう。ゴフ卿が述べるように、「別の考え方をとれば、多くの事例でまったく不必要な遅延が生じ……そして……公益に反して、まったく不必要な時間と金銭の浪費が生じることになるだろう」[52]。

しかし、もっとも啓発的なのはゴフ卿の意見の結びである。そこで彼は、自然的正義がなぜ、いかにして、刑務所長を前にした聴聞での代理権を認めないのかについて論じている。ここには、不適切さというわかりにくい概念と、そうした時間、金銭、公益による正当化の繰り返しが差しはさまれているだけでなく、規律訓練権力の法的な自然化を見ることもできる。

刑務所長が行使する裁判権は〔訪問者委員会によって行使されるものよりも〕略式という性質を強く帯びており、きわめて迅速に適切な行使がなされるべきものである。……その本性上、自然的正義の諸規則が刑務所長の面前における法的代理を要請しているとは想像し難い。[53]

これは、刑務所長による迅速な執行を無制約に認め、略式裁判の緊急実施を承認するにとどまらない。より重要なのは、それが司法審査によって規律訓練権力に下される法的制裁の最適な例だということである。管理を求める法的主張を撤回し、規律訓練の現場を切り離すことで、ゴフ卿が適切に言い表しているように、法は規律訓練権力がただ「自然に」[54]存在していると確認する。しかし、この自然はあらかじめ存在するものではない。それは、法の撤回および法の自己制限によってつくり出されたものである。法は、支配を企てないことで、規律訓練権力がただ単に機能するというだけでなく、自然に、そして正しい摂理にしたがって機能する空間を切りひらくのである。こうして、監獄の規律が果たす日常的な機能――行動と（非）正常性を基準とする違反者の一覧表作成とその階層的な組織化、非行者の断続的な産出とそれへの制裁――に法は触れることなく、それどころか、まさにこの法の撤退によって、それが正常で自然な機能として構成されるのである。そしてその見返りとして、これら非行と異常を分離する「科学的-規律訓練的メカニズム」[55]が、法に対してそれ自身を埋め合わせる一定の正当性を付与し、これにより、法は「『真理』の一般的地平において」機能しうるのである。すなわち、

刑罰システムへの監獄の移植が激しい拒絶反応を引き起こさなかったのは、おそらく、多くの理由によるものであろう。その理由の一つは、監獄が、非行をつくり出しつつも、「科学」によって証明された客体についての統一的な場を刑事司法に提供し、そうして、それが「真理」の一般的地平において機能することが可能となったからである(56)。

フーコーが他の箇所で書いているように、法はまた「事態の必然的な成りゆきであるかのように見えなければならない(57)」から、究極的には「真理に基礎づけ(58)」られなければならない。規律訓練の科学性はこの真理という力を法に手渡すのである。しかし、いま見たように、規律訓練に対してその「客体についての統一的な場」を保障するのは法であり、『監獄の誕生』からの上記引用はそのことを示している。このように、法と規律訓練権力はその関係において、他方を自然で必然的なものとして構成する働きをしているのである。法はすべてをなしうる、法はすべてを支配しうるとの約束を果たせと現実に法が求められることはないとしても、規律訓練権力は、法の支配の管理権限に服することで（実際問題として、この監督が現実にはどれほど弱められ、脇に逸れてしまっているかが示されたとしても）、法が主張する支配の強化を手助けしているのである。そして、もし規律訓練が法の抑制的な管理をつうじて「法的に正当化」され、その機能が「正当」とされるならば(59)、

そのときにはすでに見たように、その同じ規律訓練により、法が一定の真理の領域において機能しうるのである（本章では後ほど、法がそれとは別の権力に機能的に依存しているという問題に立ち戻る）。この関係においては、法も同様に、それ自身が自然として構成するものの自然性を保証するものとして姿を現わす。

ここまで私たちは、規律訓練権力が人間諸科学の知の主張に依存しながらも、究極的には、そうした知の装置の認識論的な失敗により制約されていると論じてきた。それゆえ、一貫性を維持するために、規律訓練権力による法への構成的な依存が存在するのである。本節の残りで私たちが説明したいのは、ここでフーコーのよく知られた全体像を示す等式の「知」の側から「権力」の側へと移行する際、規律訓練的なるものがなおも否応なく法的なるものにさらに頼るのはなぜか、ということである。簡単に言えば、科学的なものが単に事実にもとづくものであるというだけでは、徹底した抵抗がなされた場合に適切に対処できないのである。人間諸科学の水準で法の構成的な埋め合わせを行っても、なお規律訓練権力は、激しい抵抗、すなわち、規律されざる人々がその存続をかけて行う執拗な行為に対処するため、法に依拠しなければならない。この欠如は、規律訓練が企てうる刑罰権力の限界を明らかにする――まさにその限界において、科学性の説得的な主張はつねに強制力のある法の決定に道を譲らなければならないのである。これまで論じてきたように、個人についての真理と、同じく抑制された社会における彼ないしは彼女の場について簡潔に要約しようとする人間諸科学の明証的な主張は、必然的に不完全なものとなる。人間諸科学は、個人と社会が理解可能となるような正常性についての完全で正確なテンプレートを提供できない――この後すぐに見るが、フーコーからすれば、反抗的主体という個別性はつねに規律訓練権力の作用やその「科学的」知の形成という誇るべき包囲網をすり抜けてしまうのである。これによって規律訓練にもたらされるのは、法へのさらなる依存である。――法はその決定や判決といった様式をつうじて、規律訓練やその知の編成の単に明証的な性質を乗り越えるのである。まずは、（規律訓練の）場面を設定しよう。

　規律訓練の場――法がその構成に重要な役割を果たしている場――から法が退くことで、規律訓練権力の働きが促進され、ほとんど法の制約に妨害されずに機能することが可能となる。それらの関係において規律訓練が存在する制度的な空間は、これまで見てきたように、法の自主撤退によってつくり出された。あるいは、フーコーが『社会は防衛しなければならない』で述べるように、「法典編纂により……規律訓練のメカニズムに権利のシステムを重ね合わせることが可能となった。この権利のシステムはそのメカニズムを覆い隠し、規律訓練に含まれる支配の要素や支配の諸技術を消し去ったのである」[60]。こうして法典は、合法性を承認することで規律訓練権力の支配を覆い隠す[61]。自己制限的な合法性によって空になった空間、いわば、まさしく「法の底面」[62]で、規律訓練権力は、空間配分、階層的な観察、ノルム化を行う判定、恒常的な監視、試験といった技術をつうじて、その「正常性の管理」[63]を実行するのである。

　しかし、規律訓練によって法令を遵守させるのは一義的な企てではなく、そうではありえない。反抗は、規定されたノルムを強要しても完全には制圧されない。むしろ、それは規律訓練的な権力関係そのものの中心的な構成要素であるとともに、必然的にそれを超えてしまう。反抗は、規律訓練のプロジェクトを推し進めるためには避け難く、実際には不可欠である。規律訓練権力を挑発し、さらに順応性を高めるためにも、反抗は必要である。しかし次節「フーコーの法」で見るように、そうした反抗という挑発は、規律訓練権力への「修正」にとどまらず、実際には、その存在そのものを形成し、規律訓練的なノルムそれ自体の境界線を形成するのである。

反抗は規律訓練権力のつねに存在する内在的な一側面であり、このことは、「科学的に」命ぜられた規律訓練のノルムを繰り返し教え込むことが規律訓練の対象者そのものに依存しているとの事実から導かれる。フーコーが『監獄の誕生』で述べているように、

> 可視性の領域に従属させられ、しかもそのことを知っている者は、権力による制約に責任を負う。彼は自発的にその制約を自分自身へと働かせる。しかも彼は、彼自身のなかに権力関係を刻み込み、そこで同時に二つの役割を演じる。彼は彼自身の服従の原動力となるのである。[64]

そして、フーコーのおかげで後に明らかになるように、この関係では、規律訓練の対象者の側に「自発的な不服従、省察にもとづく不従順」の可能性が存在している（より端的にいえば、存在しなければならない）のである。[65] いかなる権力関係においても、「多かれ少なかれ従順であったり反発したりする始原的な物質ではなく、むしろ遠心的な運動、逆向きのエネルギー、逃れ去っていくような何か」が、つねに存在している。[66] それゆえ、規律訓練はその対象者を完全には制圧しえない。あるいは、生権力という後年の言葉をもちいれば、「生がそれを統治し管理する技術に余すところ

なく組み込まれたということではけっしてない。生はたえずそれらを逃れ去るのである」[67]。そのように、規律訓練による主体化＝服従化から「逃れ去ること」が、統治性と倫理をめぐる後期フーコーの仕事（これについては第三章でさらに深く論じる）では、主体の「真理」を包囲する企てからの撤退としてより明示的に主題化される。真理をつうじた主体の統治（そしてとりわけ、主体の存在に関する真理言説への彼ないし彼女の自己-服従化）はこの時期のフーコーの中心的な理論的かつ政治的な関心事であった。そして、フーコーはまさにここで、こうした「各々の個人の真理による諸個人の統治[68]」という形式への抵抗実践がいかにして「脱-主体化＝脱-服従化」というかたちをとりうるのかを強調する。フーコーにとっては、そうした「脱-主体化＝脱-服従化」が、必然的に、真理にもとづく主体化＝服従化というこれまでの形態や政治的に利用しうる多様な存在形態から自己自身を引き離し、遠ざかることにつながるのである。彼が論じているように、「批判の本質的機能とは、一言でいえば、真理の政治学とも呼びうるゲームにおける脱-主体化＝脱-服従化の機能であろう[69]」。

自らを規律訓練に服従させる責任を負いながら逸脱するという、こうした主体の「失敗」が規律訓練権力にとっては必要かつ生産的なのである。主体を封じ込めないことで生ずるこうした反抗は、「権力ネットワークのあらゆる新展開のための動機を形成する[70]」。非行の（再）生産に関する『監獄の誕生』でのフーコーの議論が明らかにしているように、規律訓練は、科学的に管理されたノルムの権力に対する反抗的な抵抗を産み出すとともに、それに依存している。言い換えれば、失敗が産み出すのである。すなわち、一世紀半の間、監獄はつねにそれ自身の救済策として示されてきた。行刑技術の再活性化は、その果てしない失敗を克服する唯一の手段として提示され、矯正計画の実現はその実施の不可能性を克服する唯一の方法として提起されたのである(71)。

実際、この産出的な反抗こそが権力関係一般を明確に表していると、フーコーは後に考えるようになる。彼が、論文「主体と権力」で述べているように、

このゲームでは、自由は権力行使の条件として現れるだろう（同時に、それは権力の前提条件でもある。なぜなら、自由は権力が行使されるために存在しなければならないからである。また、それは権力の永続的な支えでもある。なぜなら、反抗の可能性がなければ、権力は物理学の決定論と等しくなってしまうからである）(72)。

しかし、たとえ規律訓練の編成が、それに抵抗するであろうもの——すなわち、たえ間なく産出的に「それらの限界、底面、反撃(73)」を形成する、反抗という拭いきれない事実——に依存せざるをえず、そうするように駆り立てられるとしても、なお、これら規律訓練の編成が究極的な反抗に対処しえない地点が存在する。すでに見たように、規律訓練権力は人間諸科学のノルム的な評価に依存している。しかし、人間諸科学はノルムの全面的な拒否やそれを逃れて決定を求めるものには、それ自体では自ら対処できない。簡単にいえば、人間諸科学は異常性を見分けて烙印を押せて

も、それに対して自らの科学的裁定による制裁を科せないのである。このため、規律訓練はもう一度別の様式に頼らなければならない。すなわち、規律訓練に対する反抗の限界点で、法が立ち上がることになる。法は規律訓練の場になくてはならないが、離れていなければならない。それゆえ、フーコーはノルムと法の間の概念的な空隙を維持したいと考えており[74]、まさにそのときに、彼は『監獄の誕生』で規律訓練的なもののなかにある法的なものについて繰り返し述べるのである。『監獄の誕生』では、たとえば、次のように述べている。「すべての規律訓練システムの中心では、ささやかな刑罰のメカニズムが働いている。……〔それは〕それ自身の法、詳細な違反行為、特有の裁定形式により、ある種の法的特権を享受し[75]」、それは「法廷を小規模にしたモデル[76]」のなかで生じているのである。実際、フーコーが同書で述べるように、「表面的には、規律訓練は下位の法律以外の何ものをも構成してはいない[77]」。さらに、法的形式はつねに規律訓練の権力テクノロジーに刻み込まれているのである。フーコーは、「教師-裁判官、医師-裁判官、教育者-裁判官、『ソーシャルワーカー』-裁判官という社会に私たちはいる[78]」と述べる。彼は、規律訓練的なノルムが司法的な法の外部あるいは下部に位置し、その適用については人間諸科学の力に依存しており、反抗が生じた場合には、法的なもの（the juridical）に訴えると示すことで、規律訓練が法に依存しているとの論証を行う。それゆえ、私たちのフーコー読解によれば、観察され遵守されるノルムの科学性が法という強制力をもつ法律主義に道を譲るのは、まさに産出的な反抗という限界点においてなのである。

それゆえ概括的に言えば、本節で探究してきた法と規律訓練権力との関係性がもつ動きが、「排除テーゼ」の擁護者たちによって主張されるような単純な依存の一つでないことはきわめて明白である。反対に私たちは、規律訓練の権力と法の権力が、まさに「それらの異質性のゲーム[79]」において相補的であり、知と権力の双方の領域で、実際には規律訓練が法に構成的に依存していることを明らかにするプロセスについて述べようとしてきたのである。そのような依存は法の排除という主張が誤りであることを明確に示している。フーコーが『監獄の誕生』で記している「規律訓練の権力と法の権力との間のコミュニケーション[80]」とは、それゆえ規律訓練と法がその不可分な結びつきにおいて互いに不完全なままであるという関係性を示している。本節では、規律訓練がどうして全体として一貫性をもちえないのかという点に焦点をあててきたが、次節では、法の産出的な非一貫性を確認することになる。私たちの主題は、本章冒頭の導入的な記述で示したように、フーコーの法における決定性の側面と応答性の側面の不可分だが不安定な結合ということになるだろう。

2 フーコーの法——抵抗、侵犯、法

これまで私たちは、法と規律訓練権力の関わり方について二つの理解を提示してきた。その過程で示そうとしたのは、いかにして法がその外部にある権力に依存しているのか、そして、それらの権力自体がいかにして法に依存しているのか、ということである。この相互的な構成と関係性というテーマ——そこでは、規律訓練権力は「……法-政治的構造に……直に依存しているわけでも、

その直接的な延長の下にあるわけでも」なく、「［しかし］なおも完全に」その影響から「独立しているわけでもない」(81)――は、「排除テーゼ」に対峙しながら、法がいかにしてフーコーの近代にはっきりとその姿を現わすのかを示す一つの方法である。その際、私たちは、最終章の終盤で論じられるフーコー研究のいくつかに含まれているような近代性と法との継続的関連性、より端的に言えば、近代性へといいたる法の持続が示唆するものを多少なりとも洗練させようとしてきた。しかし、法に対するフーコーの態度は、単に彼が描き出した新しい権力の近くに法がとどまり続けるという主張よりも、さらにラディカルで複雑であり、――ここで私たちが問題を組み立てようとしてきたような、さらなるニュアンスに満ちた方法でさえある。

フーコーの法についてさらに理解を進めるために、本節で私たちが展開するのは、フーコーが法の非常に重要な二つの側面を示しており、それらの側面は不安定だが不可分に関係づけられているという議論である。第一の側面は、彼の仕事のなかでつねに言及されている。すなわち、明確な内容を表す決定性の法である。これは、そう言いたければ、規範「の側の」法であり、抵抗され侵犯されるべき法である。法の第二の側面は、その同じ抵抗と侵犯をつうじた構成的な関わりにおいて、法がその明確な内容の外部にあるものを包囲し、それに応答しようと試みて自らを無限に拡張するという側面である。これは、変化しやすい法であり、決定された自己をつねに超える法、その現状の姿には収まらない法である。この応答的な側面において、法はその外部やそれ自体を超えたところにあるものとの遭遇をつうじて自らを形成する。それゆえ、法は自己抵抗的となり、つねにその位置、内容、存在に対して異議申立てを行う抵抗を受容することで自らを変化させる。フーコーを読むと、法のこうした二つの側面に繰り返し出くわす。それは、決定性の法と、それを超える傾向をもち、抵抗による変質を受けやすい応答性の法である。しかし私たちが以下の議論で論証されると考えているように、明確に決定された「法の硬直性」[82]と、はじめから浸透している応答性によって法がこの硬直性をつねに乗り越えることとの区別は、二つの対立する法の理解という区別ではなく、より明確にフーコー的な言葉を使えば、まさに同じ法についての二つの様態なのである。私たちが論証するのは、法のこうした二つの側面が実際には一つの法に不可欠な二つの側面であり、フーコーの法はこの二つの側面の間を行き来するなかにその不安定な「場」を見出しているということである。実際、フーコーが述べているように、「日常的に反則で息をつくのでなければ、いかなる規則が生きられるというのであろうか」[83]。こうして本節でフーコーの法を検討していると、私たちが見出すのは完全な決定性の法ではなく、むしろ「相対的安定性」[84]にすぎない。フーコーの法が必然的に決定性と応答性の所産であることに、私たちは気づくであろう。したがって、その存在において、フーコーの法は究極的には——その消滅や道具への還元といった早まった報告が第一章では検討されているが——制御不可能な法、抵抗の法、抵抗的な法なのである。

これらを結びつける前段として、まずは、より明確に表現されている部分からはじめて、フーコーの法のこれら異なる側面について順次論じよう。これは、第一章で論じた理論家の多くが十分な根拠にもとづいてフーコーのものとした法の見方であった。ここでは、権力の産出的な積極性の「不均質で異質の、不安定で緊張した力関係」とは反対に、法が「制度的結晶」[85]の問題へと還元されていることがわかる。法は「権力の終局的形態」の一つにすぎない。つまり、一つの権力がつねに法を超過するのである[86]。法は制限や計算といった否定的な形態、「否を宣告する法[87]」や「禁止の法[88]」にすぎないものとして位置づけられているように思われる。この法は「単純かつ無限に再生産されるメカニズム[89]」や「禁止事項の乏しさと単調さ[90]」によって特徴づけられる。このような無力化された法に、それに伴う創造的な力、すなわち自らを拡張し定位する力があたえられると、不幸にも法は「否定的なものを想像する[91]」ことしかできなくなる。排除テーゼの主唱者たちが考えていたように、こうした部分からは、相変わらず、否定的、制限的、機械的、そして決定的なものとしてフーコーが法をとらえていたようにも見える。法はそのときの自らの姿を超えることも、現在とは別の仕方で存在することもできない。この側面において、フーコーの法は、確実性と予測可能性を追求し、際限なく多様化する世界に整然と基準にもとづいて明確な秩序をもたらすにすぎない[92]。この文脈でフーコーは、法的装置の目的が「社会秩序という、私たちのような文明において最高の価値をもつものを産み出すことである[93]」と述べたり、法の機能が果たされるとき「残るのは秩序である」と述べている[94]。しかし、これまでの議論で示唆してきたように、こうした秩序の確実な保障というのはフーコーの法の半分の話でしかない。もちろんそれは、このような固定性があてはまらない別のフーコー（言うまでもなく同一人物である）が存在するからである。ここからはそのもう一人のフーコーを扱おう。まず権力と抵抗についての議論、次いで侵犯と境界に関する議論をつうじて、フーコーの法の応答的な側面を導入する。

このもう一人のフーコー――規律訓練権力と反抗についての議論で、手短にではあるがすでに出会ったフーコーである――は、散在する権力[95]の理論家であるとともに、その抵抗への産出的依存の理論家でもあった。よく知られているように、一九七〇年代中期から後期のフーコーにとって、権力は一つの中心や場に制限されえなかった。すなわち、フーコーは「最初の存在である中心点に、つまり、二次的で派生的な形態が発出する唯一の源である主権のなかに」[96]権力を探し求めてはならないと、私たちに指示する。結局、フーコーにとっては、国家も経済的な特権階級も、決して選別され限定された恒久的な権力の保有者ではありえなかったのである。権力は特定の行為者によって具体化されるものでもなければ、所与の「制度」や「構造」[97]に包含されるものでもなかった。むしろ、権力は社会の領野に内在する「力関係の揺れ動く台座」[98]であった。権力は関係のなかにのみ存在した。すなわち、それは社会全体を覆う恒常的な関係であり、「あらゆる瞬間に」[99]交渉と再交渉、生産と再生産を繰り返す関係であった。この関係的な権力概念は、法思想や政治思想において当時支配的でありながら、理論的には不毛な権力概念であるとフーコーが考えていたものとは対照的なかたちで示されていた。フーコーによれば、この「法-言説的」権力理論の主唱者たち[100]は、立憲主義、自由主義の政治、あるいはマルクス主義という外観の下に、権力を効果的に縮小し、制限した。法-言説的な見方によれば、権力とは、政治的行為者が他者に損害をあたえてまでも確実に獲得し、譲渡し、行使することができるものとして、あるいは、経済的な生産関係の上部構造的な効果として理解されている。[101]しかしフーコーにとって、権力とは契約過程の結果でもなければ、経済的支配の大事な成果でもなかった。

権力とは、手に入れることができるような、奪って得られるような、分配されるようなものではなく、人が保有したり手放したりするようなものでもない。権力は、無数の点を出発点として、不平等で流動的な相互作用のなかで行使されるのである。(102)

さらに、

私の考えでは、権力とは循環するもの、あるいは、むしろ連鎖の一部においてのみ機能するものとして分析されなければならない。権力はけっしてここかしこに位置づけられず、何人かの人々の手中にあるわけでもない。権力は富や財のように所有されることもけっしてない。権力とは機能するものなのである。(103)

よく知られた定式化によれば、この権力とは

下から来るのである。すなわち、権力関係の原理には、一般的なマトリクスとして、支配する者と支配される者という二項的かつ総体的な対立はない。その二項対立が上から下へと拡がり、ますます局限された集団へと及び、ついに社会体の深部にまでいたるということもないのである。むしろ次のように想定しなければならない。すなわち、生産の機関、家族、局限された集団、諸制度のなかで形成され作動する多様な力関係は、社会体の総体を貫く断層の広大な効果に対して支えとなっているのである。そのとき、これらが局地的対立を貫き、それらを結びつける一般的な力線を形成する。もちろん、その代わりに、その効果が局地的対立に働きかけて、再分

配し、編成し、均質化し、系列を整え、収斂させる。大規模な支配とは、これらすべての対決の強度が継続して支えるヘゲモニーの効果なのである。[104]

一九七〇年代中期から後期にかけての彼の代表的な著作からの上記引用によって、よく知られたフーコー的な権力図式が姿を現しはじめる。権力はその特徴として流動的な側面をもつ。この側面において、権力は完全にはとらえられず、その輪郭を明瞭に示すこともできない。また、何らかの集合や不変的な形式に言い換えることもできない。近代の規律訓練的（あるいは後の生政治的）社会では、権力や政治的テクノロジーの様式は再生産され、領有され、再配置されるが、権力それ自体は最終的には獲得されえない。このような、抑えがたく、いささか儚い権力の観念は関係のなかでのみとらえられることから、それが抵抗という小さな問題に及んだとき、フーコー批判者たちの側には予想どおりの驚きが生じた。もしフーコーが、国家や他の構造的抑圧の形態（階級、父権制など）を政治理論における分析や批判の対象としての特権的地位から追放するのであれば、この追放によって間違いなく、権力を行使することでもっとも強い影響を及ぼす行為主体への効果的な抵抗の可能性が弱まるのではないか？[105] おそらく、より根本的には、フーコーが言うように、権力は「遍在」[106]し、実際に「いたるところ」[107]にあり、さらにそれに抗うことができる「外部が存在しない」[108]とすれば、そのとき、抵抗はいかにして、またどこから可能になるのであろうか？ これらの疑念に抗して、そして優先順位を逆にして、私たちはこれから、フーコーの権力概念に対する抵抗の中心性――実際には、抵抗の優位でさえある――を示したいと思う。つまり、フーコーが反響をまき起こした言葉を使えば、「抵抗がはじめに来る」[109]のである。

社会的なものの領域がそのすみずみまで権力の編成に包囲され、実際、権力が社会的なものの輪郭を明示するとしても、これらの流動的でつねに変化する権力編成はなお、相反する抵抗の編成との構成的な関係のうちに存在している。フーコーは「権力のあるところに抵抗はある」[110]と述べている。もし「権力がいたるところにある」[111]ならば、同様に「抵抗点は権力の網目のいたるところに存在する」[112]のである。権力と抵抗のこうした見事な連結は、単なる諸力の偶然の一致でもなければ、権力の進行を受けて抵抗が自らを振い立たせたにすぎないというのでもない。抵抗は単なる「反動や反発ではなく、本質的な支配に対してつねに受動的で、永遠の失敗を運命づけられた裏側を形成するわけでもない」、それは「囮や必ず破られる約束」[113]でもない、とフーコーは強調する。それどころか、抵抗が権力を構成するのである。権力関係という「存在」そのものが「多様な抵抗点に依存している」[114]のである。ところで、フーコーは随所で抵抗の役割を「権力関係における対抗、標的、支え、きっかけ」[115]といった能動的とは言えない言葉で表すが、他の多くの彼の言葉から、抵抗についてより原理的で推進的な役割を描き出していることは明らかである。それゆえ、権力の存在が抵抗を前提としているとしても、これは単に抵抗が権力を支えたり、その「動機」[116]をあたえているからではなく、むしろ究極的には、権力の編成がその内容や存在そのものを抵抗の推進力から引き出しているからなのである。これらの抵抗、すなわち「流動的で一時的な抵抗点」は「排除しえない相手として「自ら」を「権力関係」のうちに刻み込む」ようになり、社会体をつうじて、そして社会体を横断して、繰り返し権力に異議を申し立て、権力をつくり変えるのである。[117]

「抵抗はけっして権力に対して外部に位置するものではない」。それはまさに、抵抗が権力を包囲し、そこに存在し続け[118]、内容と形式を継承させるからにほかならない。フーコーが言うように「一方に権力の言説があり、それに対峙して、他方に権力に対抗するもう一つの言説があるのではない[119]」。このような二項対立は「権力の関係性の厳密に関係的な性質を誤解している[120]」。この関係性は、抵抗の形成力を取り込むのである。フーコーが後の著作で述べているように、抵抗は「権力の関係性のまさに核心にあり……つねに権力を挑発している[121]」。それゆえ、何であれ具体的な権力の姿は抵抗の編成に依存しており、これが権力を駆り立て、自らを権力関係のうちに刻み込みながら権力を形成し、それに実体をあたえているのである[122]。こうしてフーコーは、権力からの反発や権力への反応という観点から抵抗をとらえる標準的な抵抗観を覆して、権力それ自体を抵抗への応答（そして抵抗によって産出的に形成されるもの）として見る。それゆえ彼は、権力関係を探究するための「出発点として、権力のさまざまな形態に対する抵抗の形態をとらえる[123]」べきとの主張を行う。結果として、この視点の転換にしたがえば、もし「私たちの社会における『正気』とはどういうものかを探りたければ、狂気の世界で起こっていることを探究すべきであろう。そして『合法性』とは何かを知りたければ、不法性の領域を探究すべきなのである[124]」。

それゆえ、権力と抵抗の分離不可能な関係性をめぐるフーコーの考察からは、彼がしばしば還元主義的に批判される理由でもあった、乗り越え難い権力の浸透とも理解されうるものは出てこない[125]。フーコーが後期の議論で強調したように、権力は「社会の核心において逃れることができない宿命でも、掘り崩されえないもの[126]」でもない。そのかわりに、権力の編成は構成的に不足を抱えており、つねに破滅の過程にあって、抵抗により掘り崩され、再編成されつつあるのである。つねにそれらを「逃れ去る」ものがある。[127] このようにフーコーは、安定的で明確な権力の具体像を仮定せず、むしろ、権力とその外部から権力に対して異議を申し立てるものとの間の流動的でつねに変化し続ける関係を仮定している。いかなる権力編成も、それが有効であり続けるならば、抵抗の「形式や拡がり、そのエネルギーや還元不可能性の多様性」に応じて、統合的に関与しなければならない[128]。なぜなら、「抵抗や対抗的包囲の影響」を免れるような「決定的に安定した隷従の型はけっして存在しない[129]」からである。つまり、最終的には、もし「抵抗がはじめに来て」、「抵抗が「権力の諸力」に対して優位であり続ける」ならば、そのとき「権力関係は抵抗によって変化を余儀なくされる[130]」のである。

抵抗と権力体制の形成的応答性との関係は、一九六〇年代からの侵犯をめぐるフーコー初期の思想にも現れている。私たちはここで、侵犯と抵抗という二つの概念を同一視しないが、それでも、侵犯とその限界との相互構成的な関係性は、抵抗と権力をめぐるフーコー後期の議論と互に似た動きをしている[131]。フランスの小説家・哲学者であるジョルジュ・バタイユへの一九六三年のオマージュ「侵犯への序言」において、フーコーは「その限界の体験のうちに結び目を解かれ、限界を侵犯する過剰のうちにつくられかつ壊される世界[132]」、すなわちこの不安定な現代世界の経験を描こうと試みた。このような世界では、「限界と侵犯との戯れは、ある単純で執拗な動きに支配されているように見える。つまり、侵犯はその背後で閉じる一本の境界線を超え、たえずその通過を再開する[133]」。「しかし」、フーコーは次のように忠告する。この過剰で断裂的な侵犯とそれが包囲する容赦なき限界との関係は、このような単純な見方によってあたえられるよりも「かなり複雑なのである」[134]。

侵犯の限界に対する関係は、白に対する黒、許されたものに対する禁じられたもの、内部に対する外部、保護された住居空間に対する締め出されたもの、といった関係ではない。むしろそれらの関係は、単純な不法侵入では尽くされない螺旋状の形態となって現れるのである[135]。

結局、設定された限界は、それと対立するであろうものに対して構成的に依存しているのである。侵犯それ自体が限界を構成し、それが「限界づけられた存在を肯定する。それは限界なきものをはじめて生存に開示し、そこに跳躍することで、その限界なきものを肯定する」[136]。実際フーコーは、限界が「それを勝ち誇って通過し、それを否定する行為の外では、それ自身の生をもつ」[137]のか否かと問うている。しかし侵犯は、触れることのできない「夜の稲妻」であり、限界から完全に離れたり、自立したりはしない[138]。むしろ侵犯は、限界との関係をつうじて、そのなかに、「その瞬間」[139]に、そして限界との関わりという「奇妙な交点」[140]のなかから、まさにその存在を導き出すのである。事実、この形成的な交点の外では「他の存在を知ることもない」[141]。結局、

限界と侵犯とは、それぞれの存在の密度を互いに相手に負っている。つまり、絶対に超えられない限界というものは存在しないに等しく、他方、幻や影から成る限界を超えるだけであれば、

侵犯もまた虚妄となる。(142)

このように私たちは、フーコーにとって、権力を占領し再編することになる抵抗に対してつねに権力が応答しなければならないのはなぜか、そして、いかにして限界を構成し再構成する侵犯の動きにおいて世界がたえず「つくられかつ壊される(143)」のか、を検討してきた。さらに私たちはここで、権力や限界と同じく、法についてもそうしたことを示す。フーコーにとって、法は限定された固定性や調整された規則の表現、あるいは永続的な秩序の強制のみに存在するわけではない。むしろ法は、不安定な存在を必ず引き受けなければならず、これこそ私たちがフーコーの法の応答性とよんできたものである。(144)法は明確な内容をもたなければならない――そして、この内容は、主権者、階級、社会などといった存在により、標準的な法学的認識にもとづいて法にあたえられる――が、その一方で、法はいかなる既存の内容とも結びつけられたままではいられず、それとは異なるもの、その立場に挑戦する抵抗や侵犯と結びつき、それらと関わらざるをえないのである。

フーコーは、その同時代人であるフランスの小説家・哲学者モーリス・ブランショの仕事に関わって、こうした法の別の側面、法の必然的な応答性を明示的に主題化する。ブランショの二篇の小説をめぐる議論のなかで、フーコーは、つねにかたちを変える法、法を超えて存在するものに対して「無限に好意的な歓待(145)」を行う法を喚起する。具体的な一つの姿にはけっして明確に収まることなく、この法は、行動を包み、それによって、それらをあらゆる内面性から脱却させてしまう「外」である。それは行動の境界を超える闇であり、行動を包囲する空虚であり、誰にも知られずに、行動の個別性を普遍的なるものという灰色の単調さに変えてしまい、それら行動のまわりに居心地の悪さと、不満足と、倍加する熱狂の空間を開くのである(146)。

決定性や沈滞といった動かないものではなく、この法はつねに動いており、「その巣窟へと……追い込まれ(147)」、「それを覆そうとしてきたものをまさに包含している(148)」。この不安定な法についてフーコーは次のように問う。

もし法をその奥へと追求しなければ、もし決然と、法がつねに引きこもっている「外」へとさらに進んで行かなければ、いかにして法を知り、それを真に体験することができるであろうか、いかにして法を目に見えるものとなるように、その権力を明白に行使するように、語りかけてくるように強いることができるであろうか(149)?

この文章は、フーコーがブランショについて論じたものからの引用である。ブランショ自身は法について次のように論じている。

法は……その侵犯-違反においてのみ存在し、この侵犯や違反により法が生み出すと考えられている断裂をつうじてのみ存在するのである。一方で、違反はそれが破り、あるいは公然と無視するものを正当化し、正しいものとするにすぎない[150]。

さらにブランショはまた次のように付け加える。

法が外部性に取り憑かれているということを認めよう。それを包囲するもの、それをかたちにするまさにその分離をつうじて、それが分離するものによって。それがこの外部性を法として定式化する、まさにその運動において[151]。

したがって、フーコーの法は形成的に外部性に関与し、「自らを永続的に超えていかざるをえない[152]」。権力のように、フーコーの法は「決定的にもたらされ[153]」うるものではなく、ブランショが先ほどの引用で述べているように、外から「それを包囲する」権力とつねに交渉していかなければならないのである。フーコーが別のところで、この落ち着くことなく拡張を続ける法、すなわち「決然と」その外部を志向する法[154]について書いているように、「法の運命は法と無関係な要素を徐々に吸収することにある」のかもしれない[155]。それにもかかわらず、こうした定式化において、フーコーは法の応答性の射程をほのめかすにとどまる。なぜなら外部に対する法の応答性は、あらかじめ定めたり前もって説明したりすることができず、また、法とは無関係なあらゆるものを吸収し同化するにすぎない永続的な法という問題でもないからである。実際、こうした法の受容性、すなわち、法がつねに開いているということ――これによって法はその制限された自己を破壊し、「法がつねに奥に引きこもっている外部」[156]にはやくから順応する――は、漸増的な吸収というよりも効果的な領有といった性質を帯びうるのであり、そのことは、法が「侵略され」、「植民地化され」ている等々のフーコーによって繰り返されてきた議論が適切に証明している。[157] それゆえ、もちろん、フーコーにとっては「法がもつ法的な価値が科学的管理的ノルムによって完全に圧倒されており」、規律訓練は法をその「科学的-管理的」秩序の命令へと道具的に還元することになるという見解が行きわたっている。[158] しかし、私たちが法の空虚という問題について議論するときに以下の数頁で続けて示すように、フーコーの法が最終的に権力による封じ込めを回避するのは、法が新しい内容や形式に対して構成的に応答するためである。したがって、権力による法の領有やその圧倒というような記述は不正確である。しかしなお、この段階で私たちが簡潔に提起したいと思っているのは、まさにこの他なるものへの順応であり、現在とは別のものになりうるという、フーコーの法がその応答的な側面において備えている力なのである。

そこで、差し当たり要約すると、フーコーは近代法の二つの特徴的な側面を明らかにしている。ほとんどの批評家がまずもって指摘するように、フーコーには社会秩序の計算道具として、つまり管理し制限するという否定的な作用として、法についての非常に静的で中身のない説明を行っている箇所がある。しかし私たちのフーコー読解では、この決定性の法はいわば法という複雑な存在の一面にすぎない。そこには、私たちが法の応答性と呼んできた別の法、あるいは少なくとも、法の生成というもう一つの側面ないしは形態が存在している。この側面において、法は新たな可能性、新たな具体像、そして新たな決定に対してつねに自らを開きながら拡張する。法はこの側面において、はやくから浸透して無限に広がり、法の現在の地点を超えたところからやってくるものによって存在へと駆り立てられる。フーコーの思想に矛盾や二面性が存在するという意見は、批判的な文献ではいまや珍しくない。実際、本書のイントロダクションで見たように、フーコー自身が、一貫性に対して平然たる無関心という態度を慎重につくり出している（たとえば『知の考古学』で想像した「官僚たち」への有名な反撃において）。おそらく、このことが非一貫性という一般的な印象をきわめて強くしているのであろう[159]。しかし私たちがいま行いたいのは、フーコーの非一貫性を是正するためではなく、むしろフーコーの理論的対象である法の構成的な非一貫性――あるいは不決断――を考察するために、フーコーの法のこれら二つの対立する側面を明確化することである。この観点からは、法の対立する側面についてのフーコーによる鋭い理論化は完全に一貫していると思われる。

『フーコーと政治的なるもの』で、アファーマティヴな自由と制約という「両立不可能な二つの極」の間にある「決定不可能で流動的な空間」にフーコーの思想を明確に位置づけた政治理論家、ジョン・シモンズ[160]に倣い、ここでは、フーコーの法が決定性と応答性という二つの側面の間でつねに未解決のままであると論ずる。法についてのさまざまな著作でフーコーが確認してきたのは、一つの不決断な法がもつ、二つの必然的に対立しつつも相互に関係する側面である。簡単に言えば、法の決定性は法の応答性と対立するが、それを必要ともしており、その逆もまたしかりということである。法はその決定性の側面において、保障しなければならない必要不可欠な秩序と予測可能性を確保するために、明確な内容と考えられるものを示さなければならないが、他方で、この法的な決定性は同時に、他者性や可能性という新たな領域に対してつねに自らを開いておかなければならない。法は単に確実性、境界画定、計算といった実証主義の産物で「ある」ことはできず、それ以上の何か、決定性とは別のもの、すなわち応答的でなければならないのである。明確な立場を維持したり、法的規則を調整したりすることさえも、法の場を超えて存在するものや現在のところ規則の対象とはなりえないものへのたえざる応答性を必要としているのである。おおまかに言えば、法がもし効果的な支配を行い、今後の世界で必要とされる確実性や予測可能性を確保するつもりであるならば、たえ間なく変化し続ける社会の性質や経済などとつねに関わらなければならない。法は、その明確な立場に影響を及ぼしうる無数の関係に応答するよう構成的に求められている。それにもかかわらず、法は自らの立場の決定性に固執しえないばかりか、他方では、他者や変化を続けるその「外部」世界への純粋無垢な応答性のうちに自らを消尽することもできない。これは法の失敗に等しい。なぜなら法は、他者の個別性に適切に応答し、拡散した存在形態や存在の仕方を統合するという不可能な企てに陥るからである。それゆえ、法の応答性に対しては必ず決定性の限界が存在しなければならない。そのときに、法の決定性とははじめから浸透している法の応答性とが対立するだけでなく、構成的に相互連関していることがわかるのである。なぜなら、他者や外部に適応しながらたえず自らを破壊する応答的な法という観念は、法が応答しうる明確な場を必ず含んでおり、他方で、表面的には同一であり続けようとする企てでさえ、少なくとも、そうした場を超えて存在するものへのたえざる応答性を必要としているからである。彼方を志向する能力がなければ、安定と決定性の場は存在しえず、それと同様に、彼方を志向し、そこから回帰する確定された場が存在しなければ、彼方を志向することも不可能となる。さらに、もし法の固定性が永続的であるならば、もはや法を求める声は存在しないであろう。それは、純粋な応答性が存在すれば、法は完全に消え去るのと同じである。フーコーの法は、これら二つの側面の間で未決定の状態にあり、各々によって反対の方向に駆り立てられていることがわかっている。より適切に言えば、あるいは少なくとも、フーコー的なイディオムにしたがえば、法の応答性は法の決定を産出あるいは生産するのであり、その逆もまたしかりと言えるであろう。このようなフーコーの法の二分された「統一体」は、一方の極から他方の極へ行き、また戻ってという、たえざる不安定な動きのなかに見出され、それぞれの極からの命令を満たそうとする「不可能だが必要な」[161]法の企てのうちに見出される。

それゆえ私たちのフーコー読解では、法は——本節の冒頭で導入された問いに戻れば——明確な秩序を確定することだけが目的ではない。これは法の唯一の「働き」ではないし、決してそうではありえない[162]。フーコーの法は、その応答的側面において、いかなる所与の秩序もたえず破壊し、まさに現在を無秩序化し続けなければならない。先に見たように、これは彼の中期の仕事である権力関係の形成的な動きについての考察を特徴づけるものである。これまで議論してきたように、フーコーの法には構成的な反抗が必ず存在する。したがって、フーコーは多くの著作で法と秩序を明確に区別している。最初の例は「個人の政治的テクノロジー」という講義の終わりの部分である。そこでフーコーは、法を秩序命令に還元することの不可能性について論ずる[163]。事実、フーコーはこの講義で、これら二つの概念の間には「二律背反」が存在すると主張している。秩序の危機に法が完全に従属することで、法の何かが失われる、とフーコーは論じているように思われる。

法はその定義から、つねに司法システムに関係している。そして秩序は行政システム、すなわち国家の特定の秩序に関係している。このことは、まさに一七世紀初頭のユートピア主義者たちすべての考えであり、また一八世紀のきわめて現実主義的な行政官たちの考えでもあった。これらの人々の夢であった法と秩序の両立は、夢にとどまらざるをえないと私は考えている。法と秩序を両立させることは不可能である。なぜなら、それをやろうとすれば、法を国家の秩序に統合するという形式しかないからである。[164]

フーコーはフィリップ・ブーシェというジャーナリストの著書『司法ゲットー』の書評で、そのテーマを繰り返し述べている。そこで彼は、一方には法を、他方には社会秩序の生成と維持を配置し、その間にある概念的空間を明らかに開いたままにする。一九六八年に結成されたフランスの進歩的な司法官による労働組合である司法官組合について、フーコーは次のように述べる。

司法官組合は司法行政を「政治化」したがっている、としばしば言われてきた。私はむしろ、その反対のことを考えたい。すなわち、司法官組合は、秩序政策であった一定の司法「政策」に対して、法の問題を差しむけたいと考えているのである。「法と秩序」はアメリカの保守主義のモットーであるばかりか、異種交雑による怪物である。人権のために闘う人々はこのことを十分に意識している。その事実を忘れている人々に、フィリップ・ブーシェの著作はそのことを思い出させるであろう。ミルクかレモンかと人々が言うように、私たちは法か秩序かと言うべきである。その両立不可能性から未来のための教訓を引き出すのは、私たちである[165]。

法を秩序に統合するという上記の議論でフーコーが示すのは、法が現在とは別のものでありうる力、他者や無限なるものの個別性、すなわち外部の不安定な可能性に対して法が自らを応答的（そして自己破壊的）に開く力こそが失われているということである。それにもかかわらず、――フーコーも認識しているが――そのような和解をもたらすことは究極的には「不可能[166]」なのである。なぜなら、法はその自己抵抗的で応答的な側面において、そうした封じ込めと対立するからである。この応答性は、変移する外延であり、フーコーの法が法であり続けようとするのであれば、必ずその分だけ超え出なければならない。それは必然的なプロセスであり、それによって「法は逆さまにされ、自らの外部へと超え出て行く」のである[167]。このように、近代の権力関係に関する彼のよく知られた記述と同様、フーコーの法は、いかなる具体的な秩序にも抗する「不安定性」に自らが構成的に依存していることを示すのである[168]。

しかし、法は新たな存在様式に対して自らを構成的に開いておくので、必然的に、その明確かつ永続的な内容の欠如が明らかとなる。法の無限の応答性は、それが確固たる内容を何らもたず、それゆえ、究極的には法が空虚であることを意味している。私たちは、こうした法の構成的に空虚な側面について論じたうえで、この側面と、フーコーが法を道具のように権力に従属させているという「排除テーゼ」の支持者たちによって展開された批判との関係を示して、本章を締めくくりたいと思う。これから見るように、フーコーの法は実際、その外部や上位にあるように見える権力の道具とされており、その限りにおいて、これらの批判的読解にわずかな手がかりを認めることもできる。しかし、本章での議論を結論づけるにあたって私たちが示したいと考えているのは、権力による法の道具的な従属をもっとも容易にしているフーコーの法の側面――すなわち、法の応答性――は、実際には権力による全体（主義）的な包摂を不可能にしてもいるということである。つまり、これまで述べてきたように、フーコーの法は封じ込めをすり抜けるのである。

3　法の多価的な空虚

もし「法への侵害」[169]が存在するならば、そして、もし法が不可避的に支配的な権力の「『秩序にしたがっている』[170]」とすれば、そのとき、この法の道具化は必然的にその応答的側面から生ずる。法の応答性――すなわち、法が新しい可能性や新しい形式へと自らを無限に開いておくこと――の構成的な力は、法の永続的な内容を空虚なものにする。法は、はじめから現在の具体的な姿とは別の姿になるのであり、単一で明確に決定されたいかなる形態とも最終的に結びつかないのである。ジャン＝リュック・ナンシーが述べるように「法それ自身は、自らの主権であるべきであろうものに対する形式をもたない[171]」。それ自身の形式をもたず、実際には「あらゆる内容を欠いている[172]」のであるから、法は歴史をも欠いている。事実、デリダが述べているように、法は「あらゆる歴史

性を排除しているように見える」[173]。すなわち、

法はそれ自体としていかなる物語も喚起しないように思われる。その絶対的な権威を受けとるために、法は歴史、起源、あるいは、いかなる出自をももってはならないのである。それが、法の法であろう[174]。

この意味で、フーコーが法を「空虚な形式[175]」に還元していると論じたボブ・ファインは正しい。たしかに、フーコーは一貫して法の空虚について述べている。法の「空隙」や「沈黙」から法の「空虚な」領域まで[176]、フーコーの著作のなかで、法はしばしば「実体のない実体[177]」や現前する「不在[178]」として現れる（あるいは、消え去るのかもしれない）。実際、論文「ニーチェ、系譜学、歴史」で彼が書いているように、「規則はそれ自体としては空虚である」。もちろん、これは、引用文が続けているように、「規則はこれやあれやに仕えるためにつくられている。そして、いかなる目的にも合わせて曲げられる[179]」という帰結を法にもたらす。それゆえ、法が本来的に外部の権力による領有や道具化に従順なのは、それが構成的に空虚であり、永続的で明確に決定された内容を欠いているためである。また、フーコーはこのような道具化について十分な証拠を提供する。かつて、法は「君主たちによって巧妙にもちいられた[180]」のであり、実際、統治性の時代以前には、法は主要な「統治の道具[181]」であった。近代においても法の従属は継続している。――法は依然として、新しい生権力の附属品、道具、あるいは支えの役割を果たしており、生権力に覆いを提供し、生権力

を「受け入れられるもの[182]」にするのである。法の道具的従属は、法が自らとは異なるものや人によって執行される必要がつねにあることからもわかるであろう。それゆえ、フーコーは『監獄の誕生』で「法の力は君主の力である[183]」と書いている。実際、前近代において公開されていた見世物が示す威厳や華麗さは、やや残忍な仕方で、法がまさにそれを執行する君主から自らの力を引き出していることを明らかにする。すなわち「公開での拷問や処刑という儀式は、法に統治者の力を付与する権力関係を皆に見せて誇示する[184]」のである。「武装した司法[185]」によるこれらの血なまぐさい儀式が示しているのは、極端な法ではなく、無気力な法であり、自らに何らかの効果をもたらすために、法それ自体とは異なる権力に対して必然的に依存する法なのである。フーコーが言うように、法は「それ自体とは異なるものへのこのたえざる関与によってのみ機能し、自らを正当化する[186]」。もし、私たちが前近代的な姿の法に遭遇し、そのとき「法が武装せざるをえない[187]」のだとしても、それは、法が必然的に物理的な暴力であるからというよりも、むしろ、法が他のどこかから執行される必要があるからなのである。すなわち、法が機能するためには、何としても「剣に訴え」なければならない[188]。そしてフーコーは、近代の法がいかに自己執行的でありえないか、また、いかに「その真理の主人[189]」たりえないかを見事に示し続けた。法は規律訓練というノルム化する権力に侵されている。そして、その「犯罪者に関する評価的、診断的、予測的、ノルム的判断は、刑事司法の枠組みに委ねられるようになった[190]」。ここまで見てきたように、これらの新しい権力は「徐々に……主要な［法律上の］形式を侵略し、そのメカニズムを変化させ、その手続きを押しつける[191]」ようになる。さらに「規律訓練の技術と規律訓練から生まれた言説が権利を侵略し、……

そして、ノルム化の手続きがますます法の手続きを植民地化しつつある」[192]。これらすべてにおいて、法が奇妙にも新しい権力編成の介入や統制を「快く受け入れ」[193]、「合法性それ自体の内部における……非-法的なるものの出現」[194]を快く受け入れているように見えるとしたら、それは、これらの介入が例外的だから、あるいは危険だからということではなく、介入が実際には「機能上のメカニズム」[195]だからである。要するに、これが法の機能の仕方なのである。——すなわち、法はつねに権力に従属し、権力によって適用される。フーコーが言うように、「法は［政治的］利益の要請……によって、そしてそれらを通じて適用される」[196]。たとえその権力が法に内容と手段をあたえる君主の大権であっても、規律訓練的あるいは生政治的編成の要請であっても、法はそれを超える権力に完全に依存している。これら上位の権力について言えば、法は「脆く、透過性をもち、透明である。……それは『思いのままに曲げられる』」[197]のである。

それにもかかわらず、応答的な法は空虚であるがゆえに、いかなる所与の権力によっても究極的には囲い込めないというのが事実でないなら、この空虚な柔軟性は、フーコーが「排除テーゼ」で批判された従属的な法を確認するにすぎない。フーコーの法における空虚は多価的な空虚であり、非従属的な開放性である。なぜなら、フーコーの法の「戦略的な反転可能性」[198]は、それを領有や支配へと開くものが、同時に、主権や所与の権力体制の決定を回避する新たな意味づけや書き換えへと開くという事実にこそ存在しているからである。このような観点でこそ、私たちは『監獄の誕生』におけるフーコーの主張を理解することができる。すなわち、本章第1節で論じた引用に戻れば、規律訓練は「けっして取り消されることのない」「法の一時停止をもたらす」一方で、それにもかかわらず、そのような一時停止を「全面的なもの[199]」にしようとはしない。フーコーの法は、現在のところ抑制可能であるが、しかし究極的には抑制不可能である。その規則は、占拠を続ける権力のために適用されるが、重要なことは、この同じ規則がけっして「完結しない[200]」ということである。

4　結論

本章では、第一章で探究した「排除テーゼ」に取り組んできた。まず私たちは、法の排除や消滅といった議論とは逆に、実際には、フーコーによる近代性の記述において、法は主要な論点であり続けていることを示した。事実、私たちは、フーコーが描き出した法と規律訓練権力との関係について論ずる際に、規律訓練権力は法を抑圧したり排除したりするどころか、現実には、いかにそれが法に完全に依存しているのかを示そうとした。しかしさらに重要なのは、本章第2節で、法そのものについてのはるかに複雑でポスト構造主義的な概念をフーコーから引き出そうとしたことである。私たちは、フーコーがいかにして法の対立する二つの側面を分離したのかを示し、さらに、これら対立しつつも相互に連関する二つの側面の不確かな連結のうちにこそ、近代法はその不安定な「場」を見出すことを示した。この法は、表向き優勢な権力による道具化の影響を受けやすいが、同時に、自らを予期せざる可能性に対してつねに開いている。フーコーの法は「権力の真理でも、そのアリバイでもなく[201]」、現在とは別のものでありうる可能性を維持しなければならないのである。

私たちは次章で、現在の決定性とそれを超えて存在するものへの応答性との結合というテーマを発展させ、拡張させる。さらに、フーコーの近代における、より中心的で構成的な法の位置づけについて論ずる。私たちは「法の法」という観念をつうじて、フーコーの法が――現在の決定性とそれを超えるものに対する統合的な志向性とを結びつける、その反復的な能力において――まさに近代における社会的紐帯、すなわち私たち相互の関係や共生の手法を構成すると論じる。

ここまで私たちは、法をめぐるオーソドックスなフーコー受容に関する第一章での議論（つまり、彼が法の地位を貶め、軽視してきたという議論）からはじめて、本章ではフーコーの法についての私たち自身の理解を明確化するにいたった。そこで、この路線を「完結させ」、最終章では、フーコーが法を重視せず、その意義を軽視していたとする通説をさらに徹底的に覆したい。私たちは、通説とは逆に、社会的紐帯を構成する核としてフーコーの法を位置づけたいと考えている。その際、法についてのフーコーの思想を、さらによく知られているであろう、倫理や批判的存在論に関する彼の他の考察と関連づけるつもりである。しかし、この議論をつうじて私たちが強調し、志向し続けたいのは法である。この法は、あくまで現在とは別様でありうるがゆえに、「知ることのない、そして到達することのない未来あるいは真理のための手段」(202)を社会にもたらすのである。

第三章
法の未来

彼はノマドである、その仕事でさえも。彼が自分の家を建てたなどと信じられようか。絶対に無理だ。「それは違う」。彼は最後の著作について私に言った。「私は誤解されてきた。私はすべてをつくりなおさなければならない。別の場所へ行き、別の方法で」。(1)

未完成である、手に負えない、際限がないなどという言葉で表現される思想を説明しようとすると、結局、――いま私たちが置かれているような――議論の最終章にいたって、なおも説明しなければならず、何らかの「決定的」とも思われる仕方で結論づけなければならず、解決を拒むものを解決しなければならないという、いくぶん困難な立場に立たされていることにいつも気づかされる。前章で導入した産出的な不決断という主題を前提に、ここでこの要求を拒否するためには、要約によってではなく、実際に、法をめぐるフーコーの思想をより遠くへと押し進めることで「結論づける」という手法をとるべきである。これまでのところ、フーコーの法に関する本書の議論は、まずまず上手にリハーサルされたアカデミックな脚本にしたがってきた。その脚本のなかで私たちは、一般的な解釈がもたらす落ち着いた状況を掻き乱し、代わりに新しい解釈を打ち立てようと試みた。第一章では既存の考え方を概説し、その後第二章ではこれらの考え方を洗練させ、（ところどころで）それを反転させ、概要を示した。そこでこの最終章では、フーコーの法についての私たち自身の主張を拡張したいと思う。これは、優勢となりつつある修正主義が行うように[2]、フーコーを「修正」したり「完成」させたりせず、むしろ一定の方向性にしたがって、――フーコー自身は、私たちがここで行うような仕方では、この方向性を十分に探究することも明確に主題化することもなかった（しかしこの方向性は、これから示すように、私たちが前二章で発展させた解釈と一致している）――彼の思想を発展させようとするものである[3]。フーコーをこのように発展させるとき、私たちはフーコー自身にその範を見出す。なぜなら、明らかに彼自身にとっての学問的先駆者の一人であるフリードリヒ・ニーチェについてフーコーが見事に述べているように、「ニーチェのような思想に対する唯一正しい敬意の表し方は、それを利用し、それをねじ曲げて悲鳴をあげさせる」[4]ことだからである。それゆえ、本章のねらいは、前章の結論部分で簡単に紹介した主題、すなわち法の未来性という観念[5]を発展させるために、倫理学と批判的存在論に関するフーコー後期の考察を利用することにある。つまり、社会における共生、そして社会としての共生という未来のための手段を法が提供するという観念である。未来という究極の偶然性と予測不可能性に対する法の応答的な志向性をつうじて、いかにして法が近代における社会的紐帯の構成要素となるのかを本章では示したい。議論が進んだところで、――近代では法が追放され、排除されるどころか――フーコーによる偶然の法が、実際には、社会における、そして社会としての私たちの結合や持続的な生存を産み出すにいたると示唆するつもりである。こうした共生の法、すなわち、社会性の法は、フーコーの法の法である。しかし、本章での私たちの読解について細かな概説を行う前に、まずはこれまでの議論がどのように展開されてきたのかを吟味しておこう。

第一章では、有力な「排除テーゼ」についての概説版を示した。このテーゼでフーコーは、法を道具として近代の新たな権力編成に依存させ、従属させ、そうして法を中傷し、「排除し」、さらに、その近代内部における法の構成的な役割をすべて否定したと言われる。この解釈に反対して私たちが探究した対抗的な読解はすべて、フーコーによる規律訓練権力や統治性の概念のなかに法を位置づけ、法をこれらの概念と関連づけようとするものであった。その目的は、フーコーの近代に法が存在し続けていると示すことである（たとえば、規律訓練権力の共犯者として、あるいは、統治性のテクノロジーとして）。すでに指摘したが、こうした法をめぐるフーコーの読み方について私たちが留保するのは、それらが十分に法の特異性をとらえたり、法の別の構成側面について説明したりできないということだけである。これらの読解に依拠しつつも、そこから離れ、第二章ではフーコーの法についての私たちの解釈を提示した。まず、フーコーの法は規律訓練権力に従属させられることもなければ、それによって乗り越えられることもないと論じた。なぜなら、フーコーの仕事では、法が規律訓練権力との相互的な構成という関係的な動きのなかに存在するからである。この点で規律訓練権力は、はじめから構成的に法に依存していたことになる。ここで私たちは、規律訓練権力がフーコーの法それ自体の産出的な非一貫性と全体として整合しないという立場を離れた。

私たちの読解では、フーコーの法は空虚な法である。そのため、法の外部あるいは法を超える権力がそこに侵入するが、それにもかかわらず、法は最後までそれらの権力への抵抗を続け、封じ込めを免れるのである。フーコーの法は、規律訓練権力、生権力、そして統治性のさまざまな行為者や場の命令に道具のように従属させられていた。しかしその一方で、このようにして法の従属を許してしまう開放性や応答性という性質そのものによって、法は何らかの外的あるいは上位にあると推定される権力によっても最終的には包囲されえないように担保されているのであり、私たちはそれがいかに担保されているのかを示そうと試みた。

それゆえ、法についての彼の見方に関して一般に受け容れられている解釈とは逆に、ここまで私たちが議論してきた流れは、フーコーが実際には法を追放したり「排除」したりはしておらず、むしろ、つねに現在とは別のものになることで、権力による包摂を回避する法を私たちに示してくれているというものである。ここで私たちは、フーコーの思想を押し進め、倫理学と批判的存在論に関する後期の議論をつうじて、この同じ法についての理解、すなわち、法を近代の社会的紐帯のまさに中心に位置づけるという理解がいかにして引き出されるのかを示したいと思う。しかし、この社会的紐帯は社会体（socius）という居心地のよい囲いや避難所ではなく、むしろ他なるものに対して分散的かつ躍動的に社会を開くことである（あるいは、フーコーが『知の考古学』で簡潔に述べているように、「私たちは差異である……［そして、そうした差異は］私たちが現にそうであり現に生じさせているこの分散なのである」[6]）。手短に言えば、フーコーの法は応答的に開かれているがゆえに、私たちの社会における共生、そして社会としての共生を構成する条件を提供していると、私たちは本章で論ずる。いかなる社会や政治形態であっても、存続するためには未来性を構成的に顧慮しなければならないというのが、ここで詳述される基本的な議論の趣旨である。そうした未来性との調和、あるいは志向性は、未来がもたらすものに対する明確な規定を現段階でつくろうとする、未来と一体化した関与を意味している。それはまた同時に、まったき他者とともに、何者にも還元されることなく、未来において来たるべきものに対する無条件の開放性をも含意しているのである。事実、この後者の意味における未来性は、現在の自己存在を侵害し、根本的に破壊する。なぜなら現在は、過去と、つねに到来する未来なくしては、単独で「存在」しえないからである。すでに第二章では、法の未来性への鍵、つまり法が存続するための鍵は、まさにその応答的な開放性にあることを確認した。本章でやろうとしているのは、まさにそうした法の性質を——それは唯一変わらない法の性質であり、それによって法は存続すると私たちは論ずる——社会の組織化や社会的紐帯の問題とつなげることである。法は継続的な共生を構成する源泉であり、まさにその応答性を通じて法は共生を実現するというのが、私たちの議論である。

フーコーの仕事からは近代の政治形態について二つの対立する形象が導かれるが、この最終章では、フーコーの法の社会性に関する説明をこの二つの形象という文脈に位置づける。西洋の政治的近代性をめぐるこれら二つの異なる形象は、いわば社会の組織化という問題に対する回答や応答を表象している。前章の終わりで論じた「侵犯への序言」(7)という論文で、フーコーはこの問題を取り上げ、よく知られたニーチェの言葉を使い、神の死によって突如引き起こされた出来事として近代の出現について論じた(8)。フーコーによれば、この近代は「冒涜すべき事物も人も空間ももはやなくなった世界」であり、結果として「もはや聖なるものにいかなる積極的な意味も認めていない」世界である。[9] 神話、象徴、宗教といった沈静した前-近代性とは対照的に、神をも冒涜するこの近代は、それ自身とは別の世界への構成的な依存を避ける。そして神の殺害という幕開けの後には、権威を基礎づけたり、意味を保証するために神のような超越的な参照点に訴えたりすることは、もはやできないのである。結果として、近代という「存在論的空虚」[10]のなかで、私たちはたえず「その限界の経験によって暴かれ、限界を侵犯する過剰のうちにつくられかつ壊される一つの世界に」[11]委ねられている。意味をつなぎとめていた綱が解かれたことで、この変化し続ける近代は「微光に輝きつねに肯定される世界」[12]となった。私たちはそこで、聖なる不変を喪失し、「不確実な文脈のなかを、すぐにひっくり返されてしまうような……確実性のなかを」[13]切り抜けなければならないのである。私たち近代的存在には神的ないし超越的な基盤が存在しないのだとすれば、フーコーが言うように、私たちは「暴かれた世界」[14]である近代に身を委ねていることになる。そうした暴かれた世界で、人はいかにして他者と関係するのであろうか？　構成要素がたえ間なく変化し、事物がばらばらに壊れ、中心が定まらず、優先すべき結束が急激に霧散していく世界で、弱められた安定性や共生の感覚をいかにしてつかむことができるのであろうか？[15]　永遠や永続性はいかにして成し遂げられるのであろうか？　そして、このような状況が法に対して何をもたらすのであろうか？

　フーコーはそこで、近代における社会の組織化という問いに対して、背反しつつも互いに不可欠に連関する二つの応答を提示する。簡単に言えば、それは、閉鎖としての近代と断裂としての近代である。彼の仕事には、すべての者が適切に規律訓練されるという(よく知られた)近代と、断裂、侵犯、隔たりとしての近代との間に分裂が見られる。この後者の形式において、近代的であること(あるいは、おそらくより正確には、近代的になること)とは、いまだ想像されざる、想像不可能な未来に向かって、新しい存在様式で、別様でありうる仕方で自ら限界を侵犯することを意味している。本章の続く二つの節で、私たちは近代の政治形態についてのこれら二つの側面、あるいは二つの対立する命令に対応する二つの異なる合法性モデルについて論ずる。最初の応答は、フーコーのかつての同僚であるフランソワ・エワルドの「社会法」を主題とする法理学的な著作に代表される。そこでは、社会が自らと調和しうる手段を提示することで、社会の抑制が企図される。それは、妥協と制限の合法性であり、ノルム化と和解の合法性である。私たちが最終的に示そうとするのは、こうした法的な閉鎖や明確な限界の画定という応答が、現実にはいかにして(前章で概述したフーコーの法の流動的な「論理」にしたがって)逆の反応を引き起こし、またそうした反応を必要とするのかということである。私たちはここで、この第二の応答について詳細な議論を展開するが、それは倫理学と批判的存在論に関するフーコー後期の考察にもとづいている。このような応答は、より変化しやすく適応性のある合法性を表象しており、この合法性は来るべきものへの永続的な応答性であるがゆえに、フーコーが喚起する未来の近代、すなわち自らを超える存在にふさわしい。したがってこの最終章では、法をめぐるフーコーの思考をさらに押し進め、その思想を社会性や社会の組織化についての思考につなげたいと思う。私たちは、エワルドによる社会的なものの法的閉鎖から議論をはじめる。

1　エワルドと社会的なものの近代主義的閉鎖

近代の政治形態に関する問題は、フーコーの思想のなかにたびたび現れ、――先ほども示唆したように――やや異なる定式化がなされてきた。フーコーの政治思想における近代の定式化でよく見られるのは、閉鎖の時代、すなわち可能性や他者性の否定としての近代という定式化である。これは、前の段落で簡単に触れた、近代への最初の応答である。おそらく非常に（悪い意味で）よく知られているように、フーコーは近代を――大部分は『監獄の誕生』のような仕事や一九七〇年代半ばの政治理論への介入のなかで――自律、自己発見、解放の時代としてではなく、むしろ、人間諸科学において展開された人間に関する知が、増加し続ける制度的、社会的生活領域に時間と空間の厳格な規律訓練を見出し、つねに拡大を続ける規制的管理に人口が従属するようになる時代として描いている。ダグラス・リトヴィッツが述べるように、フーコーの近代はオーウェル的側面をもつ「ネガティヴ・ユートピア」として現れる(16)。事実、啓蒙主義の遺産を哲学的に引き継ぎ、擁護する者たちから多くの批判を集めたのは、フーコーによる近代描写のこうした側面であった。彼らは、フーコーが寒々としたディストピアや閉所恐怖症のように逃げ道のない監獄として近代を描き出したと非難するであろう(17)。こうした装いの下に、近代がもたらす、あるいはもたらそうとするのは、規律訓練的なノルムへの還元である。私たちは最終的に、ある重要な法哲学者による法理学の著作に近代の政治形態のこうした側面が映し出されていることに気づく。その法哲学者とは、私たちが

第一章の終わりでその著作に出会った人物、すなわちフランソワ・エワルドである。

私たちはここで、二つのありうべき近代的な合法性、すなわち、二つのありうべき法の社会性について、その最初のものを素描し、より詳細にエワルドの著作を再検討したいと思う。エワルドは「社会法」や「法の法」という主題に関して一連のフーコー的な考察を進め[18]、社会の組織化と法との関わりという問題にフーコー的な視点をもち込むことで、その一側面を雄弁に示してみせた。これから見るように、法の法や法の社会性というエワルド独特の表現は、近代の社会空間に決定的な限界を画定しようとするものである。私たちは以下で、エワルドの「社会法」という表象がいかにして社会性の紛争空間を閉鎖し、これを担保するもの――あるいは、エワルドのフーコー的に屈折した言い方をつかえば、ノルム化――として姿を現すのかを確認する。そして、それ以上のものがなければ（すなわち、社会的なもののいかなる具体像をも乗り越え、つねにそして完全に妥協や限界を超える「それ以上のもの」に適応できなければ）、なぜこの「社会法」の表象は、つねに他者に開かれた社会やそれ自身を超えた社会を提供しえないのか、そして私たちのさまざまな共生の様式を構成する可能性を提供しえないのかということを明らかにする。次節で私たちの応答的な代替案と補足を明確化する前に、まずは法の法というエワルドの概念について論じよう。

エワルドは法の法についての説明を、事実と必要性についての記述からはじめる。すなわち「法の法がなければ（実定）法もまた存在しない、というのが事実である。つまり、原理という熟考の一段階をもたない法は存在せず、これによって法はそれ自身について考えるのである[19]」。この原理は、その同じ論文のなかで判断の規則として後に定式化される。

法の再帰性という要素について述べるために、私は判断の規則について語るつもりである。立法、学説、判例法はすべて、法的判断の実践である。それらの表現、区分、相互の権限は、この法的判断がしたがう合理性の形式に依存している。この合理性の形式が、特定の法秩序に対して、その「裁判権＝法を語ること」のエコノミーを定義する。判断の規則は一つの機関によって規定される規則ではなく、すべての機関の判断を規制する。したがって、人がそれを適用するのではなく、それにしがって人が判断するのである[20]。

ところで、判断の規則や法の法についての古典的な説明によれば、それは世俗世界とは明確に区別される法――たとえば、宇宙の神聖な秩序、神の御言、あるいは自然法のような――を構成する源泉とされる。エワルドは、そうした支えを失った世界に、法の近代社会的な論理、すなわち近代法の法についての説明を位置づける。すなわち、自然法や他のそうした居心地のよい真理は、もはや認識論的に私たちの手には入らない。私たち近代人にとって、「自然法の観念は……理解しえないものとなってしまった」のであり、私たちの法をそうした源に基礎づけることはできない[21]。「自然法という観念が……私たちには不可能になってしまったということが、今日の法的経験を象徴している[22]」とエワルドは書いている。事実、そのような喪失こそ「法的経験が近代という時代に突入したことを示す[23]」と彼は言う。

それとともに、こうした近代主義的な現実への回帰により、社会的なものが合法性の構成的な源泉として受け容れられたのである。エワルドは一九世紀後半の自然法論批判について「これ以後、法は社会的でなければならない[24]」と述べている。近代では、法が「自然法学説に……［自らを基礎づけることが］できないときには」、その場合、私たちは「法の法という、それ自体が社会的でなければならないもの[25]」を構築する責務に直面する、とエワルドは記している。こうして、近代法は社会性との「接触」に自らの究極的な支えを見出す。エワルドは次のように述べる。「判断の規則は、それ自身の秩序に取り囲まれて閉ざされた法システムがその外部――一般には社会的なものとよばれる――と接触するための手段である、と言った方が明らかに正しいだろう[26]」。社会的なものというエワルドの概念は、これまで私たちが見てきたごく普通の比喩表現を並べ、それに依拠している。「社会空間」は「たえ間ない運動によって活発になり」、「社会的紐帯[28]」はそれゆえ「断続的な交渉と再交渉」を必要としている[27]。エワルドの社会的なものとは「分散」の空間であり、利益が衝突する「対立的で分断されたヴィジョン[29]」である。この地点で、エワルドは間違いなく『社会は防衛しなければならない』のフーコーに接近する。なぜなら戦争モデルは、社会的なものの空間を解読するための適切な理解格子を彼に提供したからである[30]。それにもかかわらず、この社会的なものの不安定性という定式化、あるいは、その運動やそれ自身からの偶然の断絶という定式化がなされるとすれば、エワルドが法の構成要素として喚起する社会性が、最終的にはその実定性と自己閉鎖性のうちに定位されるというのはやや驚くべきことである。さらに言えば、彼がまさにこの閉鎖を画策するものこそ、社会法、すなわち正常性の法なのである。

いかにしてエワルドの対立的な社会性は、最終的に実定性へと変化しうるのであろうか？　エワルドによれば、すでに見たように、近代法はその基礎を社会的なものに見出す。こうしてエワルドは、自らの近代的な社会法の観念をカント的な法理解――「すなわち、欲望、利害、情念――たとえ道徳的なものであっても――から切り離され、自由の共存のための秩序の基盤となりうる一連の理性的な言明(31)」――と対置する。カントに反して、エワルドの社会法の基盤はその本質において社会闘争の一部であり、そこからの客観的な離脱とは考えられない。「社会法は、政治的な道具、統治の道具と考えられるのである(32)」。それは「不平等［を］補い、矯正し、脅かされた均衡を回復するのに役立つべき介入の道具(33)」であろうとする。エワルドの社会法は、社会的なものを構成しようとする対立的な利害の解決、均衡、妥協の道具として、公然と社会的な紛争に立ち入る。「法はもはや、それが解決するはずの紛争に外在する一要素ではない(34)」。反対に、法は社会的であり、社会的な紛争への統合と管理から成り、また、それを必要としているのである。

法はもはや、それが対立する特定の利害関係の効果であると同時に賭金でもあるということを隠さない。法の価値はその立憲的な地位と関わるのではなく、社会の社会学的管理のための道具としての技術的な利点と関わるのである(35)。

エワルドの説明によれば、近代法は、そのよそよそしい一般性や抽象性ゆえに社会から離れて、あるいは社会を超えて存在することはなく、むしろその社会の成員間での「妥協(36)」を促進し、実際には、最終的に社会とそれ自身との「一致」をもたらす特別な道具となる。法の道具性とは対立

する社会空間を仲裁する武器なのである。すなわち、

団体交渉から仲裁にいたるあらゆる領域の実践において、断続的に「社会」が自らとの妥協に到達し、それ自身の法、それ自身の規範性を生み出せるようにすることが目的とされている。これらの実践は、解決の手続において強制され、自己‐管理社会という夢をもたらす[37]。

エワルドにとっては「一つの用語が、法的判断のこうした論理の特徴すべてを表している。その用語とはノルムである[38]」。ノルムは「固定化された超越的な尺度[39]」とは関係をもたず、先の引用が示唆しているように、社会そのものから導き出される。ノルムは社会に深く埋め込まれ、社会的な実証性を備えているために、不思議なことに、事実と価値を上手く融合することができる（ノルムは「社会的な論理が何か、そしてそれはどうあるべきか」を簡潔に示す[40]）。事実、「ノルムのおかげで、……『社会』は自らを調整し続け、それ自身について判断できるようになるであろう。それは、社会法学者たちが目指すべき理想として主張してきたものである[41]」。ノルムは、「比較のための純粋な道具」として「社会が自らと結ぶ関係性についての規則的な言明」を提供する[42]。そうして、エワルドにとっては、ノルムが「正義の原理[43]」を規定するのであり、――事実、彼は「社会的正義とはノルムの正義である[44]」と強調している。つまるところ、エワルドにとって「ノルムとは社会的紐帯の近代的形式なのである[45]」。なぜなら正義――とくに社会的正義――は、ノルムという「想像上の地点」をつうじて社会が「自らを一体ととらえる」力に内在しているからである[46]。

法の法というもう一つの観念を社会的紐帯の法として概述する前に、エワルドの立場を簡潔に要約しておこう。ここでいう社会的紐帯は、十分な一貫性や自己言及性をもたず、むしろそれ自身から分離し、乖離することで存続する。それゆえエワルドにとって、近代法は自然や神から賦与された前提への依存を断念しなければならず、また、そうする必要がある。近代においては、このような先祖返りともいえる手段は認識論的にも利用不可能であり、法は社会性によって基礎づけられる。しかし、今日ではノルムが法に根拠をあたえているため、法は均衡と妥協の社会性へとむかう。そしておそらく、近代において法の存在を支えているのもこの社会性であり、それは永続性と一貫性を目指している。すなわち、

連帯の社会は、経済学的そして社会学的な実証性によって担保された一貫性を備えている。……ノルムは、連帯の社会において社会契約に代わる条件を定義する。すなわち、それは合意である。ノルムは合意の参照項であるとともに、その目的物でもある。ノルムによって、社会に属することの費用便益対照表が作成される。ノルムは交渉を永続化し、交渉のための参照項としての役割を果たす。また、交渉はそれを修正しなければならない。……ノルムは判断の規則であり、それによって自らによる自らについての判断に客観性、とりわけ社会的客観性が付与されるのである。(47)

このように、エワルドによる近代法の法は、調整された合意の法である。――それは、その確信

に満ちた自己言及において自らの正常性を構成し判断できる「社会」によって、そして「社会」の名の下に行われる費用便益分析の結果である[48]。この社会性は、近代を閉鎖として、すなわちノルム化する制約、関係と存在の範囲を決定しようとする企てとしてとらえるフーコーの定式化を反映している、と私たちは論ずる。しかし先にも触れたように、フーコーは近代をまったく異なる観点でもとらえていた。そして、まさにこの観点から、私たちはここで社会的閉鎖としての法というエワルドの思考とは別の法を導入するのである。

2　フーコー的倫理の近代性

「啓蒙とは何か?」と題された後期の論文で目を引くのは、人が現在に対してとる態度として、フーコーが近代を定義していることである。すなわち、

　私は、しばしば近代が一つの時代であるかのように、あるいはまた一つの時代の特徴的性格であるかのように語られることを知っている。近代は、多かれ少なかれ素朴あるいは古風な前近代が先立ち、謎に満ちた不安な「ポスト近代」がその後に続くような暦の上に位置づけられるのである。……私は近代を歴史の一時期というよりも、むしろ一つの態度として考察することができないだろうかと思っている[49]。

この近代的な態度の範例がイマヌエル・カントであることはわかっているが、以前のフーコーによるカントへの評価を考えれば、これは少々驚くべきことである。[50] フーコーのテクストの前半部分は、一七八四年一一月の『ベルリン月報』に掲載されたカントの有名な応答論文「『啓蒙とは何か』という問いへの回答」の読解である。[51] フーコーによれば、啓蒙をめぐるカントの議論は、

一人の哲学者が、このように密接に、かつ内部から、認識との関わりにおいて自らの仕事のもつ意義、そして歴史についての省察、さらに自分が物を書いているという具体的な時、その時だからこそ書いているという具体的な時についての個別的な分析、これらを結びつけた初めてのものであった。歴史における差異としての「今日」、そして個別的な哲学的使命の動機としての「今日」についての省察にこそ、私にはこのテクストの新しさがあるように思われるのである。

そして、このテクストをそのようにとらえることで、私はそこに一つの出発点を見ることができるように思う。それは、近代性の態度ともよびうるものの素描である。[52]

この「近代性の態度」とは何をもたらすのであろうか?「近代性の態度にとって、現在のもつ高い価値は、それを想像し、現在をいまの姿とは別様に想像する強い熱情と切り離しえない」[53] とフーコーは説明している。この近代的な態度、すなわち「哲学的省察のこの形式全体」[54] は、このように「私たち自身のたえざる批判」[55] と「私たち自身のたえざる創出」[56] とを同時に求めるのである。すなわち、

それゆえ、私たち自身の批判的存在論に固有の哲学的エートスを、私たちが乗り越えうる限界についての歴史的-実践的な実験として、それゆえ自由な存在としての私たち自身に対して、私たち自身が遂行する作業として規定するのである[57]。

フーコーは批判に関する自らの観念について次のように記している。

この哲学的エートスは、一つの限界的態度として性格づけることができる。それは、拒絶の態度のことを言っているのではない。私たちは外部と内部との二者択一を超えて、境界に立つべきなのである。批判とはまさしく限界の分析であり、限界についての省察なのである。しかし、認識が超えることを諦めるべき限界とはどのようなものなのかを知るということがカントの問題であったとすれば、今日における批判の問題は積極的な問いへと反転されるべきだと私には思われる。……要するに、必然的な制限というかたちで行われる批判を、可能的な乗り越えというかたちをとる実践的批判へと変えることが問題なのである[58]。

こうした限界の乗り越えは、近代という経験、そして近代が要求する「現在および私たち自身への批判的な問いかけ[59]」にとって不可欠なのである。したがって最終的には、私たち自身の批判的存在論は、たしかに、一つの理論、教義、あるいは蓄積を続ける知の永続的な集合体と考えられてはならない。それは、一つの態度、一つのエートス、私たち自身のあり方への批判が同時に私たちに課された歴史的な限界の分析であるような一つの哲学的生活、そして、その限界のありうべき乗り越えについての一つの実験として理解されるべきなのである。(60)

これらの定式化でフーコーは、近代についての対立する別の解釈を描き出している。――近代はいまや、人が現在に対してとる態度、すなわち、人間存在、そしてこの後見るように、人間の共存、あるいは他者との共生に対する「批判的存在論」とフーコーがよぶものを要求する態度として現れるのである。これは、不安定性と論争を構成要素とする近代であり、断裂としての近代である。こうした近代の定式化は、社会的閉鎖としての法というエワルドの観念を超えて、近代における法の社会性を考える手段を提供する。もしエワルドにとって、正義の動きが社会的なものに一貫性をもたせる方向へと進むのだとしたら（それゆえ「社会的正義」という彼独特の表現になる）、そのとき私たちにとっては、――フーコーの法に関する第二章での議論にしたがえば――正義がむかう方向は逆の向きになる。私たちが社会性や（決して達成されることのない）法の正義を位置づけるのは、フーコーの法の応答的な側面であり、つねにその外部と結びついた関与、明確に決定された自己をその過程で解体する地点なのである。

ここで述べようとしているのは、法を構成する社会性である。しかし、この社会性は社会的なものの空間の包摂ではなく、むしろその空間の機能不全であり、合意に対立する異議申立ての思考である。したがって、近代における法の法は、法の応答的側面に存在し、他者性、すなわち、つねに別様であろうとする倫理に対して社会を開くことができる。前章で述べたように、フーコーの法はこの不安定な交換の媒体であり、私たちの共生を構成する条件なのである。そしてそこでは、この共生が囲い込みとしての正義や社会的なものの内在的な調和には還元されえない。もしエワルドにとって、「まさに正義の問題」が「ある人と……他者との」共約不可能性の問題であり、（「共約可能性の原理」としての）ノルムが即座に回答できる問題であるならば、そのとき、私たちから見れば、この回答こそ、フーコーが拒絶したいと考えているものなのである(61)。フーコーにとっては、このような社会的な共約可能性の原理が決して「機能」せず、恒久的な存在とは想定されえないということが重要なのである。近代法が、規律訓練権力との相互連関をつうじて、いかにして人間の事実性や人間諸科学の規範的決定に自らを基礎づけようとしたか（フーコーが『監獄の誕生』で述べているように、「法は物事の必然であるかのように見えなければならない(62)」、あるいは「真理に基礎づけられなければならない(63)」。）を論じた第二章での議論を思い出せば、このような社会的な理解や説明という企てがなぜ失敗する運命にあるのかがわかる。クロード・ルフォールの思想を借りれば、そのような企てはつねに「幻想(64)」に陥るのである。社会的なものが、ノルムという媒体をつうじて「自らを説明する(65)」ことは不可能である。しかしより決定的なのは、フーコーが社交性の可能性や見込みを、自らが正常であることの社会的な説明や判断の形式にではなく、むしろそのような無意味で結合的な正常性から離れ、乗り越えていくことに――つまり、まさにノルムへの抵抗に――位置づけているということである。フーコーにとっては、とりわけ後期の倫理学と批判的存在論に関する研究において、社交性は、社会体やその制約の侵犯、ノルムの領域を超える関係の複数化、情動の増殖に内在している。ポール・ラビノウが『フーコー選集』第一巻への「イントロダクション」で記すように、フーコー後期の仕事は、思考の過程で「自己自身から遠く離れる」(66)知者にとっての思想の変革的価値と機能に焦点が置かれていた。ラビノウが続けて指摘するように、上記論文でフーコーがもちいている言葉、つまり「自己自身から遠く離れる」と訳されているフランス語は、錯乱(égarement)である。ラビノウはさらに進めて、『ル・ロベール辞典』を参照しながら、「道徳、理性、ノルムと定義されたものから遠ざかろうとする行為、および、その結果として生じる状態」(67)と定義している。ノルムについてのフーコーの師であったカンギレムと関わって、フランソワ・ドラポルトが述べているように、「私たちは生き残るために、動き、逸脱し、適応しなければならない。この『逸脱し漂流する』という条件は、生命にとって偶然でもなければ、その外部にあるものでもなく、基本的な形式なのである」(68)。それゆえ簡単に言えば、これはノルムからの産出的な逸脱であり、条件づけられたノルムから自己自身を批判的に遠ざけることである。フーコーが社交性の将来的な可能性、すなわち私たちの共生が別の形態でありうる可能性を見出すのは、この逸脱する批判的な隔たりへと開かれていること、そして、正常であり社会的であるものの明確な限界から「遠く離れること」のなかなのである。

したがって要約すれば、フーコーは近代を抑制や閉鎖として描くだけでなく、休みなく越境する経験として、つまりアイデンティティと共同体の境界線を執拗に間断なく侵犯する経験としても特徴づけている。法がこの未来的で断裂的な近代の経験との均衡を維持するには、限界を画定する態

郵便はがき

恐縮ですが
切手をお貼
りください

112-0005

東京都文京区
水道二丁目一番一号

勁草書房
愛読者カード係行

(弊社へのご意見・ご要望などお知らせください)

・本カードをお送りいただいた方に「総合図書目録」をお送りいたします。
・HPを開いております。ご利用ください。http://www.keisoshobo.co.jp
・裏面の「書籍注文書」を弊社刊行図書のご注文にご利用ください。ご指定の書店様
至急お送り致します。書店様から入荷のご連絡を差し上げますので、連絡先(ご住所
お電話番号)を明記してください。
・代金引換えの宅配便でお届けする方法もございます。代金は現品と引換えにお支
いください。送料は全国一律100円（ただし書籍代金の合計額（税込）が1,000
以上で無料)になります。別途手数料が一回のご注文につき一律200円かかりま
(2013年7月改訂)。

愛読者カード

15431-9　C3010

本書名　フーコーの法

お名前《ふりがな》　(　　歳)

ご職業

ご住所　〒　お電話 (　　) ―

本書を何でお知りになりましたか
書店店頭 (　　書店) ／新聞広告 (　　新聞)
目録、書評、チラシ、HP、その他 (　　)

本書についてご意見・ご感想をお聞かせください。なお、一部を HP をはじめ広告媒体に掲載させていただくことがございます。ご了承ください。

◇書籍注文書◇

最寄りご指定書店

市　町 (区)

書店

(書名)	¥	(	) 部
(書名)	¥	(	) 部
(書名)	¥	(	) 部
(書名)	¥	(	) 部

ご記入いただいた個人情報につきましては、弊社からお客様へのご案内以外には使用いたしません。詳しくは弊社 HP のプライバシーポリシーをご覧ください。

度を強化するとともに、別の存在形態や存在様式を思い描きながら適応的に応答できなければならないのであり、（第二章で強調したように）後者がより重要となる。実際、やはり第二章でジョルジュ・バタイユやモーリス・ブランショの思想とフーコーの関わりについて論じた際に見たように、法そのものは、まさにその限定的な立場をめぐる論争において、そして、その論争をつうじて形成される。フーコーの法を構成するのは、この運動、つまり外在性の運動なのである。この別様であるという法こそがまさに法の法であり、このなかに法の社交性は存在する。法のこうした応答的な性質は、私たちの社会性、私たちの共生を構成する源泉として法が役立ちうることを意味している。法は（エワルドの言う）社会体を寄せ集め、保護し、実証的な「社会的正義」を達成するだけではなく、また、それだけではありえない。法がそれ以上のものでなければ、事実上、さまざまな存在様式や相互的関係の可能性、すなわち社交性の可能性を法はすべて否定することになるだろう。そして、それは未来性を先取りした思慮なき合法性であろう。むしろ、法はその応答的側面において、社会体の具体的な例示を妨げ、破壊し、それを繰り返し、新しく、まったく新しいものにさえつくり変えてしまうことができる手段なのである。社会的紐帯を形成し、それを繰り返しつくり変えるこの活発な力、すなわち、所与の社会や共同体の境界を設定するとともに、その中身を空にすることで、つねに別様であるための間隙を提供しうるこの力にこそ、法はその存在の法を見出す。この後のコメントで私たちが説明するのは、法のこれらの性質が倫理学や批判的存在論についてのフーコー後期の記述にどのように反映されているのかである。さらにこれらの定式化において、実際にフーコーは近代における法の法のいくつかの異なる構成要素を提示していると、私たちは論ずる。一見すると、フーコーのギリシアへの回帰に近代との共鳴関係を見出すのは奇妙に思われるかもしれないが、これから示そうとしているように、フーコーによる古代への取り組みは、現在についての政治的要請（そしてより適切に言えば、おそらく現在に対して政治的に異議を唱えるという要請）に駆り立てられたものである。それでは、フーコーの倫理学からはじめよう。

フーコーの倫理学については、一九八四年に出版された『性の歴史』プロジェクト第二巻および第三巻(69)（それぞれの著作名は『快楽の活用』および『自己への配慮』）でほぼすべてが明確に論じられている。この倫理学への取り組みは、諸個人が権力体制のなかでどのように客体化されるのかという主要な関心（『監獄の誕生』や『性の歴史』第一巻で詳細に論じられた）から、いかにして主体が自己自身を管理するとともに他者を管理するよう強いられるのかという（統治性の研究で議論されているような）分析へと進み、そして最後に、主体がいかにして自己自身の行為の倫理的主体として自らを構成するのかという関心へと移り行く、フーコーの概念的な軌跡の最後に生じたものである。すなわち、一九八二年のセミナーでフーコーが述べるように、

これまで私は、あまりにも支配と権力のテクノロジーに力点を置きすぎたかもしれない。いまやますます私の関心は、自己自身と他者の間の相互作用に、個人における支配のテクノロジーに、自己のテクノロジーをつうじて個人が自己自身に対してもちいる行動様式にむかっている。(70)

これから見るように、自己のテクノロジーに関するフーコーの後期著作では、統治性についての

文献の多くに見られるような「自由をつうじた統治」「責任化」「遠隔的統治」といった様式により個人がいかに自己自身を支配するかよりも、[71] むしろこれらのテクノロジーの創造的で自己構成的な可能性がますます強調される。重要なのは、私たちがフーコー後期の仕事におけるこうした展開（およびそれが導入する主体性の概念）を強調点の変化として、彼のそれ以前の概念の「修正」として解釈しており、それまでの概念からのラディカルな決別や大規模な改変とはとらえていないということである。[72] そして、いまではよく知られているように、自己自身への働きかけを構成する様式（これをフーコーは倫理とよんでいる）のモデルを得るために、彼は近代という慣れ親しんだ研究領域を離れて、古典期ギリシアや古代ローマ帝国の史料へと立ち戻る。

　しかし、この後の議論で私たちが示すのは、これらの古代史料が現に近代の倫理学研究――これまで具体的に示してきた近代理解、すなわち断裂、論争、生成の近代にふさわしい倫理学研究――のまさにモデルをフーコーに提供しているということである。続く数頁では、倫理学についてのフーコーの理解に関して詳しく論ずる。まず私たちは、後期の仕事でフーコーが倫理学という言葉で意味するものについて解説する。その後、倫理学に関するこの後期の仕事において、フーコーは何らかの内面的で主観的な経験を取り戻そうとしているのではなく、実際には社会性の一形態を明確化しているとの議論を展開する。この社会性が法の社会性のモデルを提供する。それは、自らの限界と（再）交渉し、未来性と他者性の創出を応答的に顧慮するよう、つねに強いられる社会性である。まずは、私たちの議論を詳しく述べる前に、フーコーの倫理学の輪郭を描き、その後でそれを法と関係づけることにしよう。しかし私たちが詳細に論ずる目的は、フーコーの倫理学研究がもつ社会性を示すことであり、その点はなお心に留めておくべきである。

ヒューバート・ドレイファスとポール・ラビノウによるインタヴュー『倫理の系譜学について——進行中の作業の概要』で、フーコーは『性の歴史』プロジェクトの第二巻および第三巻で展開する古代ギリシア倫理についての解釈を要約している。そのインタヴューからの下記引用で彼は、道徳と倫理の間にその当時存在していた関係性について説明する。それは、フーコーが古代ギリシアから導き出したものの全体像を示す有用な概要である。

一般的に言って、道徳の歴史が問題とされる場合、私はさまざまな行為と道徳規範とを区別しなければならないと考えている。行為（振る舞い）は、人々に課せられた道徳規範（命令）との関わりにおけるその人の現実の態度である。どの行為が容認され、あるいは禁止されるのかを決定する規範と、さまざまな取りうる態度の肯定的あるいは否定的な価値を決定する規範とを区別しなければならないと私は思う。——妻以外の誰かと性交渉をもつことは許されないといったことも規範の一要素である。さらに、道徳的命令にはもう一つ別の側面が存在する。それは、ほとんどいつも、そうしたものとして分離されないが、非常に重要なものと考えられる。つまりそれは、あなたがあなた自身に対してもつべき関係性、すなわち自己への関係（rapport à soi）であり、これを倫理とよぶ。そして、これこそ個人が自らの行動の道徳的主体として自己自身をいかに構成すべきかを決定するものである。(73)

同じインタヴューでフーコーは、自己への関係という厳密な意味での倫理的領域を四つの要素に細分化している。[74] 最初の要素は倫理的実体である。倫理的実体は、問題化されるべき倫理的主体の態度であり、倫理的な省察や推敲の主題とされるべき部分である。たとえば、ある人の食事の摂取や身体的な外観、性的態度などがあてはまる。『快楽の活用』での古代ギリシア倫理に関する研究で、フーコーは倫理的省察の主題がアフロディジア（aphrodisia）、すなわち「ひとまとまりで快楽と欲望に結びついた行為」（これは肉欲という後のキリスト教的な観念やセクシュアリティについての近代的な理解と混同されるべきではない）の布置であったことを見出した。[75] 第二に、服従化の様式あるいは主観化の様式がある。服従化の様式は、「人びとが自らの道徳的義務を認めるよう勧めたり、仕むけたりする」[76] 方法である。これは神の法や聖典、あるいは世俗的な命令の承認をつうじてなされる。第三に、禁欲主義の要素がある。以下で見るように、フーコーによる禁欲主義という言葉の用法は、自己放棄や自制を含意するキリスト教的な意味とは著しく異なっている。――フーコーによるギリシア語の解釈において、禁欲主義は自己放棄や苦行の実践を主とするものではなく、実際は「自己形成の活動」である。フーコーがここで禁欲主義という言葉で意図しているのは、実際には、自己自身あるいは倫理的実体への働きかけの様式である。この実践には、食事の管理や身体トレーニングの計画、あるいは（おそらく日記や他の手段による）自己の記述やその様式化の実践が含まれる。最後に、この倫理的な自己推敲の目的、つまり目標が存在する。私たち自身のなかで推敲や改良を要する部分に禁欲の技術を適用する際、私たちはそれによって自制や純粋さ、美の理想、あるいは他の目標の達成を目指しているのではないだろうか？　そこで要約すると、フーコーによる古代ギリシア倫理の解釈によれば、倫理は道徳というより大きな領域の部分集合と位置づけられる。この見方によれば、倫理学について決定的なことは、倫理的主体と道徳規範との関係性（たとえば、カント的な定式化に見られるような）でもなければ、ある種の存在論的-倫理的優越性が認められるべき他者と倫理的主体との関係性（たとえば、レヴィナス的な定式化に見られるような）でもない(78)。むしろ、フーコーによる古代ギリシア倫理の解釈において優先されるのは、自己がそれ自身と結ぶ関係性である。それは、一定の存在状態に到達するために、一定の方針にそって自己をつくり上げ、改良し、再-形成することを目指す一連の禁欲的なテクノロジーをつうじて実践される。古代人から導き出されたフーコーの倫理学はそれゆえエートスとして、すなわち存在と行為の様式として、もっともよく理解されるのである。

フーコー後期の仕事は、やや誤解を招くような、関連する二つの方法で特徴づけられてきた。第一の特徴づけは、フーコーがその倫理学の定式化において、リベラルな主体——ともかくも「権力と知を超える(79)」本質主義化された形而上学的な主体（subjectum）——を再導入しているというものである。第二の特徴づけは、たとえフーコーが形而上学の誘惑に屈していないとしても、彼が主張する倫理的自己構成のテクノロジーはそれ自身へと折り込まれた主体性をもたらすというものである。この読解のとおりであれば、後期フーコーの主体は自らの主権的な自己支配と自己所有において自己自身を確認しようとするだけで、他者性にはいっさい関心を抱かないことになる。これら二つの特徴づけに関して、私たちは次のように論ずる。すなわち、フーコーは不明確な形而上学的前提に依拠しておらず、また彼の倫理的主体性のとらえ方は自己閉鎖の一形態でもない。むしろ後期フーコーの倫理学において、そしてこの倫理学をつうじて、彼は他者性に対して構成的に適応した世界における主体、すなわち、他者との関わりによって構成された主体を主題化しているのである。それではまず、第一の批判、すなわちフーコーが倫理学をめぐる後期の仕事に形而上学的主体を再導入したという批判を取り上げ、第二の批判については本章後半で議論することにしよう。

フーコーの倫理学についての最初の特徴づけは、その後期の仕事がダマスカス的な自己修正ともいうべきものを構成しているとの読解に依拠している。もしピーター・デューズのように、フーコーはその数年前に「主体はすべて権力作用によって構成されている」という前提を強調していたという読解をするのであれば、後期の仕事は実際のところ「権力と解放という概念に対する初期の関わりの曖昧さ」を緩め、「克服する」ために導入された「唐突な理論的転向」のように見えるであろう(80)。しかし本章で論証したように、個人の規律訓練的な服従化に関するフーコーの以前の仕事は、すべてが規律訓練の作用によって構成される主体を示唆してはいないのである（フーコー自身が後のインタヴューで主張しているように、「権力とはすべてを管理する支配のシステムであり、自由の余地はまったく残されていない、などという考え方は私のものではありえない(81)」）。さらに重要なのは、フーコー後期の仕事が、言説と権力の編成という堆積物から解放された主体を導入してもいないということである。フーコーが「自由の実践としての自己への配慮の倫理学」というインタヴューで述べているように、

私が現在、自己の実践によって主体がどのように能動的に自己を構成するのかということに関

心を抱いているとしても、これらの実践が個人によって発明されるものではないということも述べておくべきであろう。それらは個人が自らの文化のうちに見出すモデルであり、自らの文化や社会、社会集団によって提案され、示唆され、課されるモデルなのである(82)。

実際、フーコー的主体は「つくられると同時につくるもの(83)」として、すなわち「多かれ少なかれすでに作用中かつ進行中である形態のうちで自らを形成する」よう強いられているものとして、もっともよく理解される。それゆえ、フーコー的主体とは形而上学的な「実体(84)」ではなく、むしろ他者との、そして他者をつうじた政治的交渉の未完の結末なのである。このように、フーコーの倫理学プロジェクトはその人の本当の自己を発掘し、解放することに無関心であることを心にとめておかなければならない。これは『性の歴史』第一巻の「抑圧の仮説」に対するフーコーの批判からもきわめて明白である(85)。それどころか、フーコーの倫理学プロジェクトは実際のところ、主体の「真理」を明らかにし、この真理と主体を結びつけようとする政治的合理性の諸形態に抗して、展開される。先に参照したのと同じドレイファスとラビノウによるインタヴューで、フーコーは次のように問われている。「しかし、ギリシア人たちの自己への配慮とは、多くの人々が私たちの社会の中心的な問題と見なしている自己中心化の初期形態にすぎないのではないか」。フーコーの応答は示唆的である。

カルフォルニアの自己崇拝では、その人の真の自己を発見し、それを曖昧なものにしたり疎外したりしかねないものから切り離し、その真理を心理学や精神分析学によって解読することが求められている。そこでは、あなたの真の自己がどのようなものであるのかがわかると考えられている。それゆえ私は、こうした古代における自己の文化と、いわゆるカルフォルニア的な自己の文化とを同一視しないばかりか、それらは真っ向から対立していると考えているのである(86)。

ここでフーコーは、自らの倫理の姿と、自己支配あるいは自己改善という現代的な枠組み、すなわちカルフォルニア的な自己崇拝とを対置している。しかし私たちは、フーコーの仕事で繰り返し強調される他の二つの否定的なモデルを付け加えてもよいだろう。一つめはキリスト教的な自己の解釈学であり、これは主体に解読、放棄、服従を命じる(87)。二つめは、一九七〇年代のフーコーによる系譜学的分析の主要な対象であった人間諸科学のノルム化する知についての主張である(88)。前者の解釈学は主に告白の技術に基づき、それは「自己自身についての真理を探求し述べる」という「不可避かつ永遠の(89)」義務を伴う。キリスト教的な解釈学では、次に示すような自己解読と自己放棄の継続的で不可避な「螺旋」が存在している。

自分自身の真理を発見すればするほど、自分自身を放棄しなければならない。そして、自分自身を放棄したいと思えば思うほど、自分自身の現実を明るみに出すことが必要になる。それこそが、真理の定式化と現実の放棄との螺旋とよばれうるものであり、キリスト教的な自己の技術の核心に位置するものなのである(90)。

フーコーが述べるように、自分自身についての真理を語るというこの普遍的な解釈学的義務は、自己断罪という司法的な形態をとる。

キリスト教徒はみな、自分が何者であるのか、自分の内部で何が起こっているのか、自分がどのような過ちを犯しかねなかったのか、そして、どのような誘惑に自分がさらされているのかを探る義務がある。さらに、全員がこれらのことを他の人々に語らなければならず、そのようにして自分に不利な証言もしなければならないのである[91]。

それにもかかわらず、この「自己についての不断の解釈学[92]」は、真理を語る、あるいは、真実を告げるという枠組み——そこでは「自己の開示が同時に自己の廃棄でもある[93]」——にしたがう一方で、人間諸科学という近代的な体制については、これが必ずしも妥当するわけではない。

一八世紀から現在にいたるまで、いわゆる人間諸科学は言語化の技術をさまざまな文脈にあらためて挿入してきたが、それは自己を断念せずにそれらをもちいるためであり、新しい自己を積極的に構成するためであった。自己自身を放棄することなく、これらの技術をもちいることが決定的な断絶を構成しているのである[94]。

たしかに、キリスト教的な禁欲と近代の人間諸科学との間には決定的な断絶が存在しているのかもしれない。しかし、一九七〇年代中頃のフーコーによる系譜学的研究が詳細を明らかにしているように、近代における「個人性についての整形外科医」と「精神の」専門職である規律訓練の専門家たちによる内面性の作出は、実際にはほとんど有害だった[95]。それゆえ、フーコー後期の倫理学プロジェクトが、諸個人を操作したり、彼らを意味と生産のシステムに統合したりするために、諸個人の真理を「発見」しようとするような規律訓練的な科学者による専門家支配に抗して展開されているとしても、あるいはそれが、一層あからさまに行われる神学的な自己の解釈学とその禁欲的な放棄に対抗するものであるとしても、いずれにおいてもフーコーが批判しているのは、その人の隠された真理、すなわち、本質的で疎外されざる主体の真理を明らかにすることで自己を発見するという考え方なのである。

このように、フーコー後期の仕事は主体に対する真理の政治的効果の考究であり、フーコーが「諸個人の真理による諸個人の統治[96]」とよぶものに対する抵抗の一形態を明らかにする試みでもある。自己自身についての真理を語ることによってもたらされる抑圧とは何か？　彼自身ないしは彼女自身についての真理を語ることに対して、主体はどれほどの対価を支払わなくてはならないのか？[97]　最終的には、自己自身についての真理を語るという問題へのフーコーの応答は、神学的かつ規律訓練的な主観化の形態の核心に位置する主体と真理の関係こそを再考しようとするものである。フーコーが論じているのは、その人が何者であるのかという真理を取り戻すことよりも、むしろその代わりに、私たちは自分自身を新たにつくり上げようと試みるべきであり、彼が後期のインタヴューで述べているように、「いまだありえない存在様式を発明する」[98]よう試みるべきなのである。したがってフーコーは、いまなお残存している主体性の形態を拒絶し（「一言で言えば、真理の政治学ともよびうるゲームにおける脱-主体化＝脱-服従化」[99]）、その代わりに、まったく別のものを創造せよと命ずるのである。

たぶん今日の標的は、私たちが何者であるかを見出すことではなく、何者であるかを拒むことであろう。……私たちは、数世紀にわたって課されてきたこの種の個人性を拒否することで、主体性の新たな形態を創出しなければならない[100]。

このように古代の人々による倫理のとらえ方にフーコーが関心を抱いたのは、告白によるキリスト教的な解釈学と人間諸科学による規律訓練的なノルム化（たとえば、カルフォルニアの自己崇拝のような自己の解釈学の現代的な現われも同様である）によってもたらされる政治的な効果のある部分を克服する（あるいは、少なくとも変化させる）ための自己創造というエートスの観念に彼が潜在的な可能性を感じとったからである。後期の仕事でフーコーは、こうした抵抗の潜在的可能性、すなわち前章において権力に対する抵抗の優位という言葉で述べた抵抗の潜在的可能性について、しばしば創造性や美学という視角からの主題化を行っている。ギリシア的倫理の実践者たちがいかにして自分自身の再創造を目指したのかを論ずる際に、フーコーはこうした企ての美学的な側面を非常に強調する。――一九八三年にフーコーは「一つの芸術作品の素材としての生（bios）という考え方に私は惹かれる」[101]とインタヴュアーに対して率直に認めていた。フーコーが説明するように、「この種の倫理の主要な目的、主要な目標は美学的なものだったのである」[102]。ギリシア人の行動の目的は、

自らの生に一定の価値をあたえることであった（それは一定の模範を再現することであり、称賛に値する名声を後世に残すことであり、自らの生にできる限りでの最高の輝きをもたらすことである）。それは自らの生をある種の知や技法（techne）、すなわち芸術の対象にするという問題だったのである[103]。

「道徳が徐々に諸規則のコードという形態をとるようになった」キリスト教に対して、古代における倫理的経験の構造は「自分自身の生を個人的な芸術作品として洗練する」[104]ものであった。これは「生存の美学の探求」[105]だったのであり、いまなおそうであろう。こうした探求において、「私たちは自分自身を芸術作品として創造しなければならないのである」[106]。この文脈で禁欲主義や禁欲の技術に言及することは、今日それらの言葉に重く圧しかかっている自己否定や自制というキリスト教的な含意に対する皮肉な応答となる。

快楽の放棄としての禁欲主義は悪い意味で受けとられている。しかし、禁欲はそれとは別のものである。すなわち禁欲とは、自らを変えるため、あるいは、幸いなことにけっして到達するこ

とのない自己を現われさせるために、自分自身に対して行う営みなのである。これこそ、今日における私たちの問題でありうるのではないか？ 私たちは禁欲主義から抜け出したのである[107]。

この禁欲的な実践は、「その人がそれによって自己自身を発展させ、変容させ、ある種の存在様式に到達しようと試みる自己に対する自己の行使[108]」を構成する。そして最後に、禁欲と美学を結びつけながら、フーコーは「このような自己自身の知による自己の変容は美的経験にきわめて近い何かだと思う[109]」と述べる。それゆえ、フーコーの倫理的な経験は不可避的に美的-創造的な経験であり、人が何者であるかについての一元的で本質的な真理を示せという解釈学的な命令に対しては、主体についてのさまざまな真理をその応答として措定するのである[110]。

フーコーはその初期に、人はけっして自らの自己に完全には到達しないという、たしかな事実に言及している。このことからも、フーコーにとって、この美学的-倫理的な自己自身への働きかけの目的が、自己についての失われた感覚やその真正な感覚を取り戻すことでもなければ、最終的な目標に到達することでもないことは明らかである。――それゆえ、技術や技法（techne）への言及は、おそらく完成された作品（oeuvre）というよりもむしろ、作業中の仕事（travail）としてよりよく理解されうるであろう。フーコーの倫理に関する議論では、全体をつうじて、自分自身になるという観念が繰り返し強調される。これはおそらく、一九七〇年代後半から一九八〇年代初頭にかけてゲイ雑誌のインタヴューでフーコーが行った、ゲイのアイデンティティ・ポリティクスをめぐる討論への介入にもっともはっきりと表れている。これらの介入は、自分自身に働きかけ、自己を新たに再-再創造するという古典的な倫理的観念を、フーコーがいかにして現代の文脈に転換しようとしていたのかを示す、もっとも明らかな例の一部である。[111] たとえば、フランスの雑誌『ゲ・ピエ』で一九八一年に行われたインタヴューで、フーコーは次のように述べている。

もう一つ警戒しなければならないことは、同性愛という問題を「私は何者なのか」、そして「私の欲望の秘密とは何か」という問題と関係づけてしまう傾向である。……問題とすべきは、自らの性の真理を自分自身のうちに発見することではなく、むしろ関係の多数性へと到達するために、これから、自身のセクシュアリティをもちいるということである。そして、おそらくこれこそが、同性愛が欲望の一形態ではなく、望ましい何かであるということの本当の理由なのであろう。したがって、私たちは懸命に同性愛者になろうとすべきであって、自分が同性愛者であると執拗に認める必要はないのである。[112]

同じインタヴューで彼は、既存の制度の外にあるゲイの倫理やゲイのスタイル、その生の様式を発展させることの重要性についても発言している。

生の様式は、異なる年齢、身分、職業をもつ個々人の間で共有されうる。それは、制度化されたいかなる関係にも似ていない、密度の濃い関係をもたらすこともできる。生の様式は一つの文化と倫理を生み出すことができるように、私には思われる。「ゲイ」であることとは、同性愛者の心理的特徴や目につく外見に同一化することではなく、ある生の様式を明確にして発展させようとすることである、と私は思う[113]。

こうしたゲイのエートス、あるいは生の様式を特徴づけるのは、つねにつくり変えようとする衝動である。すなわち「『ゲイのスタイル』が存在している、あるいは、少なくとも『ゲイ』とよばれるようなある種の生存のスタイル、生存の形式、あるいは生の技法を再創造する漸進的な試みが存在する、とおそらくは言うことができるであろう[114]」。「私たちはゲイという生を創造しなければならない。ゲイになる必要がある[115]」と、フーコーは『アドヴォケイト』誌の読者たちに強くよびかける。このように、その目的は自己感覚への到達によって満たされることではなく、つねに「自らを形成し、自らを超える[116]」ことにある。フーコーが言うように、実際に「私たちが自己自身ともつべき関係性はアイデンティティという関係性ではなく、むしろ、それらは差異化、創造、革新」等々の「関係性でなければならないのである[117]」。

差異化と限定されたアイデンティティの克服との関係をめぐる上記の言及が明らかにしているように、フーコーのエートスは自己の推敲を強調してはいるが、主体を彼ないしは彼女の主権において確認するだけの自己支配や自己所有とは関わらない。これは、私たちが以前の議論で言及した、フーコーの倫理学プロジェクトに関する二つめの的外れな特徴づけである。フーコーが自らの倫理概念を導き出すストア派の史料には、明らかにこうした自己支配への関心を示すものもあるが[118]、実際には、フーコーはまったく別のものを見出している。彼にとって倫理学は、主に脱-主体化＝

脱-服従化のための技法（techne）なのであり、主体性の所与の形態を破壊するための自分自身への挑戦という実践なのである。そして、デューズや他の人々は、「現代の社会において、こうした生存の美学への転回が原子化へとむかう社会的傾向の強化にならないようにするのは難しい[119]」との懸念を示しているが、実は、フーコーの倫理学プロジェクトは他者性の領域で展開されている。主体が自己自身との間で維持する差異化の関係性や主体の自己感覚の究極的な延伸にフーコーがその後期の著作において言及したのは、この事実を想起させる。それゆえ私たちがここで主張するのは、フーコー後期の倫理学の主体が、よく知られているような持続的で明確な性質を備えたリベラル・ヒューマニズムの主体でもなければ、固有の境界を保持して自己自身を支配しようとする主体でもない、ということである。むしろ後期フーコーの主体とは、自らにまったく確信をもてない主体であり、つねに外部に生起する不安定で関係的な主体なのである。フーコーが繰り返し強調するように、彼が描く倫理的主体とは居心地のよい囲いで自己の本当の意味に満足するのではなく、むしろ、いかなる生得的で固定化された内部をも否定し、他者のいる外部へとむかう。つねにそれ自身の外部にある主体を肯定しつつ、実際にはフーコーは主体性という固定化された観念の解体を目指しており、非同一性と差異化の諸関係を受け入れるよう唱導している。したがって、よく嘲笑される（あるいは歓迎される）後期フーコーにおける「主体への回帰」は、正確には回帰ではなく、その大部分は主体性をめぐる伝統的な哲学上の概念の分散と見なされるのである。マイケル・ハートとアントニオ・ネグリは『〈帝国〉』のなかで、フーコー後期の仕事の目的に関する彼ら自身の問いに答えながら、それについて適切に論じている。

人間の死を私たちに納得させようと熱心に努めてきた著者、すなわち、自らの仕事をつうじて反ヒューマニズムの旗を掲げていた思想家が、最後にはヒューマニズムの伝統であるこれらの中心的な教義を擁護したなどということがどうしてありえようか？　私たちは、フーコーが矛盾しているとか、自らのかつての立場を翻したということを示唆するつもりはない。彼はいつも自身の言説の連続性を強く主張していた。むしろ、フーコーはその最後の仕事で、逆説的で差し迫った問い、すなわち、人間の死以降におけるヒューマニズムとは何か？　あるいは、反ヒューマニズム的（ポスト人間的）なヒューマニズムとは何か？　と問うているのである。[120]

ハートとネグリの指摘にしたがって、私たちはフーコーの倫理に「いかなる既知のヒューマニズムをも超えて人間的であることの肯定」[121]、すなわち「リベラリズムのように、自由の『最終審級』としての個人にとどまるのではなく」[122]、むしろそうした個人の限界をつねに疑うという無条件の肯定を見てとることができる。セルゲイ・プロゾロフが言うように、

まさにこの意味において、フーコーの存在論は「人間本性」を前提とするものであると言われるのかもしれない。ただしそこには、あらゆる歴史的に条件づけられた主体性の形態を超える外部という名づけえぬ外部性によって、この「本性」の中身がすべて使い尽くされているとの注意書きが付されるのである。[123]

それゆえ、自己閉鎖した主体性の領域への退却や回帰をフーコーに読みとる批判者たちに抗して、現に後期の仕事から私たちが確実に言えることは、フーコーの主体が満ち足りた自己充足のうちに存在することはありえず、実際には、他者との応答的な関係において、そしてそれをつうじて形成されるということである。[124] そうした関係の空間、すなわち、ジュディス・バトラーが（フーコーとの関わりで）存在論的不安定の空間と定義した場[125]においてこそ、主体が自らの限界を切りひらき、自身との「差異化、創造、革新といった関係性」を発見し、他者との「関係の多数性」をつくり出す[126]のである。フーコーが一九七八年のドゥチオ・トロンバドーリとのインタヴューで発言しているように、

その歴史をつうじて、人間はたえず自分自身を構築してきた。つまり、その主体性を断続的にずらし続けてきたのである。そして人間は、けっして終わることなく、「人間」とされるものの面前ではけっしてもたらされることのない、そうした無限で多様な一連のさまざまな主体性においてて自らを構成してきたのである。人々は、対象を構成する際に人間をずらし、それと同時に、その人を主体として変形し、変革し、変容させるプロセスと永続的に関わるのである。[127]

このプロセス、すなわち「人間が人間を生み出す」プロセスが意味するのは、「生み出されるべきは、自然が描いたような人間、あるいは人間の本性によって運命づけられたような人間ではな

く、——私たちは、いまだ存在せず、それがどのようになるのかを知ることもできないような何かを生み出さなければならない[128]」ということである。フーコーの倫理学に関する仕事が主題としているのは、まさにこの存在論的不安定を産み出し、人間としての「私たち」とは誰かという問いを攪乱することにほかならない。フーコーの倫理学は批判的領域で存在論を思考する試みであり、それは、私たちの本当の自己を発見し、それらを解放したり否定したりする自己の解釈学にしたがって生きるのではなく、終わりなき自己形成のプロセスに関与する試みである。重要なのは、こうした倫理学のプロジェクトが（「倫理学」というレッテルが意味するような）個人的ないしは私的な行為の問題に限定されないということである。これまで論じてきたように、とくにフーコーの倫理学の社会的な側面をとらえることが重要である。フーコーは、社会性すなわち共生を構成するモデルを提供しており、そこでは、情動や他者との出会い、関わり合いといった関係的で闘争的な領野に「人の」主体性の変容や転換が生じるのである。

したがって、倫理的な自己形成というフーコー的な観念は、社会的あるいは制度的空間を無力化するノルム化から、差異が保護される適切な私的領域への退却とは理解しえない。フーコーにとって、社会的全体性の専制、すなわち、社会とその周辺に閉ざされた社会の幻影による専制はつねに彼の明白な批判の対象であった。しかし、こうした全体性をフーコーが拒否したからといって、彼が後期の仕事において、その倫理学にもとづく個人主義によって正常性という社会的全体性に対抗するとともに、ある種の個人主義へと退却したことにはならない。（非行者や同性愛者、矯正されるべき個人などの）近代における逸脱した異常なアイデンティティに関する詳細な記述についての彼の系譜学的な仕事が十分に証明しているように、フーコーは個人化の進展と社会的全体性の強化との間のつながりをつねに理解していた。フーコーにとっては、個人的なものに優位をあたえても、共同的なものの具象化には抵抗しえない。なぜなら、二つの実在はまさに閉鎖という同じ全体化の（存在論的）論理に関わっているからである。

私たちの政治的合理性の主たる特徴は次のような事実にある、と私は考えている。つまり、共同体や全体性への諸個人の統合は、個人化の進展とこの全体性の強化との間のたえざる相互関係によってもたらされるのである(129)。

さらに、

政治的批判は、国家が個人化の要因であると同時に全体化の原理でもあるとして国家を非難してきたのであり、このことはとても重要である。生まれたばかりの国家的合理性、そして、その最初のポリスとしてのプロジェクトがどのようなものであったのかを見るだけで、まさに当初から、国家が個人化とともに全体化を行っているということが明らかとなる。個人とその利害を国家に対置するのは、共同体とその要求を国家に対置するのと同じくらい危険である(130)。

私たちは共同体の観念について手短に触れるが、ジョン・シモンズが論じているように、個人と社会的全体性との間のこうした相互関係がはらむ政治的危険については明確な議論を展開するつもりである。

フーコーは、アイデンティティの政治が負担しきれないほどの高いコストを抱え込んでいると考えている。アイデンティティは、個人化するとともに全体化する個人の政治的テクノロジーによって形成される。こうしたアイデンティティを基礎として、私たちは自らを社会集団や国家の成員として認知するのである。ゲイの男性が政治的に自らをゲイ・コミュニティの一員として自認するのと同じ政治的論理が、自らの生活をなげうってまで国家を守るよう市民を誘導するのである。そのときアイデンティティが、より大きな社会的あるいは政治的実体との関係で自然なものと見なされると、ライクマンが言うように、私たちはナショナリズムや人種差別主義というアイデンティティに直面することになる。人々は統治可能であるように設計されたアイデンティティと結びつけられているだけでなく、彼らのアイデンティティを守るための戦争では、自分たちや他の人々の大量の犠牲に加わるよう覚悟を強いられてもいるのである(131)。

明らかに、フーコーが意図するとおりである。後期フーコーの倫理学プロジェクトは、このように、別様でありうる形態の一例を私たちにあたえてくれる。それは、ノルム化や規律訓練のネットワークから個人を引き離そうとするだけでなく、むしろ、社会的なものそれ自体の規律訓練的な編成を支えている政治的な閉鎖の論理を中断させ、そうすることで社会的なものを開こうとするので変化し続ける形態をつねに構想する。ドゥルーズとガタリによる『アンチ・オイディプス』についての彼の発言は、この点に関して彼自身の理論的立場を見事に述べている。すなわち、「必要とされているのは、多数化と転移という手段によって、多様な結びつきを『脱-個人化する』ことである。集団は階級化された個人を統合する有機的な紐帯であってはならず、つねに脱-個人化を生み出すものでなければならない[132]」。これらの多様な結びつきと情緒的な関係が、型どおりの支配に固定化することはけっして許されないのである[133]。なぜなら、「社会は自らとその制度に働きかけることによってのみ存在しうる[134]」からである。ここで私たちは「いつもふたたび始まりの場所に[135]」いるのである。フーコーの倫理学プロジェクトにおける社会性とは、他者性や他者との新たな関わり方、新たな共生の様式へのこうした適応によって構成されるのである。

そして、エワルドによる「社会法」のプロジェクトでは、社会的なものの閉鎖の条件として、また、社会的なものが「自らを一体ととらえる[136]」ことを可能にしてしまう条件として法が現出するのに対して、フーコーの倫理学では、法が多数性と他者性で覆われている。フーコーの倫理学における法は、抑えきれない無限の社会性をもたらすのであり、このことは後期における彼の権利との関わりにも認められる。フーコーは、倫理的な自己形成をめぐる彼の後期の議論で権利を引き合いに出した際には、権利に中心的な構成要素としての役割をあたえている[137]。しかしながら後に見るように、これらの権利は確固たる主体としてのアイデンティティには対応しておらず、むしろ、フーコー的な倫理における未完成の主体を反映している。たとえば私たちは、フーコーが「表現の自由」やその人の性的選択を「表明する自由」、「立法のレベルで[138]」表わされた自由に訴えかけていることを知っている。さらに、彼が「新たな関係的権利」を提案し、これが「一人の個人と別の個人との関係を制度的な意味で承認させることができる権利[139]」であると説明していることも知っている。そして最後に、彼が「セクシュアリティに関する人権は重要であり」、さらに「私たちは自由である権利をもっている――そして、もつことができる[140]」と論じていることも知っている。私たちは、このような権利の喚起を（何人かの人々が行っているような）反ヒューマニズム思想の大家（maitre-penseur）によるリベラルな人権言説の奇妙な転換としてではなく[141]、むしろ、つねにそれ自身を超える権利、つねに既存のものを超える権利の観念として解釈する。フーコーの倫理的主体がそれ自身の外部にある主体であるのと同じように、権利をめぐる彼の観念もまた、いかなる明確な決定内容によっても制限されることのない権利概念に関係しており、それは人間を未来に解き放つための応答的な配慮を備えたものでなければならない。それゆえ私たちは、自己のテクノロジーに関する後期のインタヴューで、フーコーがヒューマニズムの限界についての批判と、それが他者性や予見しえない未来の「発明」に対して構成的に開かれているとする人権の思考とをつなげていることに気づくのである。

これらのさまざま実践――心理学、医学、監獄、教育――をつうじて、人間性という一定の考えやモデルがつくられたのである。そしていまや、この人間という観念が規範的で自明なものとなり、普遍的なものと考えられている。ヒューマニズムは普遍的なものではなく、ある一定の状況と相関しているのかもしれない。私たちがヒューマニズムとよんでいるものは、マルクス主義者やリベラル派の人々、ナチス、カトリック教徒によってでも使われてきた。このことは、私たちが人権や自由とよぶものを捨て去らなければならないということを意味するのではなく、自由や人権が一定の境界線で制限されなければならないとは言えない、ということなのである。たとえば、もしあなたが八〇年前に女性の貞操は普遍的なヒューマニズムに属するものかと問うたならば、誰もがそうだと答えたであろう。ヒューマニズムに関して私が気がかりなのは、それが、いかなる種類の自由に対しても普遍的なモデルとして、私たちの倫理の一形態を提示しているということである。ヒューマニズムは、左翼、中道、右翼といった虹のように多様な政治的色彩のいたるところで教条的に表現されているが、私たちの未来にはヒューマニズムにおいて想像しうるよりもはるかに多くの秘密、自由の可能性、そして発明が存在しているのである[142]。

したがって、後期の仕事で展開された権利に関するフーコーの解釈は構成的な不安定性と、来るべきものへの応答的な配慮に依拠している。「人権の理論や政策を提示するという口実で、ヘゲモニックな思想を再導入することがないよう警戒しなければならない[143]」とフーコーは警告している。権利がもし未来の発明やさまざまな存在様式の媒介であるならば、それは必ず「無制限[144]」でなければならない。この権利の無限性こそが、フーコーにとっては中心的なのであった。なぜなら、これこそが権利の持続的な未来性への鍵となるからである。もし権利が明確に決定された内容に制限されるのだとしたら、もし権利が、人間的であることの意味、あるいは社会集団の一員であることの意味についてのヘゲモニックな理解を固定化したり再導入したりするのだとしたら、持続的な社会性を生み出す権利の力は失われるだろう。フーコーが強調したように、自己自身を変容させ、自己自身と異なろうとする営みをつうじてのみ、社会は存続しうるのである。こうした営みは「帰属の関係を示すとともに、一つの使命として現れる」[145]。そして、それはつねに継続中であって、けっして完全には達成されることのない使命なのである。

3 結論——社会性の法

この最終章の議論では、前章で提起された議論を敷衍してきた。第二章で私たちが主張したのは、フーコーの法が実際には、規律訓練権力、生権力、統治性という彼の一九七〇年代中期の系譜学的な仕事で概述された近代の支配的な権力形式によっては乗り越えられておらず、それらに全面的に従属させられてもいないということであった。それどころか私たちは、フーコーの法がそれ自身とは別のものになる力、つまりその明確に決定された立場を侵犯し、攻撃する、単純化しえない抵抗の動きに応答する力を示していると論じた。こうしてフーコーの法をさらにポスト構造主義的に翻訳することで、法が単純に「排除され」たり、拒絶されえないことが明らかとなった、それどころか、法がいかにして——決定性から応答性へという、そのとどまることも解決されることもない動きのなかで——それ自身とは別のものになり続ける力を発揮するのかが示されたのである。この潜在的な力がフーコーの法の永続化の鍵であると、私たちは論じた。つまり、法は（規律訓練権力による法の侵略や占領という、フーコーによる多くの議論が明らかにしているように）表面的には優勢な権力の命令に服従させられるかもしれないが、全面的には包囲されなかったのである。こうした法の自己抵抗的で応答的な側面――そこでは、外部それ自体が法を形成していた――は、前章の最後で論じたモーリス・ブランショの仕事へのフーコーの取り組みのなかでもっとも示唆的に提起されている。そこで私たちが出会うのは、「それがつねに引きこもっている『外』へとさらに」[146]進む法の動き、すなわち、ブランショが想起させる「まさに、この外部を法として定式化する動き」[147]を追究するフーコーである。

本章では、フーコーの近代には法が存在し続けているというだけでなく、こうした法のとらえ方が近代の経験の中心をなしていると論ずることで、フーコーの法をめぐる私たちの再解釈を拡張しようとしてきた。その際、先述の議論ではフーコーの法を社会性の思考と関係づけようと試みた。そこでの議論の中心は、私たちが互いに共生し続ける社会性の鍵となる様態を法が映し出しているということであった。限界を明確に確保することと、そうした限界の撹乱やそれらの再形成に対する応答的な顧慮とを反復的に結びつける力をつうじて、法は未来性に間隙をもたらす。法は社会に限界を画定しうる配備を召集するが、それはけっしてその社会の閉鎖や緊密な結合を意味しない（むしろ、社会はもっぱら機能停止し、つねに閉じることなく、分有するとともに距離を保つことになる）[148]。これこそ法の法、あるいは法の社会性である。これら法の二重の要請――すなわち、社会的なものを決定することと、他者性や未来の創出にむけて社会的なものを開くこと――について考察するとき、私たちは二つの異なるフーコー的な法の表象を提示している。最初に、私たちはエワルドの

「社会法」という観念を考察し、このアプローチがその限界点に達した場合、なぜ社会の自己閉鎖や社会が別様でありうる力の否定をもたらすのかを示そうとした。次に私たちは、エワルドのモデルがもつ法の結合力とは対照をなすものを提示するため、倫理学と批判的存在論をめぐるフーコー自身の後期著作にむかった。そこで私たちが見出したのは、社会的なものの不安定性や未来における偶然性に対し徹底して応答的な合法性のモデル、すなわち他者性の法である。これは、倫理学や批判的存在論に関するフーコーの議論だけでなく、より直接的に法に関わる文脈、つまり人間による未来の創造に対して際限なく開かれた権利に関する後期の議論でも考察されていた。法がそれ自身の社会性という法を見つけるのは、変化し続ける社会の輪郭に対するその究極的な応答性においてなのである。

本章のはじめで示唆したように、フーコーの法を構成する社会性については、彼の思想を私たちが発展させて読解したものであり、本章で行ってきたようにフーコーがつねにはっきりと主題化しているわけではない。フーコーの思想のこうした展開は彼自身の批判的な企てと一致しており、この展開の構成要素はフーコーの仕事にはじめから含まれていたが、ここでの私たちによるフーコーへの取り組みは、おそらくそれが「［彼の］思想をその射程や意図を超えて拡張する」(149)ことを目指している点で、フーコーへの挑発とも見なされるであろう。ここでは、フーコーを超えてフーコーをとらえたい（あるいは、フーコーの仕事のなかにフーコーを別様に考えるための手段を見つけたい）という解釈の希望を表す読解を行って議論を締めくくりたいと思う。そこで、この終わりの数頁では、「真理と裁判形態」というフーコーのテクストの読解を行い、フーコーの思想をさらに遠くへ押し進めよう。このテクストは、一九七三年にフーコーがブラジルで行った五回にわたる一連の講義である。そこでフーコーは、社会の真理を提供する手段としての法の機能について概括的な系譜学的探究を行った。最初の三回の講義でフーコーは、まさに私たちが本章で展開してきた線にそって、法を構成する社会性への洞察をいくつか示している。これらの考察では、社会の真理を産み出し(150)、社会における、そして、社会としての私たちの存在を産み出す「産出的な場」として法が提示される。法は主体間の関係を明確に示すことで、社会的紐帯の真理を構成する。しかし終わりの二回の講義で、フーコーは残念なことに、その強調点を法と裁判形態の中心性から、新たに出現した近代の規律訓練技術へと（第一章で私たちが批判した「排除テーゼ」にしたがって）変更してしまう。そこで私たちは、第二章と本章でのフーコー読解から導き出された洞察を「真理と裁判形態」最終講義のフーコーにむけるつもりである。こうして、法に関して見込まれるフーコーの見解、そして社会についての思考を構成する裁判形態の中心性に関して見込まれる彼の見解を発展させたいと思う。

フーコーは裁判形態の歴史的展開についての議論をホメロスの議論からはじめている。この議論では、社会的紐帯の真理を決定するために、どれほど法がその中心として重要であるかを確認することができる。すなわち、

> ギリシアの裁判手続における真理の探求に関して得られる最初の証言は『イーリアス』まで遡る。それは、パトロクスの死に際して催されたゲームでのアンチロホスとメネラオスの争いをめ

ぐる物語のなかに現れる。このゲームのなかには戦車のレースがあり、これはよくあるように、標石のできるだけ近くを通って競技場を往復するというものである。ゲームの主催者はそこにレースの規則が守られていることを確認する者を配置した。ホメロスは、その人を個人的に名指すことなく、この人が証人（histor）、すなわち、見るためにそこにいる者であると言う。レースがはじまり、折り返し地点で先頭にいるのはアンチロホスとメネラオスである。反則があり、アンチロホスが一着になるとメネラオスが異議を申し立て、裁判官あるいは、賞を授与することになっている審判に対して、アンチロホスが反則を犯したと訴える。異議を申立て、争う――真理はいかにして確立されるべきか？[151]

アンチロホスとメネラオスの争いは、証人すなわち、見るためにそこにいる者に訴えることでは解決せず、むしろ宣誓をつうじて――というよりも、アンチロホスがゼウスの前で宣誓をしなかったことにより――解決される。フーコーは次のようにコメントする。

これは、真理を産み出し、法律上の真理を確立するための独特の方法――証人の証言をつうじてではなく、ある種の試練のゲーム、すなわち一方から相手に投げかけられた挑戦をつうじてなされる――である。もしたまたま相手がリスクを受け入れたならば、もし彼が実際に宣誓したならば、これから起こるであろうこと、つまり真理の最終的な発見の責任はただちに神々に降りかかることになるだろう。そして偽りの宣誓を行ったことがもし本当であれば、その者に罰をあたえることで雷電により真理を顕現させる者こそがゼウスである。

これが真理を試すための古い、まさに古代の実践であり、そこでは調査、証言、審理、あるいは尋問によってではなく、試練のゲームによって真理が司法的に確立されるのである。[152]

次にフーコーは、ソフォクレスによる『オイディプス王』の議論へと進む。彼はそれを「ギリシア法の歴史の要約のようなもの[153]」と解釈している。ソフォクレスの演劇はホメロス的な「真理の試練」（戦車レースで例示されたアンチロホスとメネラオスの争いのような）から、審理という古代ギリシア社会における真理表現の新たな司法的体制への移行を示している。フーコーが述べるとおり、クレオンがイオカステの面前でデルフォイの神託による預言を歪めないとの誓いを立てようとする場面のように、「古い伝統の名残が演劇全体をつうじて何度か現れてくる[154]」のである。しかし、かつての裁判形態の名残がこのように見られるとしても、その演劇は最終的に「預言的で規定的な形式の言説から回顧的な形式の言説、つまりもはや預言ではなく証言によって特徴づけられる言説への真理表現の転換の道程[155]」を示している。フーコーによれば、オイディプスの罪（オイディプスの零落で完結する裁判形態に、この決定的な転換を見ることができる。オイディプスによるライオス王の殺害）をめぐる真理は、試練や神明裁判ではなく、証人とその証拠となる知をつうじて確立される。すなわち、「ポリュボス［オイディプスの養父、コリントの王］のもっとも慎ましい奴隷、そしてとくに、キタイロンの森のもっとも奥に隠れた羊飼いが最後の真理を告げ、最後の証言をもたらす[156]」のである。フーコーが述べるように、もっとも低い身分でも、眼差しは存在する。――なぜなら、もし二人の奴隷が証言できるとすれば、それは彼らが見たからである。最初の奴隷は、子どもを森に連れていって捨ててくるよう、イオカステが自分に子どもを託すのを見た。二人めの奴隷は、仲間の奴隷がこの子どもを自分に渡したのを見ており、その子をポリュボスの宮廷へ連れていったのを憶えていた。ここでも眼差しが問題となっている。――それは、もはや永遠の、光り輝く、まばゆい、射抜くような、神とその預言者の眼差しではなく、自らの人間の眼で見て、見たことを憶えている、そうした人々の眼差しである。それが証人の眼差しである。この眼差しこそ、ホメロスがアンチロホスとメネラオスとの抗争や儀礼的な言い争いについて語ったときに参照しなかったものなのである[157]。

こうして、ソフォクレスの『オイディプス王』とともに、ギリシア社会は争いや厳しい試練としての神明裁判を基礎とするホメロス的な裁判形態を乗り超え、証人によって提供される証拠にもとづいた裁判形態へと移行する。すなわち、

そうしたギリシアにおけるデモクラシーの偉大な成果、すなわち証言する権利や、真理を権力に対置する権利は前五世紀をつうじてアテネで生まれ、最終的には制度となる長いプロセスのなかで確立されたものである。権力なき真理を真理なき権力に対置するそうした権利は、ギリシア社会に特徴的な一連の重要な文化的諸形態を生み出した[158]。

上記の引用でフーコーが言うように、これらの司法的実践はそれ自体がギリシア社会の諸形態に「特徴的」であり、実際にそれらを構成している。法は、紛争や論争についての真理を断定するためのメカニズムを提供するだけでなく、さらに根源的に、法の主体間で変化を続ける関係性を明確化することで、社会的紐帯そのものの真理を表象しているのである。第三回の講義で、フーコーは真理を形成する司法的実践の系譜を初期ヨーロッパ社会にまで遡り、審理のギリシア的形式「が見失われ、……何世紀も経って中世になってから、別のかたちでまたはじめられた［にすぎない］」[159]ということを発見する。その間に、古ゲルマン法は現に古代ギリシアの（ホメロス的な）争いと同様の実践のうちのいくつかについて詳細に物語っていたのである。すなわち、

その時代のゲルマン社会での抗争や争いを調整するシステムは、したがって全面的に闘争と妥協に支配されており、金銭の支払いで終わらせることのできる力試しであった。それが依拠する手続は、真理を追求し、いずれが真理を述べているのかを決定しようとする中立的な当事者として両者の間に立つ、第三者としての個人による介入を許さないものであった。真理を探求する審理の手続は、けっしてこうしたタイプのシステムには介入しなかった。ローマ帝国侵入以前の古ゲルマン法は、このように構成されていたのである[160]。

こうしたシステムにおいて、法は戦争の手続を保障するものとして機能しており、真理を手にす

るためのメカニズムとしては機能していない。フーコーは「このゲルマン法がローマ法と対抗し、競合関係に入り、ときには共犯関係となる、長期にわたる変遷については検討を続け[161]」ず、いかにしてゲルマンの闘争システムが中世初期における封建法の形式を支配したのかを示唆するだけである。しかし中世後期には、君主支配の隆盛と主権の中央集権体制が出現したことで、いかにして「国家権力があらゆる司法手続」、すなわち、古ゲルマン‐封建体制の特徴であった「紛争の個人間での解決メカニズムのすべてを領有したのか」をフーコーは示している[162]。この展開の帰結として、

そのときから諸個人は、合法的であれ非合法であれ、自己自身の紛争を解決する権利を失った。つまり、彼らは自らの外部にある権力にしたがわなければならなくなり、それが司法権や政治権力として君臨することとなったのである[163]。

この「中世における刑事司法システムの国家による領有[164]」からその結末としての規律訓練社会の出現まで、フーコーは追跡を続ける。――これは、彼がこの連続講義の第四回および第五回で論じた主題であり、二年後の『監獄の誕生』公刊を予示するものである。これら最後の二回の講義では、すでに示唆したとおり、フーコーは社会的なものの編成を構成する法の中心性をほとんど強調せず、その代わりに「国家により管理された司法システムのかたわらに、あるいはその外部に[165]」現れた規律訓練と社会統制の様式にとりわけ注目している。

そこで私たちがフーコーの「真理と裁判形態」に見出すのは、本章で展開してきた視点の萌芽で

ある。「真理と裁判形態」の最初の三回の講義をつうじて、フーコーが法に関して論じ続けた主題は、社会的紐帯の編成を構成する法の中心性である。こうして私たちは、法が知の諸形態と社会の組織化のための「出発点」[166]として、そして「他の一連の知――哲学的、修辞学的、経験的な知――が発展し、ギリシア〔と後の〕思想を特徴づけるようになるための基盤を提供する鋳型」あるいは「モデル」として現れることを確認する。[167]実際、フーコーが連続講義の冒頭で述べているように、「私が展開しようとしているテーマの概略は、一定の数の真理形式を産出する場としての裁判形態と刑事法領域におけるその展開である」[168]。しかし別の箇所で、フーコーは法にそうした重要な役割をあたえるのを躊躇し、法は社会が自らを組織する「形式の一つ」にすぎないと論ずる。[169]そしてすでに示唆したように、最後の二回の講義でフーコーは近代社会に現れつつある規律訓練の論理にさらなる焦点をあてるようになるのである。

しかし、本書でのフーコー読解が実際に示すのは、（フーコー自身の著作を再読することで）法が近代において最終的に抑制されえず、「排除され」えず、貶められることもないのはなぜか、である。フーコーの法は、私たちが本書をつうじて発展させてきた仕方で、それ自身とは別のものになる活発な力を示す。フーコーが説明する法は、実際には「それ自身とは別のものにたえず関わる」ことで規律訓練の諸編成に従属させられるが、その一方で、こうした「非法律的システムへのたえ間ない再登録」[170]は、そうした「排除テーゼ」の主唱者たちには失礼ながら、近代における法の終焉や包摂を予兆するものではない。むしろ、もし「反-法律〔規律訓練権力〕が法の諸形式の効果的で制度化された内容となる」[171]なら、そのときには、この動きと攻囲が法の必然的な応答性、すなわち、法が外部へと方向づけられていることの証明となる。こうした規律訓練による法の侵略は、法が永続的な内容を欠いていること、つまり法が根本的に空虚であることの証拠である。第二章の終わりで示したように、このようなフーコーの法の空虚が含意しているのは、それが外部の権力によっては完全に領有されえず、明確に定められたいかなる言葉でも翻訳されえないということであり、このことが非常に重要なのである。そして私たちは、ここで提示したそうした思想を近代における社会の組織化という問題に結びつけ、この持続的なフーコーの法の応答的な性質によって、いかにしてそれが社会の真理を生み出すための、優れて「産出的な場」[172]となるのかを示そうと試みてきた。フーコーの法はそれが未来において、社会へ、そして社会に対して開かれているがゆえに、つまりその応答性ゆえに、社会的紐帯の真理なのである。フーコーによる「真理と裁判形態」での法をめぐる議論のなかで、その系譜学的な傾向性が十分明らかにしているように、法が社会にとっての単一で持続的な真理をもたらすことはなく、また、もたらしえないのである（事実、彼が言うように、法とその真理は「歴史をつうじてたえ間なく修正される」[173]）。むしろ、社会的紐帯、つまり私たち相互の共生の真理としての法は流動的で偶発的な真理でなければならない。本章と前章をつうじて論じてきたように、このようなつねに修正可能な真理は、私たちが社会として存在し続けるための唯一の基盤であろう。それゆえ私たちの考察によれば、フーコーの法は排除されるどころか、こうした共生を確実なものとし、この社会の薄弱な真理を生きるための手段を構成するものとしてその姿を現す。このように考えれば、フーコーの法の応答性や必然的な空虚は、その終焉の徴候としてではなく、むしろその未来の可能性として解釈されるのである。

注

はじめに

（1）Michel Foucault, 'What is Enlightenment?', in *Essential Works of Foucault 1954-1984, Vol. 1: Ethics, Subjectivity and Truth*, trans. Robert Hurley *et al.*, ed. Paul Rabinow (Harmondsworth: Allen Lane/Penguin, 1997), pp.303-319 (p. 317). 石田英敬訳「啓蒙とは何か」『ミシェル・フーコー思考集成X』筑摩書房、二〇〇二年、三－二五頁（二一頁）。

（2）Jean Baudrillard, *Forget Foucault*, trans. Nicole Dufresne (Los Angeles:Semiotext (e), 2007). 塚原史訳『誘惑論序説―フーコーを忘れよう』国文社、一九八四年。

（3）そして、それはフーコーの死後も続いている。「ミシェル・フーコーは二〇年以上も前に死亡したのに、――いわゆる理論の死以降でさえ――間違いなく彼の仕事は学界で生き続けている。人文および社会科学の領域では、理論に関わる「ビッグ・ネーム」のなかでもフーコーの著作は飛び抜けて引用数が多く、それは現在も変わらない。たとえば、人文・社会科学引用指標によれば、二〇〇五年にはミシェル・フーコーで一五三五件、ジャック・デリダで一〇一六件、ジル・ドゥルーズで五九〇件、ジャック・ラカンで四〇三件の引用がなされている。これらの数字は過去数年間、おおよそ一貫して増加している。一九九〇年代後半からフーコーは毎年約一〇〇〇件引用され、おおむね首位を獲得している」。Jeffrey T. Nealon, *Foucault Beyond Foucault: Power and Its Intensifications Since 1984* (Stanford, CA:Stanford University Press, 2008), p. 1.

（4）Eric Paras, *Foucault 2.0: Beyond Power and Knowledge* (New York: Other Press, 2006).

（5）Alan Hunt and Gary Wickham, *Foucault and Law: Towards a Sociology of Law as Governance* (London: Pluto Press, 1994), p. vii. 久塚純一監訳／永井順子訳『フーコーと法――統治としての法の社会学に向けて』早稲田大学出版部、二〇〇七年、vii頁。このトピックを扱っている研究書という点では、Vikki Bell, *Interrogating Incest: Feminism, Foucault and the Law* (London: Routledge, 1993) も参照。この著書は近親相姦をめぐるフェミニストの言説という独特な問題を切り口に、フーコーと法という論点に取り組む。

（6）Hunt and Wickham, *Foucault and Law*, p. vii［邦訳vii－viii頁］。もちろん、ある点から見れば、二つの主張は密接に関わっている。多くの英米法思想にたえずつきまとう唯我論というそれ自体意義のある問題のなかで、ヒュー・バクスターは次のように問う。「フーコーの仕事が、法についてのもっともらしい説明を何ら提供していないのであれば、法学研究者はなぜ彼について真剣に考えるべきなのであろうか?」Hugh Baxter, 'Bringing Foucault into Law and Law into Foucault' (1996) 48 (2) *Stanford Law Review* 449, 450 を参照。フーコーに関する類似の問題について、ここでは地理学分野からの次のインタビューを参照。Michel Foucault, 'Questions on Geography', in *Power/Knowledge: Selected Interviews and Other Writings 1972-1977*, trans. Colin Gordon *et al*. ed. Colin Gordon (Brighton: Harvester Press, 1980), pp. 63-77 (pp. 65-67) 國分功一郎訳「地理学に関するミシェル・フーコーへの質問」『ミシェル・フーコー思考集成Ⅵ』筑摩書房、二〇〇〇年、三〇-四七頁(三二-三六頁)。

(7) ここで例に挙げたフーコー解釈にしばしば付随して(あるいは、それを特徴づけて)、フーコーは法の消滅を認めるだけでなく、それを積極的に歓迎しているとの非難も関連してなされる。たとえばペトラ・ゲーリングによれば、フーコーは(ニーチェやベンヤミンとともに)、「法秩序によって平和を創出するのではなく、……[また]法に否と言い、[彼の]極限の思考法を擁護した……秩序の限界についてのラディカルな思想家」の一人であった(Petra Gehring, 'Can the Legal Order "Respond"?' (2006) 13 *Ethical Perspectives* 469, 489(強調は原文))。フーコーは特定の場所で特定の法形式や法秩序を拒絶しようと奮闘するが(ここで考えているのは、たとえば、Michel Foucault, 'On Popular Justice: A Discussion with Maoists', in *Power/Knowledge*, pp.1-36, 菅野賢治訳「人民裁判について——マオイスト(毛沢東主義者)たちとの討論」『ミシェル・フーコー思考集成Ⅳ』筑摩書房、一九九九年、三〇四-三四二頁での彼のコメントである)、ゲーリング——そして、彼女がここで述べることがらを暗に前提としている多くの法理論家——が、フーコーのラディカリズムを法の超越や法の廃棄といった欲求に位置づけようとするのは拙速である。こうした読解とは反対に、そしてゲーリングのタイトルをまねて、ここでは、他なるものへの応答性のエートスと既定の限界の越境とを法の必然的な側面として理解するのがフーコーのラディカリズムであると論ずる。

(8) Michel Foucault, *'Society Must Be Defended': Lectures at the Collège de France, 1975-76*, trans. David Macey (London: Allen Lane, 2003), p.6. 石田英敬/小野正嗣訳『社会は防衛しなければならない』筑摩書房、二〇〇七年、九頁。この講義の初めの二回は、Michel Foucault, 'Two Lectures', in *Power/Knowledge*, pp.78-108として最初に英語で出版されたことに注意すべきで

ある。私たちは、全体をつうじて「社会は防衛しなければならない」におけるこれらの講義についてはより新しい翻訳を参照する。理論と理論家の役割をめぐる論点については、'Intellectuals and Power：A Conversation between Michel Foucault and Gilles Deleuze', in *Language, Counter-Memory, Practice：Selected Essays and Interviews*, trans. Donald F. Bouchard and Sherry Simon, ed. Donald F. Bouchard（Ithaca, NY：Cornell University Press, 1977）, pp.205-217. 蓮實重彦訳「知識人と権力」『ミシェル・フーコー思考集成Ⅳ』筑摩書房、一九九九年、二五七－二六九頁を参照。もちろん、フーコーがその批判的プロジェクトをこれらの観点でとらえていたからといって、彼が多くの場面で、きわめて優れた学問的視野のメタ歴史的あるいは理論的一般化を行うことにけっして反対はしていなかったという事実を読者に伏せておくべきではない。彼の仕事には、こうした理論の否定ときわめて突飛な理論的主張との間で意義深い緊張関係が存在しているのである。

（9）Michel Foucault, 'The Subject and Power', in *Essential Works of Foucault 1954-1984, Vol. 3: Power*, trans. Robert Hurley *et al.*, ed. James D. Faubion（New York: New Press, 2000）, pp. 326-348（p. 326）. 渥海和久訳「主体と権力」『ミシェル・フーコー思考集成Ⅸ』筑摩書房、二〇〇一年、一〇－三二頁（一〇頁）。また、「私は権力理論を展開しているのではない」（Michel Foucault, 'Critical Theory/Intellectual History', in *Politics, Philosophy, Culture: Interviews and Other Writings, 1977-1984*, trans. Alan Sheridan *et al.*, ed. Lawrence D. Kritzman（London: Routledge, 1988）, pp. 17-46（p. 39）. 黒田昭信訳「構造主義とポスト構造主義」『ミシェル・フーコー思考集成Ⅸ』筑摩書房、二〇〇一年、二九八－三三四頁（三二五頁））という彼のコメントも参照。

（10）Michel Foucault, *The Will to Knowledge: The History of Sexuality, Vol. 1*, trans. Robert Hurley（Harmondsworth: Penguin, 1979）, p. 82. 渡辺守章訳『知への意志』新潮社、一九八六年、一〇七－一〇八頁。

（11）Michel Foucault, *The Archaeology of Knowledge*, trans. A. M. Sheridan Smith（London: Routledge, 1972）, p. 17. 慎改康之訳『知の考古学』河出書房新社、二〇一二年、四〇頁。また、「大変な苦労をし、はじめてはまたやり直し、試行し、間違えて、もとに戻り、完全にすべてをやり直して、再び一歩一歩迷いながら進む手立てを見出す、要するに、不安と心配のなかで仕事をするのは失敗するに等しいという人々に関して私が言えるのは、私たちは明らかに同じ星の仲間ではないということだけだ」。（Michel Foucault, *The Use of Pleasure: The History of Sexuality, Vol. 2*, trans. Robert Hurley（Harmondsworth: Penguin, 1992）, p. 7. 田村俶訳『快楽の活用』新潮社、一九八六年、一四頁）を参照。

(12) Baxter, 'Bringing Foucault into Law and Law into Foucault', p. 464.

(13) Carole Smith, 'The Sovereign State v Foucault: Law and Disciplinary Power' (2000) 48 *The Sociological Review* 283, 284.

(14) Gary Wickham, 'Foucault and Law', in *An Introduction to Law and Social Theory*, ed. Reza Banakar and Max Travers (Oxford: Hart, 2002), pp. 249-265 (p. 249).

(15) Michel Foucault (ed.), *I, Pierre Rivière, having slaughtered my mother, my sister, and my brother ...: A Case of Parricide in the 19th Century*, trans. Frank Jelinek (New York: Pantheon, 1975), 岸田秀・久米博訳『ピエール・リヴィエールの犯罪』河出書房新社、一九八六年を参照。Michel Foucault, *Abnormal: Lectures at the Collège de France 1974-1975*, trans. Graham Burchell (London: Verso, 2003), 慎改康之訳『ミシェル・フーコー講義集成V　異常者たち』筑摩書房、二〇〇二年。とくに、この集成の初めの第六回講義を参照。

(16) フーコーに関する後述の議論が示すように、現実には、釈義と応用というこうした簡便な区分は概念的にも実践においても維持しえない。しかし、現段階の私たちの議論では、この区分が実際に他の人々に対してもつように、新たな発見を促すための便利な機能を果たすのである。Jonathon Simon, '"In Another Kind of Wood": Michel Foucault and Sociolegal Studies' (1992) 17 *Law and Social Inquiry* 49, 49-50 および Baxter, 'Bringing Foucault into Law and Law into Foucault', pp. 450-451 を参照。

(17) たとえば、Mark Barenberg, 'Democracy and Domination in the Law of Workplace Cooperation: From Bureaucratic to Flexible Production' (1994) 94 *Columbia Law Review* 753 を参照。

(18) たとえば、Christine Bateup, 'Power v the State: Some Cultural Foucauldian Reflections on Administrative Law, Corporatisation and Privatisation' (1999) 3 *Southern Cross University Law Review* 85 を参照。

(19) たとえば、Kendall Thomas, 'Beyond the Privacy Principle' (1992) 92 *Columbia Law Review* 1431 を参照。

(20) たとえば、Tony Evans, 'International Human Rights Law as Power/Knowledge' (2005) 27 *Human Rights Quarterly* 1046 を参照。

(21) たとえば、Nickolas James, 'Power-Knowledge in Australian Legal Education: Corporatism's Reign' (2004) 26 *Sydney Law Review* 587 を参照。

（22） Michel Foucault, 'Powers and Strategies', in *Power/Knowledge*, pp. 134-145 (p. 145). 久保田淳訳「権力と戦略」『ミシェル・フーコー思考集成VI』筑摩書房、二〇〇〇年、五八三－五九七頁（五九六頁）。

（23） この点に関する留保の十分な議論とその根拠づけについては、Baxter, 'Bringing Foucault into Law and Law into Foucault', pp. 473-479 を参照。

（24） もっとも重要な例については、Jacques Derrida, 'Force of Law: The "Mystical Foundation of Authority"', trans. Mary Quaintance, in *Acts of Religion*, ed. Gil Anidjar (New York: Routledge, 2002), pp. 228-298. 堅田研一訳『法の力』法政大学出版局、一九九九年、三－一九五頁を参照。

（25） たとえば、Margrit Shildrick, 'Transgressing the Law with Foucault and Derrida: Some Reflections on Anomalous Embodiment' (2005) 47 *Critical Quarterly* 30, Friedrich Balke, 'Derrida and Foucault on Sovereignty' (2005) 6 *German Law Journal* 71, Mariana Valverde, 'Derrida's Justice and Foucault's Freedom: Ethics, History, and Social Movements' (1999) 24 *Law and Social Inquiry* 655, Daniel Williams, 'Law, Deconstruction and Resistance: The Critical Stances of Derrida and Foucault' (1988) 6 *Cardozo Arts and Entertainment Law Journal* 359 を参照。しかし、反対の見解については Richard Warfield, 'Considering an Exercise of Self and Justice in the Later Foucault' (1999) 18 *Carleton University Student Journal of Philosophy* (http://www.carleton.ca/philosophy/cusjp/v18/n1/warfield.html にてオンライン・アクセス) を参照。

（26） とくに、フーコーの『狂気の歴史』に対するデリダの読解をめぐって両者の間に見られた見解の相違を比較すべきである。これについては、Roy Boyne, *Foucault and Derrida: The Other Side of Reason* (London: Routledge, 1990) を参照。フーコーのテクストは、もともと一九六一年に『狂気と非理性――古典主義時代における狂気の歴史』として出版された。『狂気と非理性』はその後、一九六四年にフランスでペーパーバックの縮約版として再公刊された。リチャード・ホワードによる最初の英訳は、この短縮されたテクストによるものであり、フーコーが再録したフランス語の長い原版からいくつかの資料が付されていた。Michel Foucault, *Madness and Civilization: A History of Insanity in the Age of Reason*, trans. Richard Howard (London: Routledge, 1967) を参照。一九七二年、フーコーは（付録を付した）完全な著書である第二版を『古典主義時代における狂気の歴史』として刊行した。新しい英訳はこの完全版について最近出版されたものである (Michel Foucault, *History of Madness*, trans. Jonathan Murphy and Jean Khalfa

(Abingdon: Routledge, 2006))。『狂気の歴史』に関するデリダの最初の批判は一九六三年三月四日に講義形式でなされ、その後「コギトと『狂気の歴史』」('Cogito and the History of Madness', trans. Alan Bass, in *Writing and Difference* (London: Routledge, 2001), pp. 36–76)として出版された。フーコーによる限定的な応答については、'My Body, This Paper, This Fire', in *Essential Works of Foucault 1954–1984, Vol. 2: Aesthetics, Method, and Epistemology*, trans. Robert Hurley *et al.*, ed. James Faubion (Harmondsworth: Penguin, 2000), pp. 393–417, 増田一夫訳「私の身体、この紙、この炉」『ミシェル・フーコー思考集成Ⅳ』筑摩書房、一九九九年、一六五－二〇〇頁を参照。フーコーはまた「デリダへの応答」と題された別のテクストを一九七二年二月に出版した。これは、最近英訳された *History of Madness* に付録として再録されている(pp.575-590)。

第一章

(1) Michel Foucault, 'An Aesthetics of Existence', in *Politics, Philosophy, Culture: Interviews and Other Writings, 1977–1984*, trans. Alan Sheridan *et al.*, ed. Lawrence D. Kritzman (London: Routledge, 1988), pp. 47–53 (p. 52), 増田一夫訳「生存の美学」『ミシェル・フーコー思考集成X』筑摩書房、二〇〇二年、二四七－二五四頁(二五四頁)。

(2) これらのテクストについては、後の章でさらに深く考察する際に詳細に言及する。

(3) これらの著者についてはすべて、以下で個別に扱う際に論じられる。

(4) その議論の完全版については、Alan Hunt and Gary Wickham, *Foucault and Law: Towards a Sociology of Law as Governance* (London: Pluto Press, 1994) を参照。また、Alan Hunt, 'Foucault's Expulsion of Law: Toward a Retrieval' (1992) 17 *Law & Social Inquiry* 1 (この論文は同タイトルで、彼の *Explorations in Law and Society: Toward a Constitutive Theory of Law* (London and New York: Routledge, 1993), pp. 267–302 に第一二章として再録されている), Alan Hunt, 'Law and the Condensation of Power' (1992) 17 *Law & Social Inquiry* 57, Alan Hunt, 'Getting Marx and Foucault into Bed Together!' (2004) 31 *Journal of Law and Society* 592, Gary Wickham, 'Foucault, Law, and Power: A Reassessment' (2006) 33 *Journal of Law and Society* 596, Gary Wickham, 'Foucault and Law', in *An Introduction to Law and Social Theory*, ed. Reza Banakar and Max Travers (Oxford: Hart, 2002), pp. 249–265 も参照。

（5）私たちが先に示した方向にそって行われるほとんどのフーコー解釈は、彼のテクスト（私たちが本書で発展させようと試みているもの）のなかでも、『性の歴史』第一巻や「統治性」に関する彼のいくつかの仕事しか収めていない比較的限られた集成に依拠している。たとえば、法学の文献では『性の歴史』プロジェクトの第二巻、第三巻やフーコーによる倫理の概念化についてはあまり扱われていない。それゆえ、ジェラルド・ターケルが「『性の歴史』はフーコー最後の主著である」と論ずるとき、彼が第一巻のみに言及していることはその議論の文脈からもきわめて明白である。このことは、フーコーの仕事に対する法学の関わり方をかなり象徴的に表しており、その関わり方は彼の一九七〇年代中期までの仕事に限定されている。Gerald Turkel, 'Michel Foucault: Law, Power, and Knowledge'（1990）17 *Journal of Law and Society* 170, 187 を参照。現在の状況で、これらのテクストに焦点をあてた批判的なフーコー解釈を扱うとしたら、私たちは主に彼の一九七〇年代中期の仕事を論ずるにとどめるだろう。しかし私たちは、本章の終わりにむけて、統治性や政治的理性に関するフーコーの仕事を論じ、最終章では倫理に関するフーコー後期の仕事が実際に法の社会性の一モデルを提供することを示そうと思う。倫理に関する後期の仕事については、Michel Foucault, *The Use of Pleasure: The History of Sexuality, Vol. 2*, trans. Robert Hurley（Harmondsworth: Penguin, 1992）, 仏語初版は Editions Gallimard から一九八四年に刊行された。Michel Foucault, *The Care of the Self: The History of Sexuality, Vol. 3*, trans. Robert Hurley（Harmondsworth:Penguin Books, 1990）, 仏語初版は Editions Gallimard から一九八四年に刊行された。

（6）たとえば、Michel Foucault, *Discipline and Punish: The Birth of the Prison*, trans. Alan Sheridan（Harmondsworth: Penguin, 1991）, pp. 194, 297, 田村俶訳『監獄の誕生』一九六頁、二九七-二九八頁を参照。

（7）たとえば、Michel Foucault, *The Will to Knowledge: The History of Sexuality*, Vol. 1, trans. Robert Hurley（Harmondsworth: Penguin, 1979）, pp. 135–140, 渡辺守章訳『知への意志』一七一-一七八頁を参照。さらなる議論については下記注（52）を参照。

（8）Nicos Poulantzas, *State, Power, Socialism*, trans. Patrick Camiller（London: Verso, 2000）, p. 77, 田中正人・柳内隆訳『国家・権力・社会主義』ユニテ、一九八四年、八〇-八一頁。

（9）Bob Fine, *Democracy and the Rule of Law: Liberal Ideals and Marxist Critiques*（London and Sydney: Pluto Press, 1984）, p. 200.

（10）Paul Q. Hirst, *Law, Socialism and Democracy*（London: Allen & Unwin, 1986）, p. 49.

(11) Foucault, *The History of Sexuality, Vol. 1*, p. 83［邦訳一〇九頁］。
(12) Foucault, *Discipline and Punish*, p. 194［邦訳一九六頁］。
(13) Foucault, *The History of Sexuality, Vol. 1*, p. 84［邦訳一〇九頁］。
(14) Michel Foucault, 'Truth and Power', in *Power/Knowledge: Selected Interviews and Other Writings 1972-1977*, trans. Colin Gordon *et al.*, ed. Colin Gordon (Brighton: Harvester Press, 1980), pp. 109-133 (p. 119), 北山晴一訳「真理と権力」『ミシェル・フーコー思考集成Ⅵ』筑摩書房、二〇〇〇年、一八九―二一九頁（二〇一頁）。
(15) Michel Foucault, 'Powers and Strategies', in *Power/Knowledge*, pp. 134-145 (p. 139), 久保田淳訳「権力と戦略」『ミシェル・フーコー思考集成Ⅵ』筑摩書房、二〇〇〇年、五八三―五九七頁（五九〇頁）。
(16) Foucault, 'Truth and Power', p. 122［邦訳二〇五頁］。
(17) Foucault, *The History of Sexuality, Vol. 1*, p. 48［邦訳六二頁］。
(18) 同書 p.72［邦訳九五頁］。
(19) 同書 p.84［邦訳一一〇頁］。
(20) Foucault, *The History of Sexuality, Vol. 2*, p. 250［邦訳三二八頁］。
(21) Foucault, *The History of Sexuality, Vol. 1*, p. 85（強調は著者による）［邦訳一一一頁］。
(22) Foucault, 'Powers and Strategies', p. 140［邦訳五九〇頁］。
(23) Duncan Kennedy, 'The Stakes of Law, or Hale and Foucault!', in his *Sexy Dressing Etc.* (Cambridge, MA: Harvard University Press, 1993), pp. 83-125 (p. 119). しかし、フーコーがその著作のなかで契約や契約主義的な法理解に繰り返し言及していたことも記しておく。たとえば、Foucault, *Discipline and Punish*, pp. 169, 222［邦訳一七一頁、二二一―二二二頁］、Michel Foucault, 'About the Concept of the "Dangerous Individual" in Nineteenth-Century Legal Psychiatry', in *Essential Works of Foucault 1954-1984, Vol. 3: Power*, trans. Robert Hurley *et al.*, ed. James D. Faubion (New York: New Press, 2000), pp. 176-200 (pp. 196-200),（刑法に対する民法の影響について）上田和彦訳「一九世紀司法精神医学における「危険人物」という概念の進展」『ミシェル・フーコー思考集成Ⅶ』筑摩書房、二〇〇〇年、二〇―四五頁（四〇―四五頁）を参照。
(24) Hunt and Wickham, *Foucault and Law*, p. 60［邦訳九六頁］。
(25) Paul Hirst, 'Law, Socialism and Rights', in *Radical Issues in Criminology*, ed. Pat Carlen and Mike Collison

(Oxford: Martin Robertson, 1980), pp. 58–105 (p. 92).

(26) Foucault, *The History of Sexuality, Vol. 1*, p. 87 [邦訳一一三－一一四頁]。

(27) ハントとウィッカムは、フーコーによる法と主権の接合が歴史的に不当であり、さらに、このような展開によって「王権、人々の自己規制、慣習的な諸権利、専門分化し競合する司法権（教会、ギルド、商業など）、各地方の地域的な自治、その他の法形態といった拡散した場から発する」（*Foucault and Law*, p. 60 [邦訳九六－九七]）法の多様な源泉や用法が省かれてしまうことになると主張する。しかし、Foucault, *Discipline and Punish*, pp. 78–79 [邦訳八二頁] を参照。ここで彼は、「異なる法システム［国王、貴族、政府や警察当局によって管理されたものなど］間の不連続、重なり合い、衝突が多く存在しており、「その過剰ゆえに、……それらが社会体を全面的に覆い尽くす力をもたなかった」ことを認めている。フーコーの法に関する立場が、帝政ロシアとソビエト連邦の事例にもあてはまるとする類似の比較史的批判については、Laura Engelstein, 'Combined Underdevelopment: Discipline and the Law in Imperial and Soviet Russia' (1993) 98 *American Historical Review* 338 を参照。

(28) Foucault, *Discipline and Punish*, pp. 3–6, 54 [邦訳九－一一、五七頁]。

(29) Michel Foucault, 'Prison Talk', in *Power/Knowledge*, pp. 37–54 (pp. 53–54), 中澤信一訳「監獄についての対談」『ミシェル・フーコー思考集成V』筑摩書房、二〇〇〇年、三五五－三七二頁（三七一－三七二頁）、Michel Foucault, 'Truth and Juridical Forms', in *Essential Works of Foucault, Vol. 3: Power*, pp. 1–89 (pp. 6–15), 西谷修訳「真理と裁判形態」『ミシェル・フーコー思考集成V』筑摩書房、二〇〇〇年、九四－二一六頁（九九－一一二頁）も参照。

(30) Michel Foucault, 'Nietzsche, Genealogy, History', in *Essential Works of Foucault 1954–1984, Vol. 2: Aesthetics, Method, and Epistemology*, trans. Robert Hurley *et al.*, ed. James Faubion (Harmondsworth: Penguin, 2000), pp. 369–391 (p. 378), 伊藤晃訳「ニーチェ、系譜学、歴史」『ミシェル・フーコー思考集成IV』筑摩書房、一九九九年、一一－三八頁（二三－二四頁）。

(31) Foucault, *Discipline and Punish*, p. 170 [邦訳一七五頁]。

(32) Michel Foucault, *Abnormal: Lectures at the Collège de France 1974–1975*, trans. Graham Burchell (London: Verso, 2003), p. 87, 慎改康之訳『コレージュ・ド・フランス講義 1974-1975年度　異常者たち』筑摩書房、二〇〇二年、九五頁。

(33) Foucault, *Discipline and Punish*, p. 308 [邦訳三〇七－

頁］。

（34）同書 pp. 209–216［邦訳二一〇－二一六頁］。「刑務所は工場、学校、兵舎、病院に似ており、これらすべてが刑務所に似通っている」（同書 p. 228［邦訳二二七頁］）と述べているように、フーコーは、これらのさまざまな制度が表面的には異なっているとしても、諸個人をその「ケア」／管理によって服従させる手法は基本的に一致していると主張する。他の箇所と同様、ここでも私たちは、一方で規律訓練の分散的で自律的な性質を論じながら、他方で「規律社会」というような、それらの全体化ともいえる集合体について主張するというフーコーの性向を見出すことになる。これについては、ソルジェニーツィンに影響を受けた彼の「監禁群島」というメタファーを参照（同書 p. 297［邦訳二九七頁］）。

（35）同書 pp. 135–169［邦訳一四一－一七四頁］。上記でもちいられた（主体を「つくり出す」や「つくりあげる」といった）言葉は、フーコーにとって主体が権力の効果でしかない、つまり、主体は自己の外部に位置する言説や権力の諸関係によってすべて構成され決定されたものであるとの印象をあたえるかもしれない。たしかに、フーコーはその仕事をつうじて、一貫性と自律性を備えた主体性という啓蒙主義の観念を破壊することに関心を抱いており、とくに『監獄の誕生』では、主体性を権力関係の効果に還元していると思われるときがある。たとえば、彼は同書 p.305［邦訳三〇五頁］で「認識されうる人間（精神であれ個性であれ意識であれ行為であれ、それが何とよばれようと）は、こうした分析的な攻囲の、また、こうした支配＝監察の客体＝効果なのである」と論じている（類似の定式化について同書 p. 194［邦訳一九六頁］も参照）。しかし、主体性についてのフーコーの観念はつねに、そうした見解が認めるのとは多少異なるニュアンスを含むものであったということを心にとどめておくことが重要である。未完に終わった「性の歴史」プロジェクトの第二巻および第三巻のような彼の後期の仕事には、多くの批評家が「主体への回帰」と名づけたものが見出され、彼はそこで、諸個人がいかにして積極的に自らを主体として創出し、構成するのか、という点に関心を寄せている（Barry Smart, 'On the Subjects of Sexuality, Ethics, and Politics in the Work of Foucault' (1991) 18 *boundary* 2 201）。しかし、『監獄の誕生』や『性の歴史』第一巻ではもっとも顕著だが、彼の仕事の中期あるいは「権力の分析学」の段階であっても、つねに主体を基盤にしていたとか、主体は何の役割も果たしていなかったと言うのは正確ではないだろう。実際、主体が「彼自身の服従化の原理となる」というのが、フーコーの「服従化」概念の中心である。「彼は、可視性の領野に従属させられ、そのことを知っているがゆえに、権力の制約に対して責任を負う。つまり、彼はその制約が彼自身に対して自発的に働くようにさせるのである。彼は権力関係を自らの内に刻み込み、そのなかで二つの役割を同時に演ずる。そうして、彼は彼自身の服従化の原理となるのである」（同書 pp. 202-203）。それゆえ、この時点の仕事では、フーコーが服従化のこうした側面を重視していないとしても、何とかして規律訓練権力の多様な要求から離れ、そして言わば、自らを統合し、自らに関わることができる主体の何らかの要素が必ず存在しなければならない。フーコーが後期の仕事で述べるように、「それ［主体］は一つの形式であり、この形式は本来的に、あるいは、つねにそれ自身と同一というわけではない。あなたが投票したり、会合で発言する政治的主体として自らを構成するときと、あなたが性的関係において自己の欲望を満たそうとしているときとでは、あなたはあなた自身と同じ形式の関係性をもってはいないのである。……それぞれの場合ごとに、人は自己自身との間に異なるタイプの関係性を確立し、演じているのである」(Michel Foucault, 'The Ethics of the Concern of the Self as a Practice of Freedom', in *Essential Works of Foucault 1954-1984, Vol. 1: Ethics, Subjectivity and Truth*, trans. Robert Hurley *et al.*, ed. Paul Rabinow (Harmondsworth: Allen Lane/Penguin, 1997), pp. 281-301 (p. 290). 廣瀬浩司訳「自由の実践としての自己への配慮」『ミシェル・フーコー思考集成X』筑摩書房、二〇〇二年、二一八-二四六頁（二三二頁）を参照）。ところで、投票する主体や官僚制の主体、欲望する性的主体などとして私たちを構成しようとする規律訓練権力の多様な形式は、完全に分散し、還元不可能であるため、それら自身の動きも一致していないことから、一貫性のある統一された主体性をもたらさないことは明らかである。それ以上のものもなく、規律訓練権力の要求を方向づけたり、それに応える能力が主体になければ、その結果は、規律訓練の目的にも合わず、回復不可能なまでにバラバラにされた近代的な主体であろう。フーコーは後に倫理についての記述で、こうした主体の統合的能力を強調している。私たちは、権力が主体を十分に構成することはできないという観点から、この問題について第二章で再び論ずる。第二章の注(64)から(72)に付されたテクストを参照。

(36)『監獄の誕生』第三部は、「discipline」という言葉のフーコーの用法に含まれる訓練や監視などのさまざまな方法について十分な説明を提供する。Foucault, *Discipline and Punish*, pp. 135-228［邦訳一四一-二二八頁］を参照。

(37) フーコーにとって、パノプティコンは規律訓練体制の作用の象徴であった。実際にそれが広く採用されることはなかったが、規律訓練的な服従化の理想的モデルとしての役割を果たした。「しかし、パノプティコンは夢幻的な建築として理解されてはならない。それは理想的な形式に還元された権力メカニズムの図式であり、その作用はいかなる障害や抵抗、摩擦もまぬがれているがゆえに、純粋な建築的、そして視覚的なシステムとして表象されなければならない。実際、それは、いかなる特定の用途からも切り離されうる、また切り離されなければならない、政治的テクノロジーの一形象なのである」（同書 p. 205［邦訳二〇七頁］）。

（38）同書 p. 200［邦訳二〇二頁］。

（39）同書 p. 201［邦訳二〇三頁］。

（40）同書 p. 193［邦訳一九五頁］。

（41）同書 p. 194［邦訳一九六頁］。

（42）同書 p. 217［邦訳二一七頁］。

（43）強調されるべきは、フーコーが「ノルム」という言葉を「ルール」や「原理」の意味でもちいなかったということである。事実、彼は一貫して「ノルム」という言葉の用法をこうした法的意味と対置していた（たとえば、Foucault, *Abnormal*, p. 50［邦訳五四 - 五五頁］、Michel Foucault, *Security, Territory, Population: Lectures at the College de France 1977-78*, trans. Graham Burchell (Basingstoke: Palgrave Macmillan, 2007), p. 56, 高桑和巳訳『コレージュ・ド・フランス講義 1977-1978 年度 安全・領土・人口』筑摩書房、二〇〇七年、七〇頁を参照）。後者の例では、フーコーが実証主義法学者であるハンス・ケルゼンの用法について論じ、自らの用法と区別している。フーコーにとってのノルムは明示的に成文化されたものではないという事実に加え、彼のノルムという言葉の用法は、いくつかの点で私たちがルールや原理とよぶものとは異なっている。第一に、ノルムは社会集団の外部から課されるものではなく、その集団の社会的実践に内在して、そこから生じるものである。第二に、ノルムは合法か違法か、適法か不法かといった対立とは無関係であり、むしろ正常から異常へといたる連続体に諸個人を配置することを目的としている（この意味で、ルールに違反したというように、ノルムに違反したとは言えず、むしろ、ノルムに到達できなかったと言えるにすぎない）。第三に、ルールと比べて、ノルムには人の主観性をより強く形成ないしは構成するという意味がある（つまり、人は「正常」であるという感覚を想定し、内面化するが、それは、法的ルールや原理ではおそらく行われない仕方である）。そして最後に、ノルムは法制度ではなく、人間諸科学をつうじて明確化される。

（44）国家のイデオロギー装置に関するアルテュセールの仕事とフーコーとの興味深い比較について、Beatrice Hanssen, *Critique of Violence: Between Poststructuralism and Critical Theory* (London: Routledge, 2000), p. 10 を参照。

（45）Michel Foucault, '*Society Must Be Defended*': *Lectures at the College de France, 1975-76*, trans. David

Macey (London: Allen Lane, 2003), p. 27. 石田英敬／小野正嗣訳『コレージュ・ド・フランス講義 1975-1976年度　社会は防衛しなければならない』筑摩書房、二〇〇七年、三〇頁。

(46) Foucault, 'Truth and Power', p. 122,［邦訳二〇五頁］。

(47) Foucault, *The History of Sexuality, Vol. 1*, p. 137［邦訳一七三－一七四頁］。

(48) 同書 p.136［邦訳一七二頁］。

(49) 同書 p.139［邦訳一七六頁］。

(50) 同書 p.139［邦訳一七六頁］。

(51) 生権力や生政治というテーマを扱った最近の研究への関心が高まっているとしても、（ここで論じたような）フーコーの用法と他の人々によってその後に展開された用法とは区別するのが有益である。もっとも重要な最近の成果は、ジョルジョ・アガンベンによる「ホモ・サケル」プロジェクトである（彼の *Homo Sacer: Sovereign Power and Bare Life*, trans. Daniel Heller-Roazen (Stanford, CA: Stanford University Press, 1998) 高桑和巳訳『ホモ・サケル――主権権力と剥き出しの生』以文社、二〇〇七年、がもっとも鋭い）。次第によく知られるようになったが、アガンベンはそこで、近代の生政治についてのフーコーの説明を「訂正」あるいは「補足」すると論じている（p.9［邦訳一七頁］）。フーコーの分析を「訂正」あるいは「補足」するというやや不明瞭な主張は、別々ではあるが関連する二つの主張となる。それは第一に、生政治は（フーコーがそうとらえていたような）主権という伝統的な形態とは区別された権力様式ではなく、実際には、「主権的権力の基礎的な活動」（p.181［邦訳二四六頁］）であるということ、そして第二に、生政治は、実際には近代性の機能や効果ではなく、ギリシア古典時代から西洋の形而上学と政治を特徴づけてきた「原初的な政治的関係」（p.181［邦訳二四六頁］）であるということである。アガンベンによるフーコー読解への批判、とくに、権力の主権的な諸形態と生権力との関係に関わるフーコーの立場のニュアンスにアガンベンが注意をむけていない（そして、生をすべて包囲することができるという、絶対にありえない主権によって、このニュアンスに満ちた図式を置き換えてしまう）との批判については、Peter Fitzpatrick, 'Bare Sovereignty: *Homo Sacer* and the Insistence of Law', in *Politics, Metaphysics, and Death: Essays on Giorgio Agamben's* Homo Sacer, ed. Andrew Norris (Durham, NC: Duke University Press, 2005), pp. 49-73（とくに pp. 56-58）を参照。

(52) Foucault, *The History of Sexuality, Vol. 1*, p. 139（強調は原文）［邦訳一七六頁］。しかしフーコーは、生権力が導入された後、国家が殺人を行わなくなったとは主張していない。むしろ、この殺人の性質やその正当化が根本的に変化するのである。生権力の状況下では、国家による殺人が大量虐殺や優生学の役割を引き受けるのであり、人種的に差別された他者たちが住民の純血を守るために殺害されるのである。フーコーは『社会は防衛しなければならない』の最終講義（pp.239-263［邦訳二三九-二六二頁］）で、生権力の状況下では、国家による殺人について人種差別がその中心にあり、実際にはそれが不可避ですらあると論じている。しかしその後、『性の歴史』第一巻（pp.137-138［邦訳一七三-一七五頁］）ではその問題についてほんの手短に触れているが、一九七七年から七八年にかけての講義『安全・領土・人口』（p.42［邦訳五一-五二頁］）では、類似のテーマが切り出された際に、人種の主題は完全に抜け落ちてしまっていた。フーコーによる人種差別の論じ方についての議論は、Ann Laura Stoler, *Race and the Education of Desire: Foucault's History of Sexuality and the Colonial Order of Things* (Durham, NC: Duke University Press, 1995), pp. 1-94を参照。

(53) Foucault, *The History of Sexuality, Vol. 1*, p. 89［邦訳一一六頁］。

(54) 同書p. 144［邦訳一八一頁］。

(55) 同書p. 144［邦訳一八二頁］。

(56) Kennedy, 'The Stakes of Law, or Hale and Foucault!', p. 117.

(57) Boaventura de Sousa Santos, *Toward a New Legal Common Sense: Law, Globalization, and Emancipation*, 2nd edn (London: Butterworths, 2002), p. 5.

(58) Michel Foucault, 'The Eye of Power', in *Power/Knowledge*, pp. 146-165 (p. 155), 伊藤晃訳「権力の眼」『ミシェル・フーコー思考集成Ⅵ』筑摩書房、二〇〇〇年、二五六-二七六頁（二六六頁）。

(59) Foucault, *Discipline and Punish*, p. 222［邦訳二二三頁］。

(60) Foucault, *Security, Territory, Population*, p. 56［邦訳七〇頁］。

(61) Foucault, '*Society Must Be Defended*', p. 36［邦訳三八頁］。

(62) Foucault, *The History of Sexuality, Vol.* 1, p. 97［邦訳一二五頁］。.

(63) Foucault, '*Society Must Be Defended*', p. 35［邦訳三八頁］。

(64) 同書p.38［邦訳四〇-四一頁］。

(65) 同書p.39［邦訳四二頁］。

(66) Foucault, *Discipline and Punish*, p. 303［邦訳三〇三頁］。

(67) Fine, *Democracy and the Rule of Law*, p. 200; Hirst, 'Law, Socialism and Rights', p. 91; Hirst, *Law, Socialism and Democracy*, p. 49.

(68) Hunt and Wickham, *Foucault and Law*, p. 51［邦訳八〇頁］。
(69) de Sousa Santos, *Toward a New Legal Common Sense*, p. 6. また、以下も参照。Vikki Bell, *Interrogating Incest: Feminism, Foucault and the Law* (London: Routledge, 1993), p. 178「フーコーは、……時々、法－言説的権力が消滅したのか否か、それがまったく存在しなくなるのか（そして、それは現実には別の仕方で権力を作用させる人々によって映し出されたイメージにすぎないのか）、あるいは、存在し続けるが生権力による最新の技術によって多少抑制されるのか、という点について不明確であると思われる」。ジョージ・ペイヴリッチが、ハントの著作（*Explorations in Law and Society*）とプーランツァスの著作（*State, Power, Socialism*）について書きながら、明敏に述べているように、「フーコーの仕事には、この［「排除テーゼ」］解釈を支持する文章がたしかに存在している。しかし同様に、やや異なる読解を示唆する場面も存在している」。George C. Pavlich, *Justice Fragmented: Mediating Community Disputes under Postmodern Conditions* (London: Routledge, 1996), p. 91.
(70) Hunt and Wickham, *Foucault and Law*, p. 48［邦訳七七頁］。
(71) Foucault, *The History of Sexuality, Vol. 1*, p. 144［邦訳一八二頁］。
(72) Foucault, *Discipline and Punish*, p. 170［邦訳一七五頁］。
(73) Foucault, 'Society Must Be Defended', pp. 38-39［邦訳四一頁］。
(74) たとえば以下を参照。Michel Foucault, 'Body/Power', in *Power/Knowledge*, pp. 55-62 (p. 58), 中澤信一訳「権力と身体」『ミシェル・フーコー思考集成V』筑摩書房、二〇〇〇年、三七三－三八一頁（三七六－三七七頁）。Foucault, 'Truth and Power', p. 118［邦訳二〇〇－二〇一］。議論のためには、David Couzens Hoy, 'Power, Repression, Progress: Foucault, Lukes, and the Frankfurt School', in *Foucault: A Critical Reader*, ed. David Couzens Hoy (Oxford: Blackwell, 1986), pp. 123-147 (pp. 131-134), 椎名正博・椎名美智訳「権力、抑圧、進歩―フーコー、ルークス、フランクフルト学派」『フーコー―批判的読解』国文社、一九九〇年、九一－一三三頁（一〇五－一一二頁）も参照。
(75) Keith Michael Baker, 'A Foucauldian French Revolution?', in *Foucault and the Writing of History*, ed. Jan Goldstein (Oxford: Blackwell, 1994), pp. 187-205 (p. 195) を参照。この文章についての少し異なる見解に関しては、Mitchell Dean, 'Normalising Democracy: Foucault and Habermas on Democracy, Liberalism and

Law', in *Foucault contra Habermas: Recasting the Dialogue between Genealogy and Critical Theory*, ed. Samantha Ashenden and David Owen (London: Sage, 1999), pp. 166–194 (pp. 170–171) を参照。

(76) Foucault, *Discipline and Punish*, p. 222［邦訳二二二–二三三頁］。同様の定式化について、Michel Foucault, 'The History of Sexuality', in *Power/Knowledge*, pp. 183–193 (p. 187) 山田登世子訳「身体をつらぬく権力」『ミシェル・フーコー思考集成VI』筑摩書房、二〇〇〇年、三〇一–三一三頁（三〇五–三〇六頁）を参照。

(77) Hunt and Wickham, *Foucault and Law*, p. 56［邦訳八九頁］。

(78) Foucault, *Security, Territory, Population*, p. 99［邦訳一二三頁］。

(79) Foucault, *The History of Sexuality, Vol.* 1, p. 144［邦訳一八二頁］。

(80) Anthony Beck, 'Foucault and Law: The Collapse of Law's Empire' (1996) 16 *Oxford Journal of Legal Studies* 489, 492.

(81) 同書 p. 493.

(82) 同書 p. 494.

(83) フーコーの仕事に関する記述のなかには、法と規律訓練が相互に関係するカテゴリーであるという洞察を、別の時代や現代の政治的布置に適用しようとするものもある。たとえば、Margrit Shildrick, 'Transgressing the Law with Foucault and Derrida: Some Reflections on Anomalous Embodiment' (2005) 47 *Critical Quarterly* 30; Miles Ogborn, 'Law and Discipline in Nineteenth Century English State Formation: The Contagious Diseases Acts of 1864, 1866 and 1869' (1993) 6 *Journal of Historical Sociology* 28 を参照。これらの研究は、法と規律訓練権力との関係性についてさらに洗練された微妙なニュアンスを含む理解について論じている。しかし、これらの記述が、ローズとヴァルヴァード、イヴァイソン、そして（上述のテクストで論じた）ベックなどの研究者による分析と見解を異にするのは、彼らが、フーコーのテクストそれ自体に法と規律訓練権力との関係性の複合化をまったく見出すことができず、フーコー自身がその関係を発展させることができなかったと主張する地点においてである。たとえば、Shildrick, 'Transgressing the Law with Foucault and Derrida', p. 32; Ogborn, 'Law and Discipline in Nineteenth Century English State Formation', p. 32 を参照。

(84) Nikolas Rose and Mariana Valverde, 'Governed by Law?' (1998) 7 *Social and Legal Studies* 541, 542.

(85) Duncan Ivison, 'The Technical and the Political: Discourses of Race, Reasons of State' (1998) 7 *Social and Legal Studies* 561, 562. 括弧内の引用は、著者が同

書 p. 544 から行ったものである。

(86) Beck, 'Foucault and Law: The Collapse of Law's Empire', p. 498.

(87) Foucault, *Abnormal*, p. 140［邦訳一五四頁］。

(88) 同書 p.141［一五五頁］。

(89) ジャン・ダネの発言。Michel Foucault, 'Sexual Morality and the Law', in *Politics, Philosophy, Culture*, pp. 271-285 (p. 275) からの引用。

(90) フーコーの思想が解放の法学を基礎づけうるかという特定の問題に限っては、Douglas Litowitz, 'Foucault on Law: Modernity as Negative Utopia' (1995) 21 *Queen's Law Journal* 1 を参照。

(91) たとえば、Carole Smith, 'The Sovereign State v Foucault: Law and Disciplinary Power' (2000) 48 *The Sociological Review* 283, 283-292 を参照。

(92) Foucault, '*Society Must Be Defended*', pp. 39-40［邦訳四二頁］。もちろん、よく知られているように、この文章は「……私たちは、反規律訓練的で主権の諸原理からも解放された新しい権利を探求して行くべきである」と続く。ロジャー・ムラドのように、共感的に論じたとしても、「フーコーの批判から個人の権利についての満足しうる形態を導き出す努力はそれほど成功していない。その責任の大部分は明らかに、フーコー自身が新たな権利の形態を展開しようとしなかったという事実にある」と結論づける傾向にある（Roger Mourad, 'After Foucault: A New Form of Right' (2003) 29 *Philosophy & Social Criticism* 451, 456）。権利をめぐるフーコーの立場に共感的ではない議論、すなわち、新たな権利の形態に対する彼の要求から権利論の構築を試みたにもかかわらず、最終的には（その著者が理解するような）フーコーのプロジェクトが一貫性を欠いているとする議論については、Brent L. Pickett, 'Foucaultian Rights?' (2000) 37 *The Social Science Journal* 403 を参照。

(93) たとえば、ハントとウィッカムは『フーコーと法』のなかで、フーコーが（上記の文章や彼の仕事の他の箇所で）「『権利』から『諸権利』への横滑り」を効果的にもちいていると論ずる。この横滑りは、諸権利が（少なくとも、上記の引用でフーコーが批判しているような、その「古い」姿では）規律訓練権力や主権権力への政治的抵抗の原理や形態としては機能しえないように、諸権利を権利に固く結びつけるのである（p. 45［邦訳七一頁］および pp. 63-64［邦訳一〇〇-一〇三頁］の関連する議論も参照）。ハントとウィッカムがここで言及しているのは、Michel Foucault, 'Two Lectures', in *Power/Knowledge*, pp. 78-108 (p. 108) で初期に公刊された文章であることを注記しておく。関連して、キルスティ・マックルアは、フーコーが権利の言説から政治的可能性を排除しているという議論を行っている。Kirstie M.

McLure, 'Taking Liberties in Foucault's Triangle: Sovereignty, Discipline, Governmentality, and the Subject of Rights', in *Identities, Politics, and Rights*, ed. Austin Sarat and Thomas R. Kearns (Ann Arbor: University of Michigan Press, 1995), pp. 149-192 (p. 171) を参照。

(94) Jan Goldstein, 'Framing Discipline with Law: Problems and Promises of the Liberal State' (1993) 98 *American Historical Review* 364, 365-370.

(95) 上記注(23)を参照。

(96) Goldstein, 'Framing Discipline with Law', p. 369.

(97) これらのテクストはすべて *Essential Works of Foucault, Vol. 3: Power*, pp. 449-453, 465-473 および 474-475 にそれぞれ再録されている。邦訳はそれぞれ、高桑和巳訳『ミシェル・フーコー思考集成Ⅷ』筑摩書房、二〇〇一年、九四-九九頁、西永良成訳『ミシェル・フーコー思考集成Ⅸ』筑摩書房、二〇〇一年、一七二-一八二頁、原　宏之訳『ミシェル・フーコー思考集成Ⅹ』筑摩書房、二〇〇二年、二一五-二一七頁。

(98) フーコーの哲学における人権の位置に関して、大変有益な研究がいくつか存在している。上記注(92)および(93)で引用した著作に加えて、Tom Keenan, 'The "Paradox" of Knowledge and Power: Reading Foucault on a Bias' (1987) 15 *Political Theory* 5 および Duncan Ivison, 'The Disciplinary Moment: Foucault, Law and the Reinscription of Rights', in *The Later Foucault: Politics and Philosophy*, ed. Jeremy Moss (London: Sage, 1998), pp. 129-148 を参照。

(99) 古代ギリシアと帝政期ローマの倫理に関するフーコーの後期著作については、第三章の最終節でより深く検討する。しかし本節で私たちが注目するのは、統治性、政治的合理性の諸形式、そして個人についての政治的テクノロジーに関するフーコーの著作である。鍵となるテクストである「統治性」とともに、国家理性論やポリス学にとくに焦点をあてた米国での重要な関連の講義がいくつか存在する（たとえば、Michel Foucault, 'The Political Technology of Individuals', in *Essential Works of Foucault, Vol. 3: Power*, pp. 403-417, 石田英敬訳「個人の政治テクノロジー」『ミシェル・フーコー思考集成Ⅹ』筑摩書房、二〇〇二年、三五四-三七二頁；Michel Foucault, '"Omnes et Singulatim": Toward a Critique of Political Reason', in *Essential Works of Foucault, Vol. 3: Power*, pp. 298-325, 北山晴一訳「全体的なものと個別的なもの ― 政治的理性批判にむけて」『ミシェル・フーコー思考集成Ⅷ』筑摩書房、二〇〇一年、三二九-三六八頁）。これらの講義の入り組んだ公刊の歴史とその内容の要旨については、Nancy J. Holland, '"Truth as Force": Michel Foucault on Religion, State Power, and the Law' (2002) 18 *Journal of Law and*

Religion 79 を参照。また、Michel Foucault, 'The Subject and Power', in *Essential Works of Foucault, Vol. 3: Power*, pp. 326-348, 渥海和久訳「主体と権力」『ミシェル・フーコー思考集成IX』筑摩書房、二〇〇一年、一〇-三二頁も参照。ここでは、アメリカでの講義に含まれているものと類似の主題が論じられている。

(100) Hunt and Wickham, *Foucault and Law*, p. 55〔邦訳八七-八八頁〕。著者たちは、この時期にフーコーによる「法の位置についての説明が……進展した」(p. 54〔邦訳八六頁〕)と主張する一方で、彼らは、フーコーがこの方向で思想を十分に展開することはなかったと論じている(p. 55〔邦訳八八頁〕)。彼らの著書の第二部はその展開の試みである。Wickham, 'Foucault and Law', pp. 261-265 も参照。

(101) とくに、ニコラス・ローズとピーター・ミラーによる仕事を参照。彼らの仕事は、統治性に関するフーコーの仕事の洞察を発展させるものである。とりわけ、Nikolas Rose, 'The Death of the Social? Re-figuring the Territory of Government' (1996) 25 *Economy and Society* 327; Peter Miller and Nikolas Rose, 'Governing Economic Life' (1990) 19 *Economy and Society* 1; Nikolas Rose and Peter Miller, 'Political Power Beyond the State: Problematics of Government' (1992) 43 *British Journal of Sociology* 172 を参照。この著者たちは、ケインズ主義的な福祉主義の後退と二〇世紀後半の福祉国家の脱中心化以降に現れた後期近代の西洋資本主義社会における統治の場と機能の分散(最後に言及した論文のタイトルがほのめかすように、「国家を超えて」)に焦点を当てる。それゆえ彼らは、政治的テクノロジーあるいは統治性の形態としてのフーコーによる自由主義分析を現代における新自由主義の領域へと拡大する。これはフーコーに触発された研究の生産的な流れとなりつつある。有益かつ代表的な論文集として、*Foucault and Political Reason: Liberalism, Neoliberalism and Rationalities of Government*, ed. Andrew Barry, Thomas Osborne and Nikolas Rose (London: Routledge, 1996) を参照。法に関わる類似の仕事を集めた論文集として、*Rethinking Law, Society and Governance: Foucault's Bequest*, ed. Gary Wickham and George Pavlich (Oxford: Hart, 2001) を参照。この論文集ではとくに、Jo Goodie, 'The Invention of the Environment as a Subject of Legal Governance', pp. 79-91; Kevin Stenson, 'Reconstructing the Government of Crime', pp. 93-108; David Brown, 'Governmentality and Law and Order', pp. 109-121 を参照。

(102) フーコーの仕事における統治性の主題、および他の研究者によるその後の展開を数多く扱ったものとして、Mitchell Dean, *Governmentality* (London: Sage, 1999)

を参照。

(103) Foucault, *Security, Territory, Population*, pp. 87–114［邦訳一〇九－一四二頁］。その講義の英訳は、一九七九年に *Ideology & Consciousness* 誌で最初に発表された。しかし、Michel Foucault, 'Governmentality', trans. Colin Gordon, in *The Foucault Effect: Studies in Governmentality*, ed. Graham Burchell, Colin Gordon and Peter Miller (Chicago: University of Chicago Press, 1991), pp. 87-104 として修正のうえ再録された。

(104) Foucault, *Security, Territory, Population*, pp. 135–147［邦訳一六九－一八三頁］。

(105)「ポリス」という言葉でフーコーが示しているのは、単に刑法に違反した者の訴追を担当する警察力のことではない。彼自身の言葉によれば、「これらのドイツ語やフランス語［ポリスやポリツァイ］の意味は頭を悩ます難しい問題である。なぜなら、少なくとも一九世紀から今日まで、それらは別のもの、少なくともフランスやドイツでは——アメリカについては私は知らないが——つねによい評判を得ているとは言えない特定の機関のことを指すために使われていたからである。しかし、一六世紀末から一八世紀末まで、ポリスやポリツァイという言葉は非常に広義であると同時に、とても厳密な意味をもっていた。この時代に人々がポリスについて話すとき、彼らは、国家の枠組みのなかで、政府が人々を世のなかにとって非常に有用な諸個人として統治するための特別な技術について話していたのである」(Foucault, 'The Political Technology of Individuals', p. 410［邦訳三六三頁］)。このように、フーコーがこれらの講義や関連する資料のなかで語っているポリスとは、広範な規制と法令をもちいて、法の遵守のみならず、公の秩序、公衆衛生と人々の健康、社会的・身体的・精神的・宗教的な幸福、経済的・物質的な豊かさ等々の確保を目的とする行政機関である。このように、フーコーがポリスのテクスト、あるいはポリス論のテクストとして研究しているのは公共政策や社会行政の近代的な諸形態である。「ポリス」という言葉は、きわめて早い時期にフーコーの仕事のなかでもちいられている（たとえば、彼の『狂気の歴史』に見られる）が、彼が実際にその省察を展開するのは、ここで論じた後期の仕事においてのみである。初期の言及については、Michel Foucault, *History of Madness*, trans. Jonathan Murphy and Jean Khalfa (Abingdon: Routledge, 2006), p. 49. 田村俶訳『狂気の歴史——古典主義時代における』新潮社、一九七五年、六九頁。

(106) Ben Golder, 'Foucault and the Genealogy of Pastoral Power' (2007) 10 *Radical Philosophy Review* 157 を参照。

(107) Foucault, *Security, Territory, Population*, pp. 125–130［邦訳一五五－一六一頁］。

(108) 同書p.181［邦訳二二三頁］。

(109) 同書p.183［邦訳二二六頁］。

(110) 同書p.183［邦訳二二六頁］。

(111) Foucault, 'The Subject and Power', p. 334［邦訳一八頁］。

(112) Foucault, *Security, Territory, Population*, pp. 115–190［邦訳一四三－二三六頁］。

(113) Foucault, 'Governmentality', p. 89. この記述は最近の翻訳には見られない。しかし、マキャベリ派と反マキャベリ派の文献の相違をもっともよく表しているため、ここにそのままとどめた。

(114) Foucault, *Security, Territory, Population*, p. 74［邦訳九〇頁］。

(115) 同書p.96［邦訳一一八頁］。

(116) 同書p.96［邦訳一一九－一二〇頁］。

(117) Foucault, *The History of Sexuality, Vol. 1*, pp. 135–159［邦訳一七一－二〇二頁］および Foucault, '*Society Must Be Defended*', pp. 239-263［邦訳二三九－二六一頁］を参照。

(118) Michel Foucault, 'Technologies of the Self', in *Essential Works of Foucault, Vol. 1: Ethics*, pp. 223–251. 大西雅一郎訳「自己の技法」『ミシェル・フーコー思考集成X』筑摩書房、二〇〇二年、三一六－三五三頁を参照。

(119) 上記注(117)での言及は別として、フーコーはその仕事のなかで生権力の概念を十分には主題化していない。これは、その概念が比較的広範なものであるためであって、（生権力は「概念的には……統治性の概念に含まれている」と論ずるティモシー・オルリーとは反対に）フーコーは歴史的にも社会的にもより洗練されたカテゴリーを探究したのであり、統治性とセキュリティの装置はその最初の事例を示している、というのが私たちの議論である。Timothy O'Leary, *Foucault: The Art of Ethics* (London: Continuum, 2002), p. 178を参照。

(120) Foucault, *Security, Territory, Population*, p. 109［邦訳一三四頁］。

(121)『監獄の誕生』公刊後の数年間、フーコーは権力関係を完全に分散化された「毛細管状」のものとして理論化したために、より大規模な権力の集合体についての適切な説明ができなくなったとして、主にマルクス主義左派から激しく批判された（もちろん、批判はマルクス主義者によってのみなされたわけではない。この点に関してフェミニストに触発されたフーコー批判については、Zillah R. Eisenstein, *The Female Body and the Law* (Berkeley, CA: University of California Press, 1988), pp. 16-20を参照）。そこではとくに、国家装置と国家の組織化や暴力の集権化に関する適切な考察がフーコーの分析には著しく欠けているとの議論がなされた（たとえば、Poulantzas, *State, Power, Socialism*, p.44［邦訳四二－四三頁］を参照)。そのため、この時期、フーコーがインタヴューで自らの正当性を主張して説明しようとする姿が見られる。たとえば、彼は次のように言う。「私は国家装置が重要ではないと主張するつもりはまったくない」。そして「国家が重要でないと言いたいのではない。そうではなくて、私が言いたいのは、権力関係とそれについてなされなければならない分析は必然的に国家の限界を超えて拡大するということである」(Foucault, 'Body/Power', p. 60［邦訳三七八頁］、Foucault, 'Truth and Power', p. 122［邦訳二〇五頁］)。コリン・ゴードンは、この点についてのフーコー批判者たちに対する応答の一部として『安全・領土・人口』を読んでおり、彼の読み方はまったく適切である。これについては、Colin Gordon, 'Governmental Rationality: An Introduction', in *The Foucault Effect*, pp. 1-51 (p. 4) を参照。しかし、フーコーはただ単に国家を彼の従前の権力分析に組み込んだわけではない。むしろ、フーコーが『安全・領土・人口』で企図したのは、国家それ自体の歴史でもなければ、その系譜の記述でもない。彼が行うのは、「国家」とよばれるこの対象を統治性とよばれる実践の領野に再定位することである。つまり「私があなた方に示したいと考えているもの、そして示そうとしているものは、基本的な政治的争点としての国家の出現が、実際に、より一般的な統治性の歴史の内部に、あるいはそう言いたければ、権力の諸実践の領野に、どう位置づけられるかということである。……国家について語る人々、その歴史、発展、主張について語る人々こそが、正確には、歴史をつうじて一つの実体を詳細に論じ、国家というこの事物の存在論を展開している人々なのではないのか。国家が一つの統治手法にすぎないとすれば、どうか。国家が統治性の一形式にすぎないとすれば、どうか。これらすべての権力関係が、少しずつ固まりながら効果を生み出す複雑で非常に多様なプロセスをつうじて徐々に形成されるとすれば、どうか。これらの統治実践がまさに国家が構成される基盤であったとすれば、どうか」(Foucault, *Security, Territory, Population*, pp. 247-248［邦訳三〇六頁］)。上記引用からすぐに二つの点が明らかとなる。第一に、フーコーにとって、統治性の観念は国家という機関の行為に限定されない。すなわち、統治性は社会体のいたるところで（家族で、社会集団で、職場で等々）多様な場や行為者に作用し、それらによって行使されるのである。「限定されない」と言うのは、もちろん、これが国家を含むからであり、実際には、主権という古い形態も明らかに統治性の取り組みから影響を受けている。フーコーが述べるように「主権の問題は抹消されてはいない。それどころか、この問題はこれまで以上に先鋭化されたのである」(Foucault, *Security, Territory,*

Population, p. 107［邦訳一三一頁］）。第二に、フーコーにとって優先されるべきは「国家」ではなく、統治性である。その結果、フーコーにとってのより重要な問題群は「国家とは何か、それはどう機能するのか」ではありえず、むしろたとえば「所与の時点において、いかなる統治の様式が有効なのか、それはどのように作用するのか」となるのである。

(122) Foucault, *Security, Territory, Population*, pp. 108–109［邦訳一三二–一三三頁］。

(123) 同書 pp. 107–108［邦訳一三二頁］。実際、フーコーは、明らかにその時代特有のさまざまな権力様式を歴史的に区分けしている（そして、正当化することもある――*The History of Sexuality, Vol. 1*, p. 144［邦訳一八二頁］）と読まれるのが一般的だが、彼はさまざまな権力様式の近接性や共在、相互的な関係性をしばしば認めている。たとえば、*Discipline and Punish*, p. 23［邦訳二七–二八頁］における「科学的-法的複合体」や「認識論的-法的」構成に関する彼の議論を参照。次の二つの章で示すように、死を扱う主権的-法的権力と生を促進する規律訓練的-生政治的権力という画期的な区別は、法それ自体への強い執着と両立しないばかりか、フーコーにとっては、法と主権的権力が生を明確に否定しながら存続しえないだけでなく、つねに生とその表出に応答しなければならないという明らかな事実とも両立しないのである。

(124) Rose and Valverde, 'Governed by Law?', pp. 542–543. Barbara Hudson, 'Punishment and Governance' (1998) 7 *Social & Legal Studies* 553 も参照。

(125) Marianne Constable, 'Sovereignty and Governmentality in Modern American Immigration Law' (1993) 13 *Studies in Law, Politics, and Society* 249, 253.

(126) Foucault, *Security, Territory, Population*, p. 99（強調は著者）［邦訳一二三頁］。

(127) Kevin Walby, 'Contributions to a Post-Sovereigntist Understanding of Law: Foucault, Law as Governance, and Legal Pluralism' (2007) 16 *Social & Legal Studies* 551, 559:「規制というより広範な領野に法を位置づけることで、法の特殊性を見失わないようにするということも非常に重要である」。

(128) パット・オマリーによる研究のなかでも、とくに統治性の領域における法の機能の仕方に関する研究が興味深い。たとえば、Pat O'Malley, 'Uncertain Subjects: Risk, Liberalism and Contract' (2000) 29 *Economy and Society* 460; Pat O'Malley, 'Imagining Insurance: Risk, Thrift and Industrial Life Insurance in Britain' (1999) 5 *Connecticut Insurance Law Journal* 675 を参照。

(129) Foucault, *The History of Sexuality*, Vol. 1, p. 144［一八二頁］。

(130)『性の歴史』第一巻の最終章で、フーコーは「生死を決める」(同書 p. 135〔邦訳一七一頁〕)主権者の権利と彼がよぶものの歴史的展開について論じている。フーコーにとって、このような権力は元々、ローマの家父がもつ家父長権に由来しており、これによって家父は自分の子どもや奴隷の命を「自由に扱う」ことができた、とフーコーは主張している。この(死の権力を行使することで)生命を自由に扱う権利の薄められた形式は「古典期の理論家たち」の著作に記されており、彼らは、主権者が脅かされたり、その法が侵された場合、主権者には殺す権利があると主張した、とフーコーは論ずる(p. 135〔邦訳一七一頁〕)。フーコーの議論は、この権力形態が実は単に「死なせるか、生きるままにしておくか」(p. 136. 強調は原文〔邦訳一七二頁〕)の権利にすぎず、こうした権利は、生を産み出し、促進し、測定し、つねに規制する力を備えていないという点で限界づけられている、というものである。「生きさせるか、死のなかへ廃棄する」(p. 138. 強調は原文〔邦訳一七五頁〕)権力、すなわち生権力の概念をフーコーがつくりあげたのは、この古い死の権利に抗してであった。

(131) François Ewald, 'Norms, Discipline, and the Law', trans. Marjorie Beale, in *Law and the Order of Culture*, ed. Robert Post (Berkeley, CA: University of California Press, 1991), pp. 138–161 (p. 138).

(132) 同書 p. 138(強調は原文)。エワルドのテクストからの上記引用中のすべての引用は Foucault, *The History of Sexuality, Vol. 1*, p. 144〔邦訳一八一 - 一八二頁〕からである。

(133) Ewald, 'Norms, Discipline, and the Law', p. 138. 私たちはすでに注(11)および注(12)が付された上述の文章で、法 - 言説的な権力概念に関するフーコーの考えについて論じた。

(134) 同書 p.159.

(135) Foucault, *The History of Sexuality, Vol. 1*, p. 144〔邦訳一八二頁〕。しかしフーコーが、規律訓練権力の文脈においては、一貫して「ノルム」という言葉の彼の用法をその法的意味と対置していたことは想起されるべきである(上記の注(43)を参照)。

(136) 同書 p. 89〔邦訳一一六頁〕。

(137) 制限を行う法的(juridical)権力と産出的な規律訓練権力というフーコーの区別に批判的な関連文献については、Judith Butler, 'Sexual Inversions', in *Foucault and the Critique of Institutions*, ed. John Caputo and Mark Yount (University Park, PA: Pennsylvania State University Press, 1993), pp. 81–98 (pp. 86–87) を参照。バトラーはフーコーの区別が誤ったものであると述べたうえで、実際には、the juridical は「すでに産出的な権力であって、管理されるに相応しい対象そのものを形成

していのである。そのうえで、その産出への関与を事実上否定するかのように、それ［対象］を権力の外部で発見したと主張する」(p.87, 強調は原文) と論ずる。実際、バトラーの概念化は法を理論化するのに有益である。それによって、法は管理の対象 (Michel Foucault, *The Archaeology of Knowledge*, trans. A. M. Sheridan Smith (London: Routledge, 1972), p. 49, 慎改康之訳『知の考古学』河出書房新社、二〇一二年、九七頁で、言説を「自身が語る対象をシステマティックに形成する実践」としたフーコーの記述を想起せよ) とともに主体の位置を産み出すものと考えられるのである。現に『知の考古学』は、管理の対象と主体の位置を構成する (言説としての) 法についていくつかの例を提供している (たとえば、次の議論を参照。「日常の諸実践、法、宗教的決疑論、医師の診断において区別されている対象……」(p.33 [邦訳六七頁])。医学とともに「狂気を対象として画定し、明示し、名づけ、設定した」言説としての「法、とくに刑法」(p.42 [邦訳八三頁])。そして最後に、法がいかに医療専門家を「法令によって定義する」か (p.51 [邦訳一〇一頁]))。また、上記注(87) から(88) が付された文章で論じられた精神医学権力と法との (産出的な) 関係性に関する私たちの議論も参照。

(138) Victor Tadros, 'Between Governance and Discipline: The Law and Michel Foucault' (1998) 18 *Oxford Journal of Legal Studies* 75, 81. そして、これについては Foucault, '*Society Must Be Defended*', p. 34 [邦訳三六－三七頁] を参照。

(139) Tadros, 'Between Governance and Discipline', p. 82.

(140) たとえば、Vanessa Munro, 'Legal Feminism and Foucault – A Critique of the Expulsion of Law' (2001) 28 *Journal of Law and Society* 546, Annie Bunting, 'Feminism, Foucault, and Law as Power/Knowledge' (1992) 30 *Alberta Law Review* 829 を参照 (この論文は、明示的にエワルドを引用しているわけではないが、さまざまな箇所で類似の議論を提示している)。フーコーと法に関するスマートの議論については、Carol Smart, *Feminism and the Power of Law* (London: Routledge, 1989), pp. 6-9 を参照。

(141) たとえば、Rose and Valverde, 'Governed by Law?', p. 542, Hudson, 'Punishment and Governance', pp. 554-555 を参照。

(142) それらの引用については、すでに論じたものもあれば、次章で振り返るものもあるが、フーコーはそこで法とノルムの類似性や (エワルドの説明によれば) 同一性ではなく、それら相互の対立を強調している。この他にも、フーコーは「個人の政治テクノロジー」のなかで「法」(law) は、その定義上、つねに法的 (juridical) システムに関係づけられている」（p.417〔邦訳三七二頁〕）とも述べている。もし法（law）が、その定義上、法的（juridical）システムに関係づけられているのであれば、その場合、この二つを分けるという議論を維持するのは困難であるように思われる。

(143) François Ewald, 'A Concept of Social Law', trans. Iain Fraser, in *Dilemmas of Law in the Welfare State*, ed. Gunther Teubner (New York and Berlin: Walter de Gruyter, 1988), pp. 40–75; François Ewald, 'The Law of Law', trans. Iain Fraser, in *Autopoietic Law: A New Approach to Law and Society*, ed. Gunther Teubner (New York and Berlin: Walter de Gruyter, 1988), pp. 36–50; François Ewald, 'Justice, Equality, Judgement: On "Social Justice"', trans. Iain Fraser, in *Juridification of Social Spheres: A Comparative Analysis in the Areas of Labor, Corporate, Antitrust and Social Welfare Law*, ed. Gunther Teubner (New York and Berlin: Walter de Gruyter, 1987), pp. 91–110.

(144) Ewald, 'A Concept of Social Law', p. 40.

(145) 同書 p.40.

(146) 同書 p.46.

(147) 同書 p.68（強調は原文）。

(148) 同書 p. 71. エワルドからの引用文中における引用は、Michel Foucault, *La volonté de savoir* (Paris: Gallimard, 1976), p. 189〔邦訳一八一頁〕。

(149) Foucault, '*Society Must Be Defended*', pp. 38–39〔邦訳四一頁〕。

(150) Ivison, 'The Technical and the Political', p. 562. 引用内部の引用は、Rose and Valverde, 'Governed by Law?', p. 544 からのものである。

第二章

(1) Michel Foucault, 'The End of the Monarchy of Sex', in *Foucault Live: Collected Interviews, 1961–1984*, trans. Lysa Hochroth and John Johnston,ed. Sylvère Lotringer (New York: Semiotext(e), 1989), pp. 214–225 (p. 225), 慎改康之訳「性の王権に抗して」『ミシェル・フーコー思考集成Ⅵ』筑摩書房、二〇〇〇年、三四三－三六三頁（三六二－三六三頁）。

(2) Michel Foucault, 'Maurice Blanchot: The Thought from Outside', trans. Brian Massumi, in *Foucault/Blanchot* (New York: Zone Books, 1987), pp. 9–58, 豊崎光一訳「外の思考」『ミシェル・フーコー思考集成Ⅱ』筑摩書房、一九九九年、三三五－三六五頁、Michel Foucault, 'A Preface to Transgression', *in Language, Counter-Memory, Practice: Selected Essays and Interviews*, trans. Donald F. Bouchard and Sherry Simon, ed.

Donald F. Bouchard (Ithaca, NY: Cornell University Press, 1977), pp. 29–52, 西谷修訳「侵犯への序言」『ミシェル・フーコー思考集成Ⅰ』筑摩書房、一九九八年、三〇四－三二五頁。

(3) Paul Q. Hirst, *Law, Socialism and Democracy* (London: Allen & Unwin, 1986), p. 49.

(4) Michel Foucault, *The Archaeology of Knowledge*, trans. A. M. Sheridan Smith (London: Routledge, 1972), p. 41. 慎改康之訳『知の考古学』八三頁。

(5) Michel Foucault, *The Will to Knowledge: The History of Sexuality, Vol. 1*, trans. Robert Hurley (Harmondsworth: Penguin, 1979), p. 144, 渡辺守章訳『知への意志』一八二頁。

(6) 同書 p. 144［邦訳一八二頁］。

(7) Ann Laura Stoler, *Race and the Education of Desire: Foucault's History of Sexuality and the Colonial Order of Things* (Durham, NC: Duke University Press, 1995), p. 38.

(8) Foucault, *The History of Sexuality, Vol. 1*, p. 147［邦訳一八六頁］。

(9) 同書 p. 148（強調は原文）［邦訳一八六－一八七頁］。フーコーはその著作のなかでしばしば、ルネサンス、古典主義時代、近代という時代区分をもちいる。しかし、各時期の始まりとされる正確な時期は著作によって少しずつ異なっている。たとえば『狂気の歴史』では、ルネサンス、古典主義時代、近代という区分に依拠しており、フーコーはこのテクストで、きわめて正確に各時代の区分を行っている。ルネサンスにおける狂気の経験は古典主義時代の誕生とともに終わるが、フーコーはその時期を一六五七年の総合救貧院の設立としている。他方、近代における狂気の経験は、一七九四年にピネルがビセートル救済院から狂人を解放した時からとされる。Michel Foucault, *History of Madness*, trans. Jonathan Murphy and Jean Khalfa (Abingdon: Routledge, 2006), p. xxxiii, 田村俶訳『狂気の歴史――古典主義時代における』一三頁を参照。対照的に『言葉と物』では、フーコーは古典主義時代の始まりを「およそ一七世紀の半ば過ぎ」とし、近代の始まりを「一九世紀の初め」としている。Michel Foucault, *The Order of Things: An Archaeology of the Human Sciences*, trans. Alan Sheridan (New York: Vintage Books, 1994), p. xxii, 渡辺一民・佐々木明訳『言葉と物――人文科学の考古学』新潮社、一九七四年、二一頁を参照。

(10) Foucault, *The History of Sexuality, Vol. 1*, p. 149［邦訳一八八頁］。こうした傾向のもう一つの例については、『性の歴史』第一巻を比較せよ。そこでフーコーは、生命を奪うというかつての主権者の権利が生命を促進する新たな生政治的権利に「とって代わられる」と述べている（p. 138［邦訳一七五頁］）。しかし、そこでの彼の議論の文脈は、明らかに両方の権力様式が共存していることを示唆している。Michel Foucault, 'Society Must Be Defended': *Lectures at the Collège de France, 1975–76*, trans. David Macey (London: Allen Lane, 2003), p. 241, 石田英敬／小野正嗣訳『コレージュ・ド・フランス講義 1975-1976年度　社会は防衛しなければならない』二四一頁も参照。そこで彼は、かつての主権者の権利が実際にはとって代わられるのではなく、むしろ「補われる」のであり、新しい権利はそれにとって代わるというよりもむしろ「そこに入り込んで」、「そこに浸透する」と論じている。

（11）Michel Foucault, *Security, Territory, Population: Lectures at the Collège de France 1977-78*, trans. Graham Burchell (Basingstoke: Palgrave Macmillan, 2007), p. 107, 高桑和巳訳『コレージュ・ド・フランス講義 1977-1978年度　安全・領土・人口』一三二頁。「統治性」講義が切り離されて翻訳出版された経緯については、本書第一章の注(103)を参照。フーコーは一九七八年一月一一日の日付が付された連続講義の初回に、法（juridical or legal）の技術、規律訓練の技術、そしてセキュリティの装置がいかにして共存し、重ね合わされているのかについて、とてもわかりやすい説明を行っている（pp. 6-8［邦訳九－一二頁］を参照）。

（12）もちろんフーコーは、おそらくただ一人であろう、非連続性の歴史家として、多くの人々に読まれている。彼の初期の（たとえば『言葉と物』のようなテクストで実践された）歴史に対する考古学的アプローチは、認識論的な断絶と非連続性にのみ焦点をあて、歴史的な変化についての説得的な理論を提供しえないとして批判されてきた。こうした方向での『言葉と物』に対するもっとも著名な批判はジャン・ポール・サルトルのものである。彼は、フーコーが歴史の弁証法的運動を構造の無秩序な非連続性にすげ替え、「映画を幻灯機に、運動を静止画の連続に替えてしまった」と論じた（Jean-Paul Sartre, 'Jean-Paul Sartre répond', *L'Arc*, 30 October 1966, p. 87. このテクストは、Eric Paras, *Foucault 2.0: Beyond Power and Knowledge* (New York: Other Press, 2006), p. 30で引用され、英訳されている）。『言葉と物』の非連続性を強調する読解へのフーコーによる応答については、Michel Foucault, 'On Power', in *Politics, Philosophy, Culture: Interviews and Other Writings, 1977–1984*, trans. Alan Sheridan *et al*., ed. Lawrence D. Kritzman (London: Routledge, 1988), pp. 96–109 (pp. 99-100), 桑田禮彰訳「権力について」『ミシェル・フーコー 1926-1984 権力・知・歴史』新評論、一九八四年、一三一－四三頁（一一九－一二三頁）を参照。このインタヴューでフーコーは、言説の断裂が生じるには認識論的な変革が必要であり、そのことを説明するのが『言葉と物』での企図であった、と強調している。つまり、正確に言えば、それは非連続性の「問題」を「解決する」試みなのである（p. 100［邦訳一二二頁］）。この問題については、Michel Foucault, 'Politics and the Study of Discourse', trans. Colin Gordon, in *The Foucault Effect: Studies in Governmentality*, ed. Graham Burchell, Colin Gordon and Peter Miller（Chicago: University of Chicago Press, 1991）, pp. 53–72（pp. 58–59）, 石田英敬訳「『エスプリ』誌　質問への回答」『ミシェル・フーコー思考集成Ⅲ』筑摩書房、一九九九年、七〇－九九頁（七八－八一頁）、Michel Foucault, 'Truth and Power', in *Power/Knowledge: Selected Interviews and Other Writings 1972–1977*, trans. Colin Gordon *et al.*, ed. Colin Gordon（Brighton: Harvester Press, 1980）, pp. 109–133（pp. 111–113）北山晴一訳「真理と権力」一八九－二一九頁（一九二－一九五頁）も参照。同様に、「この哲学者に対する一定の先入観」、とりわけ「［フーコーは］連続性や発展に対して断絶や構造を特権化している」という思い込みを一掃する、フーコーの歴史的方法に関する興味深く繊細な議論については、Paul Veyne, 'Foucault Revolutionizes History', trans. Catherine Porter, in *Foucault and his Interlocutors*, ed. Arnold I. Davidson（Chicago and London: University of Chicago Press, 1997）, pp.146–182（p. 146）を参照。最後に、フーコー後期の系譜学的方法とそのニーチェ的起源に関する簡潔な議論については、Michel Foucault, 'Nietzsche, Genealogy, History', in *Essential Works of Foucault 1954–1984, Vol. 2: Aesthetics, Method, and Epistemology*, trans. Robert Hurley *et al.*, ed. James Faubion（Harmondsworth: Penguin, 2000）, pp. 369–391, 伊藤晃訳「ニーチェ、系譜学、歴史」一一－三八頁を参照。

（13）George Pavlich, *Governing Paradoxes of Restorative Justice*（London: GlassHouse Press, 2005）, p. 9.

（14）Foucault, *The History of Sexuality, Vol. 1*, p. 144［邦訳一八二頁］を参照。フーコーによる国家についてのコメント、そして統治性や政治的合理性の諸形式に関する彼の後期の仕事からも明らかなように、彼は国家を分析から排除していない。むしろ、国家は権力の生成や組織化にとってとても重要な場であり続けている（たとえそれが、いつもこのように強調されていなくとも）。第一章の「法の統治性」での議論、とくに、この点に関する注(121)の議論を参照。

（15）同書 p. 90［邦訳一一七－一一八頁］。

（16）たとえば、Gary Wickham, 'Foucault and Law', in *An Introduction to Law and Social Theory*, ed. Reza Banakar and Max Travers（Oxford: Hart, 2002）, pp. 249–265（p. 250）を参照。この議論でウィッカムは、

Foucault, *The History of Sexuality, Vol. 1*, p. 102［邦訳一三二頁］からの同様の引用について分析している。

（17）Foucault, *The History of Sexuality, Vol. 1*, p. 90［邦訳一一八頁］。

（18）同書 p. 89［邦訳一一五頁］。Foucault, 'Truth and Power', p. 121［邦訳二〇四－二〇五頁］も参照。

（19）Foucault, *The History of Sexuality, Vol. 1*, p. 97［邦訳一二五頁］。

（20）Foucault, *Security, Territory, Population*, p. 106［邦訳一三〇頁］。

（21）同書 p. 107［邦訳一三一頁］。ブライアン・シンガーとローナ・ウィアが的確に述べているように、「統治性が主権を廃したと、フーコーが主張した箇所はどこにもない」（Brian C. J. Singer and Lorna Weir, 'Politics and Sovereign Power: Considerations on Foucault'（2006）9 *European Journal of Social Theory* 443, 448）。

（22）Michel Foucault, 'What is Called "Punishing"?', in *Essential Works of Foucault 1954-1984, Vol. 3: Power*, trans. Robert Hurley *et al.*, ed. James D. Faubion（New York: New Press, 2000）, pp. 382-393（p. 392）, 高桑和巳訳「処罰するとは何の謂か？」『ミシェル・フーコー思考集成X』筑摩書房、二〇〇二年、一〇八－一二一頁（一二〇頁）。

（23）Michel Foucault, *Discipline and Punish: The Birth of the Prison*, trans. Alan Sheridan（Harmondsworth: Penguin, 1991）, p. 223, 田村俶訳『監獄の誕生』二二三頁。

（24）Nikolas Rose and Mariana Valverde, 'Governed by Law?'（1998）7 *Social & Legal Studies* 541, 542. ここで「ノルム」は、とくに法外的な意味でもちいられており、それは、フーコーが一九七〇年代半ばに規律訓練権力に関する著述のなかで展開したものである。第一章注（43）の議論を参照。

（25）Anthony Beck, 'Foucault and Law: The Collapse of Law's Empire'（1996）16 *Oxford Journal of Legal Studies* 489, 494.

（26）Foucault, *'Society Must Be Defended'*, pp. 37-38［邦訳四〇頁］。

（27）Foucault, *Discipline and Punish*, p. 216［邦訳二一六頁］。この文章で、フーコーは明示的には法に言及していない。その文章は次のように始まる。「権力の規律訓練的様式が他のすべてに置き換わったからではなく、それが他の権力形式に浸透し、それらをときに掘り崩すこともあるが、それらの媒介項として役立つがゆえに……」。それでもなお私たちは、フーコーがここで法を「他の」諸権力という言葉に含めようとする二つの理由について論ずる。第一の理由は、『監獄の誕生』の他の箇所でフーコーが規律訓練以外の権力様式を指してもちいる「他の諸権力」という言葉が明らかに法を含んでいる、というものである（たとえば、*Discipline and Punish*, p. 184［邦訳一八七頁］を参照）。第二の理由は、「他の」諸権力と規律訓練との関係についてのフーコーの論じ方（それによれば、後者が前者を「ときに掘り崩すこともある」）が、法と規律訓練の関係についてのより明確なフーコーの定式化を彷彿とさせる、というものである。――たとえば、同書 p. 170［邦訳一七五頁］および Foucault, *Security, Territory, Population*, p. 56［邦訳七〇頁］を参照。

（28）Foucault, *History of Madness*, p. xxviii［邦訳八頁］。

（29）Foucault, *Discipline and Punish*, p. 19［邦訳二四頁］。

（30）同書 p. 23［邦訳二七頁］。

（31）同書 p. 28［邦訳三二頁］。

（32）同書 p. 23［邦訳二八頁］。マトリクスの問題については、Panu Minkkinen, 'The Juridical Matrix'（1997）6 *Social & Legal Studies* 425 を参照。

（33）Foucault, *Discipline and Punish*, p. 183［邦訳一八七頁］。

（34）古典的な例については、Hans Kelsen, *Pure Theory of Law*, 2nd edn, trans. Max Knight（Berkeley and Los Angeles: University of California Press, 1967）, p. 1, 横田喜三郎訳『純粋法学』岩波書店、一九三五年、一二頁（「それ［純粋法学］が、法の「純粋な」理論と呼ばれるのは、それが法を記述するのみであり、厳密には法でないすべてのものをこの記述の対象から排除しようとするからである。そのねらいは、法の科学を他の要素から自由にすることである。これがその理論の方法論的基盤である」）を参照。

（35）Foucault, *Discipline and Punish*, p. 222［邦訳二二一頁］。

（36）同書 p. 227［邦訳二二六頁］。

（37）同書 p. 305［邦訳三〇四頁］。

（38）同書 p. 191［邦訳一九三頁］。

（39）同書 p. 193［邦訳一九六頁］。

（40）権力と知（あるいは「権力-知」）に関するフーコーの仕事のなかで、彼は二つの観念の間に複雑で共生的なつながりを措定するが、それらの同一性を前提とはしていなかったことを想起するのは重要である。「『知は権力である』とか『権力は知である』というテーゼを読む――そして、それが私の主張であるとされていることを知る――と、私は笑ってしまう。なぜなら、それらの関係を研究することがまさに私の問題であるからだ。もしそれらが同一なら、私がそれらを研究する必要はないだろうし、結果として、多くの労苦を免れることにもなるだろう。私がそれらの関係を問題としているという事実こそが、それらを私が同一視していないということを明確に示している」。Michel Foucault, 'Critical Theory/Intellectual History', in *Politics, Philosophy, Culture*, pp. 17-46（p. 43）（強調は原文）、黒田昭信訳「構造主義とポスト構造主義」『ミシェル・フーコー思考集成Ⅸ』筑摩書房、二〇〇一年、二九八－三三四頁（三三〇頁）。

（41）Foucault, *Discipline and Punish*, p. 193［邦訳一九六頁］。

（42）同書 p. 193［邦訳一九六頁］。

（43）Foucault, 'Society Must Be Defended', p. 25［邦訳二七頁］。

（44）フーコーの仕事、とりわけ権力に関する一九七〇年代中期の彼の仕事の多くは、人間諸科学の批判であり、人間諸科学の言説内部における真理の科学的な地位と概念の動員に対する批判である。

（45）Foucault, *Discipline and Punish*, p. 296［邦訳二九六－二九七頁］。

（46）同書 p. 302［邦訳三〇二頁］。

（47）Jan Goldstein, 'Framing Discipline with Law: Problems and Promises of the Liberal State'（1993）98 *American Historical Review* 364 を参照。

（48）ここで検討している判例に続くさまざまな法の発展、すなわち、刑事司法立法の可決や一九九八年人権法（英国）の制定（この法律を施行する国内法やヨーロッパの判例法だけではなく）といった発展が、受刑者の地位とこれら規律に関する聴聞の性質を変えたのである。たとえば、一九九一年刑事裁判法（英国）は、規律に関する告発の聴聞を訪問者委員会の任務から外していたが、他方で、一九九八年人権法（英国）が二〇〇〇年に発効したことによる成果の一つは、刑務所の被収容者が、公正な裁判を受ける権利（一九九八年人権法（英国）により国内法として明記されたヨーロッパ人権協約第六条）にもとづいて、規律に関する聴聞の手法に国内法上の異議申立てを行うことができるようになったことである。公正な裁判を受ける権利が保障される範囲と、それにより規律に関する聴聞の文脈に何がもたらされるかについての最近の裁判をめぐる議論は、*Tangney v The Governor of HMP Elmley and Anor.* [2005] EWCA Civ 1009 でのイングランドおよびウェールズの上訴裁判所判決を参照。

（49）1988 AC 379（以下 *Hone* と略）。

（50）*Becker v Home Office and Another* 1972 2 QB 407, at 418.

（51）*Hone*, at 392.

（52）同上 at 392.

（53）同上 at 392.

（54）同上 at 392. 行政訴訟の司法審査に関して関連するフーコー的な分析については、Anne Barron, 'Legal Discourse and the Colonisation of the Self in the Modern State', in *Post-Modern Law: Enlightenment, Revolution and the Death of Man*, ed. Anthony Carty（Edinburgh: Edinburgh University Press, 1990), pp. 107–125 (pp. 118–119) を参照。

(55) Foucault, *Discipline and Punish*, p. 193［邦訳一九六頁］。

(56) 同書 p. 256［邦訳二五三頁］。

(57) 同書 p. 106［邦訳一一〇－一一一頁］。

(58) 同書 p. 66［邦訳六八頁］。

(59) 同書 pp. 296, 302［邦訳二九六、三〇二頁］。

(60) Foucault, '*Society Must Be Defended*', p. 37［邦訳三九頁］。

(61) こうすることで、それは、規律訓練権力が規律化された従順な主体を「つくりあげる」（Foucault, *Discipline and Punish*, p. 308［邦訳三〇七頁］）ことを可能にするだけでなく、その見返りに、こうした自己責任能力をもつ個人、すなわち（法的）権威への服従と敬意というノルムを内面化した個人の規律訓練的な産出からも大きな利点を得るのである。その近代的で自己制限的な自由主義の解釈では、社会における規律訓練的な権力作用の「限界」、「外縁」、「毛細管上の」諸点に到達することは不可能であり（同書 p.27［邦訳三一－三二頁］）、法は規律訓練権力によってあらかじめ合法性に適合させられた主体を迎え入れるのである（この論点については、労働契約の法的擬制に関するフーコーの議論も参照。同書 p.223［邦訳二二一－二二三頁］。）

(62) 同書 p.223［邦訳二二三頁］。

(63) 同書 p.296［邦訳二九六頁］。

(64) 同書 p.202–203［邦訳二〇四－二〇五頁］。

(65) Michel Foucault, 'What is Critique?', trans. Kevin Paul Geiman, in *What is Enlightenment? Eighteenth-Century Answers and Twentieth-Century Questions*, ed. James Schmidt (Berkeley and Los Angeles: University of California Press, 1996), pp. 382-398 (p. 386), 中山元訳「批判とは何か――批判と啓蒙」『私は花火師です――フーコーは語る』筑摩書房、二〇〇八年、六九－一四〇頁（八一頁）。

(66) Michel Foucault, 'Powers and Strategies', in *Power/Knowledge*, pp. 134-145 (p. 138), 久保田淳訳「権力と戦略」『ミシェル・フーコー思考集成Ⅵ』筑摩書房、二〇〇〇年、五八三－五九七頁（五八八頁）。

(67) Foucault, *The History of Sexuality, Vol. 1*, p. 143［邦訳一八〇頁］。

(68) Michel Foucault, '"Omnes et Singulatim": Toward a Critique of Political Reason', in *Essential Works of Foucault, Vol. 3: Power*, pp. 298-325 (p. 312), 北山晴一訳「全体的なものと個別的なもの――政治的理性批判に向けて」『ミシェル・フーコー思考集成Ⅷ』筑摩書房、二〇〇一年、三二九－三六八頁（三四九頁）。

(69) Foucault, 'What is Critique?', p. 386［邦訳八一頁］。

ペイヴリッチが説明しているように、「統治に対する批判的な対立は、所与の統治性の基礎である不確実な主体の（個別的あるいは集団的な）アイデンティティについて論議する際に、まさしく真理の政治学へと入り込む」。George Pavlich, *Critique and Radical Discourses on Crime* (Aldershot: Ashgate, 2000), pp. 103–104を参照。

(70) Foucault, 'Powers and Strategies', p. 138［邦訳五八八頁］。

(71) Foucault, *Discipline and Punish*, p. 268［邦訳二六七頁］。

(72) Michel Foucault, 'The Subject and Power', in *Essential Works of Foucault, Vol. 3*: Power, pp. 326–348 (p. 342), 渥海和久訳「主体と権力」『ミシェル・フーコー思考集成IX』筑摩書房、二〇〇一年、一〇-三二頁（二六頁）。

(73) Foucault, 'Powers and Strategies', p. 138［邦訳五八八頁］。

(74) 法とノルムの区別については、第一章注(43)を参照。（規律訓練権力の場としての）国家統治と法との区別の歴史的偶然性については、Harry Arthurs, '*Without the Law*': *Administrative Justice and Legal Pluralism in Nineteenth-Century England* (Toronto: University of Toronto Press, 1985)を参照。

(75) Foucault, *Discipline and Punish*, pp. 177–178［邦訳一八二頁］。

(76) 同書 p. 178［邦訳一八二頁］。

(77) 同書 p. 222［邦訳二二二頁］。

(78) 同書 p. 304［邦訳三〇四頁］。

(79) Foucault, '*Society Must Be Defended*', p. 38［邦訳四〇頁］。

(80) Foucault, *Discipline and Punish*, p. 303［邦訳三〇三頁］。

(81) 同書 pp.221-222［邦訳二二一頁］。

(82) 同書 p.255［邦訳二五二頁］。

(83) Michel Foucault, 'Lemon and Milk', in *Essential Works of Foucault Vol.3: Power*, pp.435-438 (p.437), 高桑和巳訳「レモンとミルク」『ミシェル・フーコー思考集成VII』筑摩書房、二〇〇〇年、三二七-三三一頁（三二九頁）。

(84) Foucault, *Dicipline and Panish*, p.17［邦訳二二頁］。

(85) Foucault, *The History of Sexuality, Vol.1*, p.93［邦訳一二〇-一二一頁］。

(86) 同書 p.92［邦訳一一九頁］。

(87) Foucault, 'Truth and Power', p.119［邦訳二〇一頁］。

(88) Foucault, 'Powers and Strategies', p.139［邦訳五九〇頁］。

(89) Foucault, *The History of Sexuality, Vol.1*, p.84［邦訳一一〇頁］。

(90) Michel Foucault, *The Use of Pleasure: The History of Sexuality, Vol.2*, trans. Robert Hurley (Harmondsworth: Penguin, 1992), p.250, 田村俶訳『快楽の活用』三一八頁。

(91) Foucault, *Security, Territory, Population*, p.47［邦訳五七頁］。

(92) もちろん、基準にもとづく評価・判断としての法という比喩表現は、もともとフーコー的な観念ではない。「ノモス、すなわち、世界秩序としての一秩序をそこに君臨させることで都市国家の秩序をたしかなものにする正しき分配の法」という古典期ギリシアの観念を研究することへのフーコーの初期の関心を参照。(Michel Foucault, 'The Will to Knowledge', in *Essential Works of Foucault 1954-1984, Vol. 1: Ethics, Subjectivity and Truth*, trans. Robert Hurley *et al.*, ed. Paul Rabinow (Harmondsworth: Allen Lane/Penguin, 1997), pp. 11-16 (p. 15)(強調は原文)、石田英敬訳「知への意志――コレージュ・ド・フランス一九七〇－一九七一講義要旨」『ミシェル・フーコー思考集成Ⅳ』筑摩書房、一九九九年、一五八－一六四頁(一六三頁))。基準にもとづく評価・判断としての法というフーコーの比喩表現については、Steven Mailloux, 'Measuring Justice: Notes on Fish, Foucault, and the Law' (1997) 9 *Cardozo Studies in Law and Literature* 1; John Frow, 'Measure for Measure: A Response to Steven Mailloux' (1997) 9 *Cardozo Studies in Law and Literature* 11 を参照。

(93) Foucault, 'Lemon and Milk', p.437［邦訳三二〇頁］。

(94) Foucault, *Security, Territory, Population*, p.46［邦訳五六頁］。

(95) もちろん、ときにフーコーは権力の理論化を拒否することもあった。たとえば「批判理論／知の歴史［邦訳「構造主義とポスト構造主義」］」というインタヴューのなかで、フーコーは次のようにコメントしている。「私は断じて権力の理論家ではない。究極的には、権力は一つの独立した問題として私の興味を引かない。……私は権力の理論を展開してはいない」(Foucault, 'Critical Theory/Intellectual History', p.39, 黒田昭信訳「構造主義とポスト構造主義」三二五頁)。彼は、さまざまな社会的実例から抽出された一般的あるいは普遍的な権力理論を定式化しようとはしなかったかもしれないが、それでも上記テクストでの議論が示しているように、一九七〇年代および一九八〇年代初頭の重要な仕事のなかで、ある程度、権力を理論化している。その際にフーコーが強調するのは、多様な制度的、社会的場(規律訓練権力、生権力、統治性など)における権力行使の仕方である。つまり、フーコーは「権力のメカニズムをとらえようと［することで］……権力が『いかに』働くかを研究する」（Foucault, '*Society Must be Defended*', p.24［邦訳二六頁］）ことに打ち込んだのである。理論に対するフーコーのアプローチという問題については、本書のイントロダクションでの議論（注(8)から注(23)までが付された文章）を参照。

(96) Foucault, *The History of Sexuality, Vol.1*, p.93［邦訳一二〇頁］。

(97) 同書 p.93［邦訳一二〇頁］。

(98) 同書 p.93［邦訳一二〇頁］。

(99) 同書 p.93［邦訳一二〇頁］。

(100) 同書 p.82［邦訳一〇八頁］。

(101) Foucault, '*Society Must be Defended*', pp.13-14［邦訳一六－一七頁］を参照。

(102) Foucault, *The History of Sexuality, Vol.1*, p.94［邦訳一二二頁］。

(103) Foucault, '*Society Must be Defended*', p.29［邦訳三一－三二頁］。

(104) Foucault, *The History of Sexuality, Vol.1*, p.94,［邦訳一二一－一二二頁］。

(105) この点についてのマルクス主義者やフェミニストのフーコー批判に関する議論は、本書第一章注(121)を参照。とりわけ、この批判の精彩を欠いた解釈については、Michael Walzer, 'The Politics of Michael Foucault', in *Foucault: A Critical Reader*, ed. David Cauzenz Hoy (Oxford: Blackwell, 1986), pp.51-68（p.66）を参照。

(106) Foucault, *The History of Sexuality, Vol.1*, p.93［邦訳一二〇頁］。

(107) 同書 p.93［邦訳一二〇頁］。

(108) Foucault, *Discipline and Punish*, p.301［邦訳三〇一頁］。

(109) Michel Foucault, 'Sex, Power, and the Politics of Identity', in *Essential Works of Foucault, Vol.1: Ethics*, pp.163-173（p.167）, 西兼志訳「ミシェル・フーコー、インタヴュー――性、権力、同一性の政治」『ミシェル・フーコー思考集成X』筑摩書房、二〇〇二年、二五五－二六八頁（二六二頁）。この言葉を広めたのは、Gilles Deleuze, *Foucault*, trans. Seán Hand (London: Continuum, 1999), p.74, 宇野邦一訳『フーコー』河出書房新社、一九九九年、一四〇頁であり、そこでは「そのうえ、権力の決定的言葉とは、抵抗が最初にある、ということである」（強調は原文）と書かれている。また抵抗の優位性については、Michael Hardt and Antonio Negli, *Multitude: War and Democracy in the Age of Empire* (London: Hamish Hamilton, 2004), p.64, 幾島幸子ほか訳『マルチチュード（上）――〈帝国〉時代の戦争と民主主義』NHK出版、二〇〇五年、一二一－一二三頁を参照。

(110) Foucault, *The History of Sexuality, Vol.1*, p.95［邦訳一二三頁］。

(111) 同書p.93［邦訳一二〇頁］。
(112) 同書p.95［邦訳一二三頁］。
(113) 同書p.96［邦訳一二四頁］。
(114) 同書p.95［邦訳一二三頁］。
(115) 同書p.95［邦訳一二三頁］。
(116) Foucault, 'Powers and Strategies', p.138［邦訳五八八頁］。
(117) Foucault, *The History of Sexuality, Vol.1*, p.96［邦訳一二四頁］。
(118) 同書p.95［邦訳一二三頁］。
(119) 同書p.101［邦訳一三一頁］。
(120) 同書p.95［邦訳一二三頁］。
(121) Foucault, 'The Subject and Power', p.342［邦訳二六頁］。
(122) George Pavlich, 'The Art of Critique or How Not to be Governed Thus', in *Rethinking Law Society and Governance: Foucault's Bequest*, ed. Gary Wickham and George Pavlich (Oxford: Hart, 2001), pp.141-154 (p.147) を参照。
(123) Foucault, 'The Subject and Power', p.329［邦訳一三－一四頁］。
(124) 同書p.329［邦訳一四頁］。
(125) しばしば引用される例は、クリフォード・ギアツによる『監獄の誕生』についての発言である。彼は、同書が「逆さまのホイッグの歴史を、つまり、それとは知らずに、不自由の台頭の歴史」を描いたと論じた。David Couzens Hoy, 'Introduction', in *Foucault: A Critical Reader*, pp.1-25 (p.11), 椎名正博・椎名美智訳「序論」『フーコー——批判的読解』七－四九頁（二四頁）。このような目的論は、それが絶望であれ、避けられない進歩であれ、フーコーの系譜学的な歴史記述へのアプローチにはまったく関係のないものであるとだけ言っておこう。フーコーのアプローチがもつニュアンスと根源的な性質についての優れた議論に関しては、Véronique Voruz, 'The Politics of *The Culture of Control*: Undoing Genealogy' (2005) 34 *Economy and Society* 154 を参照。
(126) Foucault, 'The Subject and Power', p.343［邦訳二八頁］。
(127) Foucault, 'Power and Strategies', p.138［邦訳五八八頁］。
(128) 同書p.138［邦訳五八八頁］。
(129) Foucault, *The History of Sexuality, Vol.1*, p.97［邦訳一二六頁］。
(130) Foucault, 'Sex, Power, and the Politics of Identity', p.167［邦訳二六二頁］。
(131) 後に定式化される抵抗と侵犯とを同一視しないということに関しては、ここでさらに付言しておくのが有益であろう。その付言とは、フーコーによる侵犯という言葉の擁護が、後のいくつかの著作でかなり修正されているというものである。フーコーは、'A Preface to Transgression', p.33［邦訳三〇八－三〇九頁］で「侵犯がその空間と輝きわたるその存在とを見出せるような言語は、ほとんどまったく、これから生まれ出るべきものである」と論じ、さらにバタイユにおいては「そのような言語の焼け焦げた切り株を、約束に満ちた灰燼を」見つけだすことができると主張したのだが、『性の歴史』第一巻の出版とともに、彼は侵犯という言葉を時代遅れととらえるようになる。フーコーは次のように論じている。「性的なるものの次元を、法、死、血、主権という観点からとらえるのは、……結局のところ、歴史的な「退行の形」である。セクシュアリティの装置は、それと同時代のものである権力の技術にもとづいて概念化されなければならない」（*The History of Sexuality, Vol.1*, p.150［邦訳一八九頁］）。同じテクストの二頁前では、侵犯が、法、死、血、主権というもはや廃れてしまった概念と結びついていると明言している。すなわち、「古典主義の時代に考案され、一九世紀にもちいられた権力の新たな仕組みこそが、私たちの社会を血の象徴論からセクシュアリティの分析学へと移行させたのである。明らかに、法、死、侵犯、象徴的なるもの、そして主権の側にあるのは、血のみである。同様に、セクシュアリティは、ノルム、知、生、意味、規律訓練、そして規制の側にある」（同書 p.148, 強調は原文［邦訳一八六－一八七頁］）。しかしフーコーは、侵犯についての初期の立場から距離を置いているように見える一方で、外在性の観念や他者性との関わりの必要性を後期の仕事で主題化し続けている。そして、この流れと理論的な動きこそがここでの議論にとっては重要なのである。

(132) Foucault, 'A Preface to Transgression', p.32［邦訳三〇八頁］。

(133) 同書 p.34［邦訳三〇九頁］。

(134) 同書 p.34［邦訳三〇九頁］。

(135) 同書 p.35［邦訳三一〇頁］。

(136) 同書 p.35［邦訳三一一頁］。

(137) 同書 p.34［邦訳三〇九頁］。

(138) 同書 p.35［邦訳三一〇頁］。

(139) 同書 p.34［邦訳三〇九頁］。

(140) 同書 p.34［邦訳三〇九頁］。

(141) 同書 p.34［邦訳三〇九頁］。

(142) 同書 p.34［邦訳三〇九頁］。

(143) 同書 p.32［邦訳三〇八頁］。

(144) ここまでの議論および今後の文章から、法に関して私たちがもちいる「応答性」という言葉が、同様に法に関して、Philippe Nonet and Philip Selznick, *Law and Society in Transition: Toward Responsive Law* (New Brunswick, NJ: Transaction Publishers, 2001), 六本佳平

訳『法と社会の変動理論』岩波書店、一九八一年でもちいられるその言葉の展開とは、いくつかの重要な点で異なっていることが明らかになることを願っている。法の歴史的発展に関する彼らの新ウェーバー主義的な法分析では、法は抑圧的段階、自律的段階を経て最終的に応答的段階へと進歩していく。それゆえノネとセルズニックにとっては、これらの法の属性が所与の発展段階における法の存在形態を定義するのであり、――私たちはそれとは反対の議論をするのだが――その属性はある法の相互に関連する同時的な諸側面ではない。さらに、彼らにとって、法の「応答性」は最終的には哲学上のプラグマティズムの立場と同等なのである。この立場は、法を公共政策の道具に還元してしまうものであるが、他方、私たちの用法では、「応答性」は法の道具への還元とともに、それにもかかわらず、結局この方法では法をとらえられないということを伝えようとするものである。

(145) Foucault, 'Maurice Blanchot: The Thought from Outside', p.38［邦訳三五三頁］。

(146) 同書 p.34［邦訳三四九－三五〇頁］。

(147) 同書 p.36［邦訳三五一頁］。

(148) 同書 p.38［邦訳三五二－三五三頁］。

(149) 同書 p.34［邦訳三五〇頁］。

(150) Maurice Blanchot, *The Step Not Beyond*, trans. Lycette Nelson (Albany, NY: State University of New York Press,1992), p.24.

(151) Maurice Blanchot, *The Infinite Conversation*, trans. Susan Hanson (Minneapolis and London: University of Minnesota Press, 1993), p.434. ここで特筆すべきは、文学やモダニズム美学に関するフーコーの初期の仕事を明らかに無視しているフーコー研究者がいるということである。これらの仕事で、フーコーはとりわけモーリス・ブランショとジョルジュ・バタイユを検討しており、これは本書のフーコー読解にとって鍵となるものである。たとえば、John Rajchman, *Michel Foucault: The Freedom of Philosophy* (New York: Columbia University Press, 1985), p.29, 田村俶訳『ミシェル・フーコー――権力と自由』岩波書店、一九八七年、五一－五三頁は、一九六〇年代のフーコーによる文学へと取り組みが権力や倫理についてのより成熟した仕事を理解するのにはほとんど役立たないと主張する。なぜなら、後期の仕事でフーコーは、美学への初期の関心や興味を捨て去り、より実践的な政治的取り組みの方を選んだからだという。しかし私たちにとっては、フーコーが特定のテーマや比喩表現の使用からは離れても（たとえば、侵犯に関する注(131)を参照）、他方で、外部性への取り組み（法とその外部との関係という観点で、私たちがここで着目してきた取り組み）は彼の後期の仕事でも継続しており、その中心でもある。さらに私たちは、初期の文学や美学に関する題材と後期の権力や倫理に関する仕事に主題の継続性を認めており、とくに初期の仕事に関する議論を一九七〇年代中期および一九八〇年代初頭の彼の代表的な著作についての議論と結びつけてきた。最後に、外部性という概念（ここで論じられたブランショへの取り組みのなかで追究されたような）が、倫理に関する後期フーコーの仕事を理解する際にその中心を成し、実際、それが「たえず付きまとっている」というデリダに触発された議論については、Kas Saghafi, 'The "Passion for the Outside": Foucault, Blanchot, and Exteriority' (1996) 28 *International Studies I Philosophy* 79を参照。

(152) Jerry D. Leonard, 'Foucault: Genealogy, Law, Praxis' (1990) 14 *Legal Studies Forum* 3, 11. また、Jerry Leonard, 'Foucault and (the Ideology of) Genealogical Legal Theory', in *Legal Studies as Cultural Studies: A Reader in (post) Modern Critical Theory*, ed. Jerry D. Leonard, (Albany, NY: State University of New York Press, 1995), pp.133-151 (pp.140-141) も参照。

(153) Foucault, *The History of Sexuality, Vol.1*, p.97［邦訳一二六頁］。

(154) Foucault, 'Maurice Blanchot: The Thought from Outside', p.34［邦訳三五〇頁］。

(155) Foucault, *Discipline and Punish*, p.22［邦訳二六頁］。

(156) Foucault, 'Maurice Blanchot: The Thought from Outside', p.34［邦訳三五〇頁］。

(157) Foucault, *Discipline and Punish*, p. 170［邦訳一七五頁］、Foucault, '*Society Must Be Defended*', p. 38［邦訳四一頁］を参照。

(158) Jon Simons, *Foucault and the Political* (London: Routledge, 1995), p. 83.

(159) Michel Foucault, *Archeology of Knowledge*, p.17, 慎改康之訳『知の考古学』四〇頁。

(160) Simons, *Foucault and the Political*, pp. 5, 3.

(161) Jacques Derrida, *Rogues: Two Essays on Reason*, trans. Pascale-Anne Brault and Michael Naas (Stanford, CA: Stanford University Press, 2005), p.84, 鵜飼哲・高橋哲哉訳『ならず者たち』みすず書房、二〇〇九年、一六八－一六九頁。ジャック・デリダの法に関する著作をよく知っている読者は、フーコーの法についての私たちの説明とデリダの論文 'Force of Law: The "Mystical Foundation of Authority"', trans. Mary Quaintance in *Acts of Religion*, ed. Gil Anidjar (New York: Routledge, 2002), pp.228-298, 堅田研一訳『法の力』での法と正義の関係に関する彼の記述とが共鳴していると感じるであろう。本書イントロダクションで注(24)-(26)が付されたテクストの議論を参照。

(162) Foucault, *Security, Territory, Population*, p. 46［邦訳五六頁］と比較せよ。

(163) Michel Foucault, 'The Political Technology of Individuals', in *Essential Works of Foucault, Vol. 3: Power*, pp. 403-417 (p. 417), 石田英敬訳「個人の政治テクノロジー」三五四－三七二頁（三七二頁）。

(164) 同書 p. 417［邦訳三七二頁］。

(165) Foucault, 'Lemon and Milk', p. 438（強調は言文）［邦訳三三一頁］。同様の区別については、Michel Foucault, 'The Punitive Society', in *Essential Works of Foucault, Vol. 1: Ethics*, pp. 23-37 (p. 31), 石田英敬・石田久仁子訳「懲罰社会」『ミシェル・フーコー思考集成Ⅳ』筑摩書房、一九九九年、四七一－四八七頁（四八一－四八二頁）を参照。

(166) Foucault, 'The Political Technology of Individuals', p. 417［邦訳三七二頁］。

(167) Foucault, *Discipline and Punish*, p. 224［邦訳二二三頁］。

(168) Brent L. Pickett, 'Foucaultian Rights?' (2000) 37 *Social Science Journal* 403, 412.

(169) Foucault, 'Lemon and Milk', p. 437［邦訳三三〇頁］。

(170) 同書 p. 436［邦訳三二八頁］。

(171) Jean-Luc Nancy, *Being Singular Plural*, trans. Robert D. Richardson and Anne E. O'Byrne (Stanford CA: Stanford: Stanford University Press, 2000), p.131, 加藤恵介訳『複数にして単数の存在』松籟社、二〇〇五年、二四一頁。

(172) Giorgio Agamben, *Homo Sacer: Souvereign Power and Bare Life*, trans. Daniel Heller-Roazen (Stanford, CA: Stanford University Press, 1998), p.52, 高桑和巳訳『ホモ・サケル――主権権力と剥き出しの生』八〇頁。アガンベンは、無意味な文字から成る支離滅裂な集合としてのトーラーに関する議論のなかで、「絶対的な変わりやすさ」の法という類似の法について喚起している (Giorgio Agamben, 'The Messiah and the Sovereign: The Problem of Law in Walter Benjamin', in *Potentialities: Collected Essays in Philosophy*, trans. Daniel Heller-Roazen (Stanford, CA: Stanford University Press, 1999), pp.160-174 (pp.164-166), 高桑和巳訳「メシアと主権者――ベンヤミンにおける法の問題」『思考の潜勢力――論文と講演』月曜社、二〇〇九年、三〇六－三二九頁（三二一－三二五頁）を参照)。

(173) Jacques Derrida, 'Before the Law', trans. Avital Ronnel (amended and updated by Christine Roulston), in *Acts of Literature*, ed. Derek Attridge (New York and London: Routledge, 1992), pp. 181–220 (p. 190).

(174) 同書 p. 191（強調は原文）。

(175) Bob Fine, *Democracy and the Rule of Law: Liberal Ideals and Marxist Critiques* (London and Sydney: Pluto Press, 1984), p. 200.

(176) Foucault, *Discipline and Punish*, pp. 87, 178［邦訳九〇頁、一八二頁］。

(177) Foucault, 'Maurice Blanchot: The Thought from Outside', p. 35［邦訳三五〇頁］。

(178) 同書 p. 35［邦訳三五〇頁］。この箇所とこの論文の他の個所（p. 33［邦訳三四九頁］で、フーコーは「法の現前とはその隠蔽である」と書いており、pp. 36-37［邦訳三五一頁］では「法それ自体が、……その本質的な隠蔽において顕示される」と書いている）で、フーコーは「法の前」でのデリダの用語法をいくつか映しとっている。たとえば、カフカの寓話における「法は、その非顕示において自らを顕示する」（Derrida, 'Before the Law', p. 206）というデリダの言葉を参照。

(179) Foucault, 'Nietzsche, Genealogy, History', p. 378［邦訳二四頁］。

(180) Foucault, *The History of Sexuality, Vol. 1*, p. 87［邦訳一一三―一一四頁］。

(181) Foucault, *Security, Territory, Population*, p. 99［邦訳一一三頁］。

(182) Foucault, *The History of Sexuality, Vol. 1*, p. 144［邦訳一八二頁］。

(183) Foucault, *Discipline and Punish*, p. 47［邦訳五一頁］。「排除テーゼ」は、フーコーの仕事において法が軽視され従属させられるようになるという主張を裏付けるものとして、彼の近代についての叙述に注目するが、私たちは、フーコーが法をつねに道具化されてきたものとしてとらえているということを示すために、彼の説明における権力への法の道具的従属に関する前近代の事例への言及をここに含める。

(184) 同書 p. 50［邦訳五四頁］。

(185) 同書 p. 50［邦訳五三頁］。

(186) 同書 p. 22［邦訳二七頁］。

(187) Foucault, *The History of Sexuality, Vol. 1*, p. 144.［邦訳一八一頁］。フランス語原文は次のように書かれている。'[l]a loi ne peut pas ne pas être armée, et son arme, par excellence, c'est la mort' (Michel Foucault, *La volonté de savoir* (Paris: Gallimard, 1976), p. 189). 私たちはこの文章を次のように訳す。'the law cannot help but be armed, and its weapon, par excellence, is death'. 少なくとも近代法との関係では、ここでフーコーが死は必然的に法のもっとも優れた武器であると論ずる限りにおいて、私たちはフーコーに異を唱える。――私たちにとって、死はまさに法の限界を表しており、法の応答的側面の失敗であり否定である。刑事司法システムにおける死刑の効果および、上訴や再審のない「終局的な刑罰」の拒否に関するフーコーのさらに深いニュアンスを含む議論については、Michel Foucault, 'Against Replacement Penalties', in *Essential Works of Foucault,*

Vol. 3: Power, pp. 459-461. 大西雅一郎訳「代替刑に反対する」『ミシェル・フーコー思考集成Ⅷ』筑摩書房、二〇〇一年、四三〇‐四三二頁を参照。また、Michel Foucault, 'Pompidou's Two Deaths' および 'To Punish Is the Most Difficult Thing There Is', both reproduced in *Essential Works of Foucault, Vol. 3: Power*, at pp. 418-422 and 462-464. 高桑和巳訳「ポンピドゥーの二人の死者」『ミシェル・フーコー思考集成Ⅳ』筑摩書房、一九九九年、三六九‐三七三頁および高桑和巳訳「処罰するというのは最も難しいことである」『ミシェル・フーコー思考集成Ⅷ』筑摩書房、二〇〇一年、四三三‐四三六頁も参照。

(188) Foucault, *The History of Sexuality, Vol. 1*, p. 144〔邦訳一八二頁〕。

(189) Foucault, *Discipline and Punish*, p. 98〔邦訳一〇〇頁〕。

(190) 同書 p. 19〔邦訳二四頁〕。

(191) 同書 p. 170〔邦訳一七五頁〕。

(192) Foucault, '*Society Must Be Defended*', pp. 38-39〔邦訳四一頁〕。

(193) Foucault, 'What is Called "Punishing"?', p. 389〔邦訳一一六頁〕。また、Michel Foucault, 'About the Concept of the "Dangerous Individual" in Nineteenth-Century Legal Psychiatry', in *Essential Works of Foucault, Vol. 3: Power*, pp. 176-200 (p. 179〔邦訳二二‐二四頁〕。しかし逆の定式化については、p. 200〔邦訳四四‐四五頁〕を参照). 上田和彦訳「一九世紀司法精神医学における『危険人物』という概念の進展」『ミシェル・フーコー思考集成Ⅶ』筑摩書房、二〇〇〇年、二〇‐四五頁を参照。

(194) Barron, 'Legal Discourse and the Colonisation of the Self in the Modern State', p. 118.

(195) Foucault, 'Lemon and Milk', p. 436〔邦訳三二九頁〕。

(196) 同書 p. 436〔邦訳三二九頁〕

(197) 同書 p. 436〔邦訳三二八頁〕。

(198) Foucault, Colin Gordon, 'Governmental Rationality: An Introduction', in *The Foucault Effect*, pp. 1-51 (p. 5) における引用。

(199) Foucault, *Discipline and Punish*, p. 223〔邦訳二二三頁〕。

(200) Foucault, 'Nietzsche, Genealogy, History', p. 378〔邦訳二四頁〕。

(201) Foucault, 'Powers and Strategies', p. 141〔邦訳五九一頁〕。

(202) Foucault, 'What is Critique?', p. 383〔邦訳七二頁〕。ここでの引用は、フーコーの批判という概念に言及しているが、私たちはこの文脈で法について述べるために、この表現を借用する。次章では、フーコーの法概念と彼の批判概念との密接な関係を示すことで、この借りを返したいと思う。

第三章

（1）フーコーについて語るエレーヌ・シクスー。Timothy O'Leary, *Foucault: The Art of Ethics* (London: Continuum, 2002), p. 171 より引用。

（2）Giorgio Agamben, *Homo Sacer: Sovereign Power and Bare Life*, trans. Daniel Heller-Roazen (Stanford, CA: Stanford University Press, 1998), p. 9, 高桑和巳訳『ホモ・サケル――主権権力と剥き出しの生』一〇-一一頁による。

（3）「不誠実」なフーコー解釈――しかしなお、ある一定のフーコー的なエートスには忠実である――については、Sergei Prozov, *Foucault, Freedom and Sovereignty* (Aldershot: Ashgate, 2007), pp. 14-21 を参照。

（4）Michel Foucault, 'Prison Talk', in *Power/Knowledge: Selected Interviews and Other Writings 1972-1977*, trans. Colin Gordon *et al.*, ed. Colin Gordon (Brighton: Harvester Press, 1980), pp. 37-54 (pp. 53-54), 中澤信一訳「監獄についての対談――本とその方法」『ミシェル・フーコー思考集成V』筑摩書房、二〇〇〇年、三五五-三七二頁（三七二頁）。フーコーの思想に対するこうしたアプローチは、理論の利用を「工具セット」や「道具箱」とするフーコーのよく知られた他の発言とも一致している。たとえば、'Intelectuals and Power: A Conversation between Michel Foucault and Gilles Deleuze', in *Language, Counter-Memory, Practice: Selected Essays and Interviews*, trans. Donald F. Bouchard and Sherry Simon, ed. Donald F. Bouchard (Ithaca, NY: Cornell University Press, 1977), pp. 205-217 (p. 208), 蓮實重彦訳「知識人と権力」『ミシェル・フーコー思考集成IV』筑摩書房、一九九九年、二五七-二六九頁（二六〇頁）、Michel Foucault, 'Powers and Strategies', in *Power/Knowledge*, pp. 134-145 (p. 145), 久保田順訳「権力と戦略」五八三-五九七頁（五九六頁）、Michel Foucault, 'Questions on Geography', in *Power/Knowledge*, pp. 62-77 (p. 65), 國分功一郎訳「地理学に関するミシェル・フーコーへの質問」三〇-四七頁（三四-三五頁）、Didier Eribon, *Michel Foucault*, trans. Betsy Wing (Cambridge, MA: Harvard University Press, 1991), p.237, 田村俶訳『ミシェル・フーコー伝』新潮社、一九九一年、三一八頁で引用されているMichel Foucault, 'Des supplice aux cellules' *Le Monde*, 21 February 1975, 中澤信一訳「拷問から監房へ」『ミシェル・フーコー思考集成V』筑摩書房、二〇〇〇年、三二一-三二七頁（エリボンが引用したのは三二七頁）を参照。ジャン＝ルイ・エジーヌによって一九七五年に行われた

別のインタヴューで、フーコーはこう強調している。「私は自分の書くものが一つの作品（oeuvre）だとは夢にも思わないし、人が自分自身を作家だと自称できるということさえも実に不愉快である。……私は道具を売っているのである」（Michel Foucault, 'Sur la sellette,' *Les Nouvelles littéraires*, 17 March 1975, 中澤信一訳「尋問の椅子で」『ミシェル・フーコー思考集成V』筑摩書房、二〇〇〇年、三二八‐三三四頁（三三四頁）。David Macey, *The Lives of Michel Foucault* (New York: Vintage, 1993), p.xxi での引用）。

（5）ジャック・デリダはその著書のなかで、未来についての二つの観念を明確に区別する。第一の観念は、プログラム可能で予測可能な地平、すなわち現実化され、ともかくも実現されうる地平としての未来という考え方である。これは「現在の未来」という考えである。さらにラディカルなもう一つの観念は、来たるべきもの（à-venir）という名で、デリダによって主題化されている。こちらは、けっして前もって説明されえないもの、「構造的かつ必然的に来たるべき何かであり、それにもかかわらず、つねに未決定であり、けっして現前しない」ものとしての未来という考え方である。したがって、この概念は「現在からその特権を奪い、現在を完全に他なるもの（tout autre）、すなわち『まったき他者』――それは現在から予測可能なものを超え、『同一なもの』の地平を超えている――へとさらけ出す」」。（John D. Caputo, 'Deconstruction in a Nutshell: The Very Idea (!), in *Deconstruction in a Nutshell: A Conversation with Jacques Derrida*, ed. John D. Caputo (New York: Fordham University Press, 1977), pp. 31-48 (p. 42)（強調は原文）、高橋透他訳「脱構築を一言で。そんな考え方があるとは（!）」『デリダとの対話――脱構築入門』法政大学出版局、二〇〇四年、四五‐七一頁（六一頁））。法と正義の関係で、これら二つの未来の観念――「現在の未来」と「来るべきもの」――がはらむ差異に関する議論については、Jacques Derrida, 'Force of Law: The "Mystical Foundation of Authority",' trans. Mary Quaintance, in *Acts of Religion*, ed. Gil Anidjar (New York: Routledge, 2002), pp. 228-298 (p.256), 堅田研一訳『法の力』三‐一九五頁（六九‐七一頁）を参照。法の未来性という私たちの観念は、未来に対するこれら二つの志向性を伝えようとするものである。法は必ず未来の出来事に対する計画や準備をしなければならず、未来に対して何らかの確固たる規定をつくらなければならず、未来を現在に持ち込み、それを現段階において実現しなければならない。こうした法の観念は、未来と結合的に関わり、未来をその決定性の場へと引きよせる。しかし同様に、法は未来、来たるべき何か、来たるべきままにとどまる何か、すなわち「まったき他者」によっても完結することはない。「まったき他者」は決定性の場を完全に空虚なものにするのである。

(6) Michel Foucault, *The Archeology of Knowledge*, trans. A. M. Sheridan Smith (London: Routledge, 1972), p. 131, 慎改康之訳『知の考古学』二五〇－二五一頁。

(7) Michel Foucault, 'A Preface to Transgression', in *Language, Counter-Memory, Practice*, pp. 29-52, 西谷修訳「侵犯への序言」三〇四－三二五頁。

(8) ニーチェについての参照文献は、Friedrich Nietzsche, *The Gay Science*, trans. Josephine Nauckhoff, ed. Bernard Williams (Cambridge: Cambridge University Press, 2001), pp. 119-120, §125, 信太正三訳『悦ばしき知識』筑摩書房、一九九三年、二一九－二二一頁。

(9) Foucault, 'A Preface to Transgression', p. 30［邦訳三〇五頁］。

(10) 同書 p. 50［邦訳三二三頁］。

(11) 同書 p. 32［邦訳三〇八頁］。

(12) 同書 p. 37［邦訳三一二頁］。

(13) 同書 p. 34. 邦訳文献ではこの部分が訳されていない。

(14) 同書 p. 32［邦訳三〇八頁］。

(15) 近代の経験に関していまや決定版ともいえる比喩表現については、William Butler Yeats, 'The Second Coming', in *Selected Poems*, ed. Timothy Webb (Harmondsworth: Penguin, 2000), p. 124, 高松雄一訳「再臨」『対訳イェイツ詩集』岩波書店、二〇〇九年、一四八－一五一頁。および、Karl Marx and Friedrich Engels, *The Communist Manifesto* (Harmondsworth: Penguin, 1967), p. 83, 大内兵衛／向坂逸郎訳『共産党宣言』岩波書店、一九七一年、四三－四四頁を参照。

(16) Douglas Litowitz, 'Foucault on Law: Modernity as Negative Utopia', (1995) 21 *Queen's Law Journal* 1.

(17) あるいはジョン・シモンズの言葉を借りれば、所々でフーコーは「私たちの服従に出口はないと示唆することで絶望を生み出す、罠の預言者」となった (Jon Simons, *Foucault and the Political* (London: Routledge, 1995), p. 3)。

(18) これらの原典のうちのいくつかについては第一章で論じた。ここで、近代法の社会的論理に関するエワルドの説明を再構築するにあたり、私たちが依拠する原典は以下のとおりである。François Ewald, 'A Concept of Social Law', trans. Iain Fraser, in *Dilemmas of Law in the Welfare State*, ed. Gunther Teubner (New York and Berlin: Walter de Gruyter, 1988), pp. 40-75; François Ewald, 'The Law of Law', trans. Iain Fraser, in *Autopoetic Law: A New Approach to Law and Society*, ed. Gunther Teubner (New York and Berlin: Walter de Gruyter, 1988), pp. 36-50; François Ewald, 'Justice, Equality, Judgement: On "Social Justice"', trans. Iain

Fraser, in *Juridification of Social Spheres: A Comparative Analysis in the Areas of Labor, Corporate, Antitrust and Social Welfare Law,* ed. Gunther Teubner（New York and Berlin: Walter de Gruyter, 1987）, pp. 91-110; François Ewald, 'Foucault and the Comtemporary Scene', trans. Richard A. Lynch（1999）25 *Philosophy & Social Criticism* 81.

（19）Ewald, 'The Law of Law', p. 36.

（20）同書 p. 38（強調は原文）。

（21）同書 p. 37.

（22）同書 p. 37.

（23）同書 p. 40.

（24）同書 p. 41.

（25）同書 p. 45.

（26）同書 p. 38.

（27）同書 p. 44.

（28）Ewald, 'Justice, Equality, Judgement', p. 106.

（29）Ewald, 'A Concept of Social Law', p. 45.

（30）Michel Foucault, *'Society Must Be Defended': Lectures at the Collège de France, 1975-76,* trans. David Macey（London: Allen Lane, 2003）, p. 18, 石田英敬／小野正嗣訳『社会は防衛しなければならない』二一－二二頁。

（31）Ewald, 'A Concept of Social Law', p. 46.

（32）同書 p. 46.

（33）同書 p. 46.

（34）同書 p. 48.

（35）同書 p. 58.

（36）同書 pp. 53, 50.

（37）同書 pp. 56-57.

（38）同書 p. 68（強調は原文）。また、第1章の「『juridical』なものと『legal』なもの」と題された節でのエワルドとノルムの法理学に関する議論を参照。その文脈で私たちは、「Law」と「juridical」という用語がフーコーの仕事では同意語ではないということ、さらに（これまでの章で論じられたアラン・ハント／ゲーリー・ウィッカム著『フーコーと法——統治としての法の社会学に向けて』の議論とは反対に）フーコーの仕事において法は排除されておらず、その一方で、法がノルムと結びつくようになることで（この観点がフーコーの名を知らしめたのである。これについては第1章注（43）を参照）、法はその性質を根本的に変化させてきたという（「ノルム、規律訓練、法」という重要なテキストでの）エワルドの議論に注目した。François Ewald, 'Norms, Discipline, and the Law', trans. Marjorie Beale, in *Law and the Order of Culture,* ed. Robert Post（Berkeley, CA: University of California Press, 1991）, pp. 138-161 を参照。この立場について私たちが第1章で行った批判は、フーコーにとって中心的であった法とノルムの差異が、そこでは省略される傾向にあるというものであった。現在の文脈で私たちがエワルドの立場に対して行っている批判はこれとはやや異なっている。なぜなら、私たちはここでエワルドがノルムを社会的な意味での単なる結合の手段として受け容れていることに反対しているからである。

(39) Ewald, 'Justice, Equality, Judgement', p. 107.

(40) Ewald, 'A Concept of Social Law', p. 62. エワルドはここで均衡の観念について明確に論じているが、同じ論文の六八頁では、それに続けて、なぜ「均衡の判断は社会法の意味において、(フーコーがもちいる意味で)規範的な判断である」のかについて説明している(強調は原文)。

(41) 同書p. 70.

(42) Ewald, 'Justice, Equality, Judgement', p. 107.

(43) Ewald, 'A Concept of Social Law', p. 70.

(44) Ewald, 'Justice, Equality, Judgement', p. 107.

(45) 同書p. 108.

(46) 同書p. 108.

(47) 同書p. 108(強調は原文)。

(48) 前に述べたように、エワルドは社会的なものを分散や混乱の空間として特徴づけている。さらにノルムの働きを「最終的な同意」に対置される「永続的な主張」として特徴づける(同書p. 107)。同じテクストで彼は、ノルムとは「社会が自らの変容について行くために備える尺度であり、――ここが重要なのだが――それが描き出す変容とともにそれ自身も変化する尺度なのである」と述べる(同書p. 107)。別の論文でエワルドが強調するのは、均衡の判断(これは、彼が後にノルムと結びつける概念である)は「柔軟な判断でなければならない。なぜなら、それはつねに歴史、発展、社会的変化に順応できなければならないからである」(Ewald, 'A Concept of Social Law', p. 66)。それゆえ私たちが、エワルドによる法の法についての明確化が社会の結合へむかうと主張するとき、それがある種の法の沈滞を含意しているとは考えていない(前章での議論にしたがえば、そうした沈滞は不可能なことであろう)。むしろ私たちが言いたいのは、エワルドの法が社会的なものの豊かさを封じ込める傾向をもつということだけである。エワルドの議論はこの和解へとむかうが、その一方で、私たちがいま続けて明らかにしようとしているのは、社会的なものの機能せざる具体化へとむけられた法の社会性である。

(49) Michel Foucault, 'What is Enlightenment?', in *Essential Works of Foucault 1954-1984, Vol.1: Ethics, Subjectivity and Truth*, trans. Robert Hurley *et al.*, ed. Paul Rabinow (Harmondsworth: Allen Lane/Penguin, 1977), pp. 303-319 (p. 309), 石田英敬訳「啓蒙とは何か」三一-三五頁(一一-一二頁)。

(50) それは具体的な意味でも一般的な意味でも驚くべきものである。この後期の著作でカントが称賛の対象として選ばれているということは、初期のフーコーが、近代哲学を人間学に還元してしまった――その後の哲学的な省察を「人間」の本質や自然を主題とするものにしてしまったという意味で――として、その哲学者を『言葉と物』で辛辣に批判していたことと矛盾している。Michel Foucault, *The Order of Things: An Archeology of the Human Sciences*, trans. Alan Sheridan (New York: Vintage Books, 1994), pp. 303-343. 渡辺一民/佐々木明訳『言葉と物』三二一-三六四頁を参照。より一般的な意味では、フーコーが敵視していると考えられていた啓蒙主義の批判という物語のなかに自身を位置づけ直そうと試みているように見えるというのは驚くべきことであろう――実際、数名の読者にとってはたしかにそうであった。こうした研究者たちの驚きとその根拠に関する簡潔な要約については、Amy Allen, 'Foucault and Enlightenment: A Critical Reappraisal' (2003) 10 *Constellations* 180を参照。

(51) Immanuel Kant, 'An Answer to the Question: "What is Enlightenment?"', in *Political Writings*, trans. H. B. Nisbet, ed. H. S. Reiss (Cambridge: Cambridge University Press, 1970), pp. 54-60. 福田喜一郎訳「「啓蒙とは何か?」という問いへの答え」『カント全集 一四 歴史哲学論集』岩波書店、二〇〇〇年、二四-三四頁を参照。

(52) Foucault, 'What is Enlightenment?', p. 309 [邦訳一一頁]。

(53) 同書 p. 311 [邦訳一四頁]。

(54) 同書 p. 313 [邦訳一七頁]。

(55) 同書 p. 313 [邦訳一八頁]。

(56) 同書 p. 314 [邦訳一八頁]。

(57) 同書 p. 316 [邦訳二一頁]。

(58) 同書 p. 315 (強調は原文) [邦訳一九頁]。

(59) 同書 p. 319 [邦訳二四頁]。

(60) 同書 p. 319 [邦訳二四頁]。

(61) Ewald, 'Foucault and the Contemporary Scene', p. 87.

(62) Michel Foucault, *Discipline and Punish: The Birth of the Prison*, trans. Alan Sheridan (Harmondsworth: Penguin, 1991), p. 106. 田村俶訳『監獄の誕生』一一〇-一一一頁。

(63) 同書 p. 66 [邦訳六八頁]。

(64) Claude Lefort, *The Political Forms of Modern Society: Bureaucracy, Democracy, Totalitarianism*, ed. John B. Thompson (Cambridge: Polity Press, 1986), p. 207.

(65) 同書 p. 201.

(66) Paul Rabinow, 'Introduction: The History of System of Thought', in *Essential Works of Foucault, Vol.1:*

Ethics, pp. xi-xlii (p. xxxix).

(67) *Le Robert*, 同書 p. xxxix にて引用。

(68) François Delaporte, 同書 p. xl. にて引用。

(69)『性の歴史』プロジェクトの計画、その後の修正、出版の時系列に関する議論についてはEribon, *Michel Foucault*, pp. 317-321 [邦訳四三九－四四六頁] を参照。

(70) Michel Foucault, 'Technology of the Self', in *Essential Works of Foucault, Vol.1: Ethics*, pp. 223-251 (p. 225). 大西雅一郎訳「自己の技法」三一六－三五三頁(三二九頁)。

(71) フーコーの仕事とそれに続く統治性に関する文献で扱われたこれらの主題のいくつかについての明快で優れた概要を示すものとして、David Garland, '"Governmentality" and the Problem of Crime: Foucault, Criminology, Sociology' (1997) 1 *Theoretical Criminology* 173を参照。

(72) Barry Smart, 'On the Subjects of Sexuality, Ethics, and Politics in the Work of Foucault', (1991) 18 *boundary 2* 201, 204. また、本書第1章注(35) の議論も参照。

(73) Michel Foucault, 'On the Genealogy of Ethics: An Overview of Work in Progress', in Hubert L. Dreyfus and Paul Rabinow, *Michel Foucault: Beyond Structuralism and Hermeneutics*, 2nd edn (Chicago: University of Chicago Press, 1983), pp. 229-252 (pp. 237-238). 浜名優美訳「倫理の系譜学について──進行中の仕事の概要」『ミシェル・フーコー思考集成IX』筑摩書房、二〇〇一年、二二八－二六九頁 (二四三－二四四頁)。

(74) 以下の記述は、同書 pp. 238-243 [邦訳二四三－二五三頁] からのものである。

(75) 同書 p. 238 [邦訳二四四頁]。

(76) 同書 p. 239 [邦訳二四五頁]。

(77) 同書 p. 239 [邦訳二四七頁]。

(78) たとえば、Emmanuel Levinas, 'Ethics as First Philosophy', trans. Seán Hand and Michael Temple, in the *Levinas Reader*, ed. Seán Hand (Oxford: Basil Blackwell, 1989), pp. 75-87; Emmanuel Levinas, 'Transcendance and Height', trans. Simon Critchley in *Emmanuel Levinas: Basic Philosophical Writings*, ed. Adriaan T. Peperzak, Simon Critchley, and Robert Bernasconi (Bloomington and Indianapolis: Indiana University Press, 1996), pp. 11-30. 合田正人／谷口博史訳「超越と高さ」『歴史の不測』法政大学出版局、一九九七年、二三五－二七六頁を参照。レヴィナスにとって、他者との関係は存在論的に自己に先んずるが、他方、古代ギリシアの倫理的な理解では、自己の存在論的優位が強調される。フーコーが説明するように、「自己との関係が存在論的に優先するという点で、倫理的には自己への配慮が優先する。」(Michel Foucault, 'The Ethics of the

Concern of the Self as a Practice of Freedom', in *Essential Works of Foucault, Vol.1: Ethics*, pp. 281-301 (p. 287)、廣瀬浩司訳「自由の実践としての自己への配慮」二一八‐二四六頁（二二八頁））を参照。これらのようなフーコーの言明は、彼の倫理に関する理解が実際には応答性や他者性の問題ではなく、むしろ冷静さや自制に関わるということを論証するために、頻繁に提示される。この後の読解で私たちが主張するように、ここでは、フーコー自身による古代ギリシア倫理の再展開が少なくとも部分的には自己の消滅や脱‐主体化＝脱‐服従化の実践として意図されているという点が看過されている。

（79）これは Eric Paras, *Foucault 2.0: Beyond Power and Knowledge* (New York: Other Press, 2006) の主たる議論である。

（80）Peter Dews, *Logics of Disintegration: Post-structuralist Thought and the Claims of Critical Theory* (London: Verso, 1987), p. 156; Peter Dews, 'The Return of the Subject in Late Foucault' (1989) 51 *Radical Philosophy* 37, 38. あるいは、この観点からのJ・G・メルキオールによる簡潔だが含蓄のある言葉によれば、主体の自己構成の可能性をめぐるフーコー後期の仕事は、「従属変数（権力の歴史的所産）」としての主体性というとらえ方から「独立変数」としての主体性というとらえ方への転換をもたらすものである（J. G. Merquior, *Foucault* (London: Fontana, 1985), p. 138, 財津理訳『フーコー――全体像と批判』河出書房新社、一九九五年、二〇六頁）。

（81）Foucault, 'The Ethics of the Concern of the Self as a Practice of Freedom', p. 293［邦訳二三五頁］。

（82）同書 p. 291［邦訳二三三頁］。

（83）Judith Butler, 'What is Critique? An Essay on Foucault's Virtue', in *The Judith Butler Reader*, ed. Sara Salih with Judith Butler (Oxford: Blackwell, 2004), pp. 304-322 (p. 321).

（84）Foucault, 'The Ethics of the Concern of the Self as a Practice of Freedom', p. 290［邦訳二三二頁］。

（85）Michel Foucault, *The Will to Knowledge: The History of Sexuality, Vol. 1*, trans. Robert Hurley (Harmondsworth: Penguin, 1979), pp. 17-49［邦訳二五‐六五頁］。

（86）Foucault, 'On the Genealogy of Ethics', p. 245［邦訳二五六頁］。

（87）フーコー後期の倫理学プロジェクトの政治的目標に関するティモシー・オルリーの解釈によれば、それはこのキリスト教的な解釈学への反動である、ということになる。これは私たちがここで広く同意しうる解釈である。O'Leary, *Foucault: The Art of Ethics*, p. 38 を参照。また読者は、セクシュアリティに関するギリシア古典期の史料へと回帰したことについてフーコー自身が公言していた理由も忘れるべきではない。たとえば、Michel Foucault, 'Preface to The History of Sexuality, Volume Two', in *Essential Works of Foucault, Vol. 1: Ethics*, pp. 199-205, 慎改康之訳「『性の歴史』への序文」『ミシェル・フーコー思考集成X』筑摩書房、二〇〇二年、二六-三三頁、Michel Foucault, *The Use of Pleasure: The History of Sexuality, Vol. 2*, trans. Robert Hurley (Harmondsworth: Penguin, 1992), pp. 3-13, 田村俶訳『快楽の活用』九-二一頁。

(88) Simons, *Foucault and the Political*, pp. 71-72; Foucault, 'On the Genealogy of Ethics', p. 230 [邦訳二二九-二三一頁] を参照。

(89) Michel Foucault, 'The Battle for Chastity', in *Essential Works of Foucault, Vol. 1: Ethics*, pp. 185-197 (p. 195), 田村俶訳「純潔の戦い」『ミシェル・フーコー思考集成IX』筑摩書房、二〇〇一年、一〇二-一一七頁(一一六頁)。口頭での告白がこの解釈学の主要な手段となるが、その一方で、歴史的にはそれが唯一の実践というわけではない。初期キリスト教会での事実の再認(exomologēsis)と告白(exagoreusis)という実践をめぐる 'Technologies of the Self', pp. 242-249(大西雅一郎訳「自己の技法」三四二-三五三頁)でのフーコーの議論を参照。フーコーはギリシア語の用語に正確な定義をあたえないが、前者は、悔悟者が特定の儀式的、象徴的、演劇的な振る舞いをつうじて自らが罪人という地位にあることを公に表明する実践である。他方、後者は、修道士が精神的な教導者に対する永遠の服従を表明するものであり、修道生活の文脈で発展してきた自己審問のプロセスであった。

(90) Michel Foucault, 'Sexuality and Solitude', in *Essential Works of Foucault, Vol. 1: Ethics*, pp. 175-184 (p. 178), 慎改康之訳「性現象と孤独」『ミシェル・フーコー思考集成Ⅷ』筑摩書房、二〇〇一年、三八〇-三九二頁(三八五頁)。

(91) 同書 p. 178 [邦訳三八四頁]。

(92) 同書 p. 182 [邦訳三九〇頁]。

(93) Foucault, 'Technologies of the Self', p. 245 [邦訳三四七頁]。

(94) 同書 p. 249 [邦訳三五三頁]。

(95) Foucault, *Discipline and Punish*, p. 294 [邦訳二九五頁]。

(96) Michel Foucault, '"Omnes et Singulatim": Toward a Critique of Political Reason', in *Essential Works of Foucault 1954-1984, Vol. 3: Power*, trans. Robert Hurley *et al.*, ed. James D. Faubion (New York: New Press, 2000), pp. 298-325 (p. 312), 北山晴一訳「全体的なものと個別的なもの――政治的理性批判に向けて」三二九-

三六八頁（三四九頁）。

(97)「もし、私が現にそうしているように、自分自身についての真理を語るとすれば、それは部分的には、私に対して行使され、私が他者に行使するいくつかの権力関係をつうじて私が主体として構成されているからなのである。私がこのように言うのは、権力の問題が私にとって何なのかということを位置づけるためである。」（Michel Foucault, 'Critical Theory/Intellectual History', in *Politics, Philosophy, Culture: Interviews and Other Writings, 1977–1984*, trans. Alan Sheridan *et al.*, ed. Lawrence D. Kritzman（London: Routledge, 1988）, pp. 17–46（p. 39））. 黒田昭信訳「構造主義とポスト構造主義」二九八－三三四頁（三二五頁）。

(98) Michel Foucault, 'Friendship as a Way of Life', in *Essential Works of Foucault, Vol. 1: Ethics*, pp. 135–140（p. 137）. 増田一夫訳「生の様式としての友愛について」『ミシェル・フーコー思考集成Ⅷ』筑摩書房、二〇〇一年、三七一－三七八頁（三七四頁）。

(99) Michel Foucault, 'What is Critique?', trans. Kevin Paul Geiman, in *What is Enlightenment? Eighteenth-Century Answers and Twentieth-Century Questions*, ed. James Schmidt（Berkeley and Los Angeles: University of California Press, 1996）, pp. 382–398（p. 386）. 中山元訳「批判とは何か——批判と啓蒙」六九－一四〇頁（八一頁）。

(100) Michel Foucault, 'The Subject and Power', in *Essential Works of Foucault, Vol. 3: Power*, pp. 326–348（p. 336）. 渥海和久訳「主体と権力」一〇－三二頁（二〇頁）。

(101) Foucault, 'On the Genealogy of Ethics', p. 235（強調は原文）[邦訳二三九頁]。

(102) 同書 p. 230 [邦訳二三〇頁]。

(103) 同書 p. 245（強調は原文）[邦訳二五五頁]。

(104) Michel Foucault, 'An Aesthetics of Existence', in *Politics, Philosophy, Culture*, pp. 47–53（p. 49）. 増田一夫訳「生存の美学」『ミシェル・フーコー思考集成Ⅹ』筑摩書房、二〇〇二年、二四七－二五四頁（二四九頁）。

(105) 同書 p. 49 [邦訳二五〇頁]。

(106) Foucault, 'On the Genealogy of Ethics', p. 237 [邦訳二四二頁]。

(107) Foucault, 'Friendship as a Way of Life', p. 137 [邦訳三七四頁]。

(108) Foucault, 'The Ethics of the Concern of the Self as a Practice of Freedom', p. 282 [邦訳二二九頁]。

(109) Michel Foucault, 'The Minimalist Self', in *Politics, Philosophy, Culture*, pp. 3–16（p. 14）佐藤嘉幸訳「スティーヴン・リギンズによるミシェル・フーコーへのインタヴュー」『ミシェル・フーコー思考集成Ⅸ』筑摩書房、

二〇〇一年、四二四-四四三頁（四三九頁）。

(110) フーコーにとっては、告白というキリスト教的様式と精神分析療法ほどに異質な技法であっても、それらが主体の真理を解釈しようと試みていたという意味では「解釈学的」だったのであり、彼が異議を唱えようとしていた考え方であった。Michel Foucault, 'About the Beginning of the Hermeneutics of the Self: Two Lectures at Dartmouth' (1993) 21 *Political Theory* 198 を参照。

(111) フーコーにとっては、ニーチェと同じように、もし古典研究が——ニーチェが「生に対する歴史の利害」の冒頭で簡潔に指摘するように、「私たちの時代に抗して振る舞うことで、私たちの時代に、さらに望むべくは、来るべきときのために働きかける」という意味で——反時代的でなければ、それは意味のないものであったという点を強調しておくのは重要である（Friedrich Nietzsche, 'On the Uses and Disadvantages of History for Life', trans. R. J. Hollingdale, in *Untimely Meditations*, ed. Daniel Breazeale (Cambridge: Cambridge University Press, 1997), pp. 59-123 (p. 60). 小倉志祥訳「生に対する歴史の利害」『反時代的考察』筑摩書房、一九九三年、一一七-一二二頁（一二二頁））。それゆえ、ギリシアへの回帰は学問的な逸脱にとどまるものではなく、むしろ現在の政治的動機にもとづく系譜学なのである。私たちがここで論じてきたように、この政治的動機とは、現代における自己の解釈学に異を唱えるためにもちいることのできる古代ギリシアのテクストから、抵抗する倫理的主体性のモデルを導き出そうとするものなのである。フーコーがいかにしてこれらの概念を現代の状況で動員するのかをもっともよく示している例は、ゲイの主体性に関する彼の著作に見出される。しかし、フーコーが古代ギリシアの倫理に依拠していることは、彼が現在の政治的課題に対する無条件の解決策として過去をとらえていることを意味するものではない。ギリシア人たちは生産的な刺激を提供するだけであって、既製の解決策をあたえてくれるわけではない。これについては、Foucault, 'On the Genealogy of Ethics', pp. 231-232, 234［邦訳二三一-二三四、二三六-二三八頁］を参照。

(112) Foucault, 'Friendship as a Way of Life', pp. 135-136［邦訳三七二頁］。

(113) 同書 p. 138［邦訳三七五頁］。

(114) Michel Foucault, 'Sexual Choice, Sexual Act', in *Essential Works of Foucault, Vol. 1: Ethics*, pp. 141-156 (p. 146). 増田一夫訳「性の選択、性の行為」『ミシェル・フーコー思考集成IX』筑摩書房、二〇〇一年、一二六-一五八頁（一四三頁）。

(115) Michel Foucault, 'Sex, Power, and the Politics of Identity', in *Essential Works of Foucault, Vol. 1: Eth-*

ics, pp. 163–173 (p. 163)（強調は原文）、西兼志訳「ミシェル・フーコー、インタヴュー——性、権力、同一性の政治」二五五–二六八頁（二五六頁）。

(116) Foucault, 'The Ethics of the Concern of the Self as a Practice of Freedom', p. 285［邦訳二二三頁］。

(117) Foucault, 'Sex, Power, and the Politics of Identity', p. 166［邦訳二六〇頁］。

(118) Michel Foucault, *Fearless Speech*, ed. Joseph Pearson (Los Angeles: Semiotext(e), 2001), p. 164. O'Leary, *Foucault: The Art of Ethics*, pp. 66–67と比較せよ。

(119) Dews, 'The Return of the Subject in Late Foucault', p. 40. Jeffrey T. Nealon, *Foucault Beyond Foucault: Power and Its Intensifications since 1984* (Stanford, CA: Stanford University Press, 2008), pp. 11-12と比較せよ。

(120) Michael Hardt and Antonio Negri, *Empire* (Cambridge, MA: Harvard University Press, 2000), p. 91, 水嶋一憲／酒井隆史／浜邦彦／吉田俊実訳『〈帝国〉——グローバル化の世界秩序とマルチチュードの可能性』以文社、二〇〇三年、一二七頁。デリダが思い出させてくれるように、こうした脱構築的なプロジェクトは本質的に反ヒューマニズム的なものではけっしてない。すなわち「人間の限界に疑いをもつことは、反ヒューマニズム的であることではない。それどころか、それは私たちが『人間』とよぶものの名と顔の下に『来るべき』ものを敬う一つの方法である。さらに人間的でなければならず、しかも、それがどういう意味なのかは明らかではない。私たちは十分に人間的ではなく、けっして十分に人間的にはならない。それゆえ、そうした観点からは、無条件の歓待が人間の名の下に知られていることや人間に固有のことがらによって制限されることはない。私たちは、到来しつつあるもの、新しい形象、人間性とよばれているものの新しい姿を歓待しなくてはならないのである」。(Jacques Derrida, 'A Discussion with Jacques Derrida', (2001) 5 *Theory & Event* paras [1]-[49], para. [44]).

(121) Sergei Prozorov, *Foucault, Freedom and Sovereignty* (Aldershot: Ashgate, 2007), p. 14.

(122) 同書 p. 13.

(123) 同書 p. 40.

(124) Butler, 'What is Critique? An Essay on Foucault's Virtue', p. 321.

(125) Foucault, 'Sex, Power, and the Politics of Identity', p. 166［邦訳二六〇頁］。

(126) Foucault, 'Friendship as a Way of Life', p. 135［邦訳三七二頁］。

(127) Michel Foucault, 'Interview with Michel Foucault', in *Essential Works of Foucault, Vol. 3: Power*, pp. 239–297 (p. 276), 増田一夫訳「ミシェル・フーコーとの対話」

『ミシェル・フーコー思考集成Ⅷ』筑摩書房、二〇〇一年、一九三－二六八頁（二三九頁）。

(128) 同書 p. 275［邦訳二三八頁］。

(129) Michel Foucault, 'The Political Technology of Individuals', in *Essential Works of Foucault, Vol. 3: Power*, pp. 401-417 (p. 417). 石田英敬訳「個人の政治テクノロジー」三五四－三七二頁（三七一頁）。

(130) Foucault, '"Omnes et Singulatim"', p. 325［邦訳三六七－三六八頁］。

(131) Simons, *Foucault and the Political*, p. 98. ここで言及されているのは、John Rajchman, *Truth and Eros: Foucault, Lacan, and the Question of Ethics* (New York: Routledge, 1991), p. 103 である。

(132) Michel Foucault, 'Preface to Anti-Oedipus', in *Essential Works of Foucault, Vol. 3: Power*, pp. 106-110 (p. 109). 松浦寿輝訳「ドゥルーズ＝ガダリ『アンチ・オイディプス』への序文」『ミシェル・フーコー思考集成Ⅵ』筑摩書房、二〇〇〇年、一七八－一八二頁（一八二頁）。

(133) Foucault, 'The Subject and Power', pp. 340-348［邦訳二四－三二頁］、Paul Patton, 'Foucault's Subject of Power', in *The Later Foucault: Politics and Philosophy*, ed. Jeremy Moss (London: Sage, 1998), pp. 64-77 (pp. 67-69) を参照。

(134) Michel Foucault, 'Vous êtes dangereux', *Libération*, 10 June 1983, 西永良成訳「《あなたがたは危険だ》」『ミシェル・フーコー思考集成Ⅸ』筑摩書房、二〇〇一年、四二〇－四二三頁（四二三頁）は、Eribon, *Michel Foucault*, p. 269, 田村俶訳『ミシェル・フーコー伝』三六六頁で引用されている。

(135) Foucault, 'What is Enlightenment?', p. 317［邦訳二一頁］。

(136) Ewald, 'Justice, Equality, Judgement', p. 108.

(137) しかし、古代ギリシアの倫理実践が（道徳的コードや義務の体系としてとらえられるような）法的なものの領域外で行われていたという彼の判断に注意しなければならない。古典的なエートスと道徳性のコードとの分離については、Foucault, *The History of Sexuality, Vol. 2*, pp. 32, 62, 91-93［邦訳四一－四二、七六－七七、一一一－一一四頁］、Michel Foucault, *The Care of the Self: The History of Sexuality, Vol. 3*, trans. Robert Hurley (Harmondsworth: Penguin, 1990), pp. 40-41, 田村俶訳『自己への配慮』五六－五八頁を参照。また、Foucault, 'On the Genealogy of Ethics', pp. 231, 233, 235［邦訳二三一－二三三、二三四－二三六、二三八－二四〇頁］も参照。

(138) Foucault, 'Sexual Choice, Sexual Act', p. 143［邦訳一三九－一四〇頁］。

(139) Michel Foucault, 'The Social Triumph of the Sexual

Will', in *Essential Works of Foucault, Vol. 1: Ethics*, pp. 157-162 (pp. 160, 162)（最初の引用での強調は原文）、林修訳「性的快楽の社会的勝利――ミシェル・フーコーとの会話」『ミシェル・フーコー思考集成Ⅸ』筑摩書房、二〇〇一年、一一八－一二六頁（一二二－一二三、一二五－一二六頁）。

(140) Foucault, 'Sex, Power, and the Politics of Identity', pp. 164, 166［邦訳二五六、二六〇頁］。

(141) たとえば、Paras, *Foucault 2.0*, p. 12.

(142) Michel Foucault, Rux Martin, 'Truth, Power, Self: An Interview with Michel Foucault', in *Technologies of the Self: A Seminar with Michel Foucault*, ed. Luther H. Martin, Huck Gutman and Patrick H. Hutton (Amherst: University of Massachusetts Press, 1988), pp. 9-15 (p. 15), 原和之訳「真理、権力、自己」『ミシェル・フーコー思考集成Ⅹ』筑摩書房、二〇〇二年、三〇七－三一五頁（三一四－三一五頁）で引用されている。

(143) Michel Foucault, 'The Moral and Social Experience of the Poles Can No Longer be Obliterated', in *Essential Works of Foucault, Vol. 3: Power*, pp. 465-473 (p. 472), 西永良成訳「ミシェル・フーコー『ポーランドの倫理的・社会的経験が消されることはもうありえない』」『ミシェル・フーコー思考集成Ⅸ』筑摩書房、二〇〇一年、一七二－一八二頁（一八〇頁）。

(144) Michel Foucault, 'Useless to Revolt?', in *Essential Works of Foucault, Vol. 3: Power*, pp. 449-453 (p. 453), 高桑和巳訳「蜂起は無駄なのか？」『ミシェル・フーコー思考集成Ⅷ』筑摩書房、二〇〇一年、九四－九九頁（九八頁）。

(145) Foucault, 'What is Enlightenment?', p. 309［邦訳一二頁］。

(146) Michel Foucault, 'Maurice Blanchot: The Thought from Outside', trans. Brian Massumi, in *Foucault/Blanchot* (New York: Zone Books, 1987), pp. 9-58 (p. 34), 豊崎光一訳「外の思考」三五〇頁。

(147) Maurice Blanchot, *The Infinite Conversation*, trans. Susan Hanson (Minneapolis and London: University of Minnesota Press, 1993), p. 434.

(148) このような社会性の定式化は、*The Inoperative Community*, trans. Peter Connor *et al.* (Minneapolis: University of Minnesota Press, 1991), 西谷修／安原伸一朗訳『無為の共同体――哲学を問い直す分有の思考』以文社、二〇〇一年での共同体をめぐるジャン＝リュック・ナンシーの表現に負っている。とくに pp. xxxvi-xli, 1-42［邦訳五－七八頁］を参照。そして、法とこのような共同体との関係については、Jean-Luc Nancy, *Being Singular Plural*, trans. Robert D. Richardson and Anne E. O'Byrne (Stanford, CA: Stanford University

Press, 2000), pp. 185–189（なお、加藤恵介訳『複数にして単数の存在』松籟社、二〇〇五年には、該当部分の論考が収められていない）。

(149) Leonard M. Hammer, *A Foucauldian Approach to International Law: Descriptive Thoughts for Normative Issues* (Aldershot: Ashgate, 2007), p. 79.

(150) Michel Foucault, 'Truth and Juridical Forms', in *Essential Works of Foucault, Vol. 3: Power*, pp. 1–89 (p. 4), 西谷修訳「真理と裁判形態」九四－二二六頁（九八頁）。

(151) 同書 pp. 17–18［邦訳一一四頁］。

(152) 同書 p. 18［邦訳一一四－一一五頁］。

(153) 同書 p. 33［邦訳一三二頁］。

(154) 同書 p. 19［邦訳一一五頁］。

(155) 同書 p. 23［邦訳一二一頁］。

(156) 同書 p. 23［邦訳一二〇頁］。

(157) 同書 p. 23［邦訳一二〇－一二一頁］。

(158) 同書 p. 33［邦訳一三三頁］。

(159) 同書 p. 34［邦訳一三三頁］。

(160) 同書 p. 36［邦訳一三五－一三六頁］。

(161) 同書 p. 36［邦訳一三六頁］。

(162) 同書 p. 43［邦訳一四三頁］。

(163) 同書 p. 42［邦訳一四二頁］。

(164) 同書 p. 52［邦訳一五二頁］。

(165) 同書 p. 60［邦訳一六〇頁］。

(166) 同書 p. 5［邦訳九九頁］。

(167) 同書 p. 34［邦訳一三三頁］。

(168) 同書 p. 4［邦訳九八頁］。

(169) 同書 p. 4［邦訳九八頁］。

(170) Foucault, *Discipline and Punish*, p. 22［邦訳二七頁］。

(171) 同書 p. 224［邦訳二二三頁］。

(172) Foucault, 'Truth and Juridical Forms', p. 4［邦訳九八頁］。

(173) 同書 p. 4［邦訳九八頁］。

訳者あとがき

本書はBen Golder & Peter Fitzpatrick, *Foucault's Law* (Routledge, 2009) の全訳である。著者のベン・ゴールダーはニューサウスウェールズ大学法学部のシニア・レクチャラー（上級講師）であり、ピーター・フィッツパトリックはロンドン大学バークベック・ロースクールの教授である。この二人は、法哲学・法理論領域のフーコー研究を集めたアンソロジー *Foucault and Law* (Ashgate Pub Co, 2010) の編者であり、ゴールダーは最近、フーコーに関する別のアンソロジー *Re-reading Foucault: On Law, Power and Rights* (Routledge, 2014) の編集も行っている。

ゴールダーらが本書の研究をはじめるきっかけとなったのは、アラン・ハントとゲーリー・ウィッカムの共著『フーコーと法——統治としての法の社会学に向けて』で提起された「排除テーゼ」である。このテーゼによれば、フーコーは規律訓練権力や生権力を近代社会に特徴的な権力形態として描き出したが、その一方で、それまで権力論の中心を占めてきた法や主権の概念を権力分析から排除したとされる。これに対しゴールダーらは、フーコーが法を否定的、抑圧的、暴力的なものととらえ、中央集権的な国家体制と結びつけていたという「排除テーゼ」の中心的な主題を否定しない。それどころか、彼らは本書第一章で、この「排除テーゼ」をフーコーのさまざまな著作や講義にもとづいて検証したうえで、法が新たな権力形態の道具として従属させられており、近代社会は「法の退行段階」にあるというフーコー自身の主張を確認している。

しかしゴールダーらは、その一方で、「排除テーゼ」では理解しえない不確定で矛盾した――あたかもフーコー自身が決めかねているかのような――議論が彼の著作のいたるところに存在すると主張する。実際、「排除テーゼ」に異を唱える理論家たちは、この点に着目して新たな解釈を導き出してきた。法と規律訓練権力の相互作用を説く解釈もその一つである。そのなかには、有効な規律訓練空間それ自体が法によって支えられたものであるという、法と規律訓練権力の共存関係を指摘するものもあれば、一九世紀末から二〇世紀にかけて、社会防衛の確立へと向かう規律訓練的な言説を法が拒絶してきた点を強調して両者の対抗的な関係性を指摘するものもある。また、一九七〇年代後半から八〇年代にかけて、統治性研究のなかでフーコーが論じた「戦略としての法」という観点からの解釈も提起されている（しかしこの解釈は、法を統治のための一装置へと貶めることになり、結果として「排除テーゼ」を強化することになる）。さらに、本書第三章で批判的に論じられるフランソワ・エワルドは、フーコーが「the juridical」と「the legal」という二つの概念を区別している点を根拠に「排除テーゼ」を批判する。これらはどちらも「法的なもの」と訳すことができるが、エワルドの解釈によれば、フーコーは「the juridical」を君主の主権的権力を表象する概念、すなわち命令や制裁という時代遅れの法として批判する一方で、「the legal」は生権力の時代におけるノルムを表象し、近代以降、広範に浸透しつつある新たな法システムを構成するものとして肯定的に論じられる。

これら「排除テーゼ」を批判する解釈のなかでも、ゴールダーらは相互作用という観点を重視し、第二章の前半では、法と規律訓練権力との相互構成的な関係性が解明される。規律訓練権力の基盤は人間諸科学によって提供される「知」であるが、近代において、この「知」が真理とよびうる完全性をもたないことは疑いようのない事実である。しかし、規律訓練権力が人間についての「知」の不足ゆえに破綻することはない。なぜか。ゴールダーらによれば、不完全な人間諸科学の知を法がその権威によって補い、正当化しているからである。この意味で、規律訓練権力は法に依存している。他方で、法は規律訓練権力の濫用や行き過ぎ、あるいは、規律訓練への限度を超えた反抗という局面でのみその姿を現す（刑務官による受刑者への暴行や受刑者による反撃といった場面を想起すればわかりやすい）。これは、法を適用すべき事案が発生しないかぎり、規律訓練の実践は正常であるという、法による規律訓練権力の自然化（あるいは消極的な正当化）をもたらすとゴールダーらは考える。

しかし、法と規律訓練権力との相互構成的な関係性を示すことで「排除テーゼ」を批判するという手法は、法に対するフーコーのラディカルで複雑な態度をとらえるには不十分であり、彼の変幻自在ともいえる法への態度を飼い慣らすことにもなってしまう。そこでゴールダーらは、「決定性（determinacy）」と「応答性（responsiveness）」という二つの側面からフーコーの法へのアプローチを試みる。法は確実性と予測可能性を追求することで、際限なく多様化する世界に明確な秩序を構築すると考えられるが、フーコーの著作にも――「排除テーゼ」が主張するとおり――こうした制限や管理といった否定的な作用として法を説明する箇所がある。ゴールダーらはこれをフーコーの法における「決定性」の側面とよぶ。他方フーコーには、ジョルジュ・バタイユやモーリス・ブランショへの論及のなかで、これとは別の角度から法を論ずる箇所がある。それは、法の外部と結びつき、異議申立てをくり返す制御不可能な抵抗、あるいは侵犯として語られる。法はこの抵抗や侵犯に遭遇することで自らを変質させるとともに、そうした法外の不安定な存在を引き受ける。これこそゴールダーらが「応答性」とよぶ側面である。そして、フーコーの法はこの応答的側面において、自らが構築した秩序をたえず破壊し、無秩序化し、新たな決定をもう一度（そして何度も）生み出す。この意味で、フーコーの法は新たな可能性、新たな決定に対してつねに自らを開き続ける。もちろん、決定性と応答性は一つの法に不可欠な二つの側面であり、フーコーの法はこの二つの側面の間を行き来するなかで、その不安定な性質を維持するのである。

それでは、なぜフーコーの法は他の権力形態に従属し、制限や管理という否定的、抑圧的な決定の側面をもちながら、他方で、法の外部から到来する抵抗や侵犯に応答することができるのであろうか。ゴールダーらはこの問いに答えるため、「法の多価的空虚（*Law's polyvalent vacuity*）」という概念を導入する。フーコーはしばしば、法には明確で永続的な内容が欠けており、それゆえ法は空虚であると論ずるが、ゴールダーらの説明によれば、法は空虚であるがゆえに外部の権力——君主の権力であれ、規律訓練権力であれ、生権力であれ——に従順に仕え、それらの権力を受容可能なものに仕立て上げることができるのである。しかし同時に、その内容が空虚であるために、法はこれらの権力によって完全に従属させられることもなければ、その全体を包囲されることもなく、まさに法外の変化へと自らを開くことが可能となる。つまり、フーコーの法はけっして完結せず、たえず自らとは異なるものに関わり応答することで、現在とは別の決定へといたる可能性を維持し、またその可能性へと開かれているのである。

第三章では、フーコーの法をめぐる彼ら自身の解釈をさらに発展させ、法が近代における社会的紐帯、あるいは共生をいかに実現しうるのかという問いへの応答が試みられる。ゴールダーらがまず検討するのは、エワルドとその社会法の概念である。自然法という超越的な観念が理解不可能なものとなってしまった現代において、法は「社会的なもの」とならざるをえないとエワルドは考える。社会はさまざまな利害が衝突する対立的な空間であるが、エワルドの社会法はそうした紛争を管理し、利害調整のための均衡点を示すことで、対立を妥協や合意へと導く法的判断の規則である。社会法の思考様式は「ノルム」という概念によって端的に表される。エワルドによれば、社会全体の平均や標準を意味するノルムは、その社会的実証性ゆえに人々を合意へと導く参照点として現れ、いわば社会的正義としての地位を獲得する。さらに彼は、このノルムこそが近代において社会の一体化を促し、共生を実現する社会的紐帯を構成するとさえ主張する。

これに対しゴールダーらは、エワルドの社会法やノルムによって形成される社会が厳格な規律と規制的管理によって支配されたオーウェル的世界へといたる危険性を指摘し、これを社会の近代主義的な「閉鎖（closure）」として批判する。たしかに、ノルムは社会的実証性にもとづく客観性と一貫性という法が備えるべき特徴を有するが、その一方で、ノルムから乖離する異質な存在は排除され、このノルム化によって社会は閉ざされた空間となる。法の外部から現れる抵抗や侵犯の一切が遮断された結果、エワルドの法は近代的な権力形態の道具と化す。そして、ゴールダーらが強調する法の応答的側面が失われ、法は自らの決定をつくり変えることが困難となるのである。

自己と他者という共約不可能な問題をノルムという共約可能性の原理によって解決することで社会に合意をもたらそうとするエワルドの法理論に抗して、ゴールダーらは、フーコーの批判的存在論にもとづいて、近代社会を不安定性と論争から成る「断裂（rupture）」としてとらえようと試みる。この「断裂」という定式化は、フーコーの法の応答的側面に対応しており、異議申立てによって社会的なものの空間を機能不全に陥れようとする。法は実証的な社会的正義の実現にとどまらず、その境界線を侵犯し越境する他者の存在形態を思い描きながら、適応的に応答するものでなければならない。この応答的側面において、法は社会的紐帯を形成すると同時に、それをくり返しつくり変えるという活発な動きを見せることになる。

この批判的存在論とともに、ゴールダーらは第三章の後半で、後期フーコーの倫理学を導きの糸としながら、法の応答的側面をさらに拡張する。古代ギリシア・ローマにおける倫理と主体を探究した後期フーコーは、自己をアイデンティティへと向かわせるキリスト教的な道徳ではなく、自己をたえず差異化、創造、革新へと導き、他者との関係の多数性を切り拓く倫理の重要性を強調する。とりわけゲイの倫理をめぐって、フーコーはノルム化に抵抗するための新たな関係的権利を提起している。これは、個人間の関係の在り方を制限してきた法に異議を申立て、社会的なものの領域を不安定化させるとともに、ゲイという法外の存在に応答することで新たな社会的紐帯、あるいは新たな共生の形式をつくり出そうとする試みとして位置づけられる。

ゴールダーらも認めるとおり、本書の議論はフーコーの思想をその射程や意図を超えて拡張するものであり、フーコーへの挑発とも見なすことができるかもしれない。しかし、「排除テーゼ」の主唱者たちを見誤らせた先入観を排し、法の二重性――すなわち、社会的なものを決定するとともに、未知なる他者に応答すべく社会的なものを開くこと――という観点からフーコーの思想を読み解くことで、まったく新しい補助線を彼の思想に提供したことは事実である。そしてそれ以上に、著者らはポストモダン法哲学・法理論の領域に革新的な展開をもたらしたと言ってよいだろう。「フーコーと法」研究は、「排除テーゼ」とともに生まれたが、エワルドのノルム論以降、「排除テーゼ」を批判的に検討する理論的展開は見られなかった。その意味で、ゴールダーらの研究はこれまでの「フーコーと法」研究への異議申立てであり、間違いなく本書はこの研究領域を不安定化させる一冊である。しかし、それは同時に研究領域の刷新であり、再創造であり、革新でもある。訳者の一人として、本書に触発された議論が今後も生み出され、新たな関係性が創出され続けることを願う。

本書の翻訳は、二〇一一年に開催された日本法哲学会・学術大会のワークショップ「法とノルムの哲学――ミシェル・フーコーから法理論へ」がきっかけとなった。若手研究者が挑戦的なテーマで研究報告を行うことができるワークショップという企ては、同時に、参加研究者間の交流を促進し、共同研究という成果を生み出す契機となっている。この場を借りて、ワークショップの運営に尽力されている方々に感謝申し上げたい。

本書の翻訳作業は、左記の分担で行い、最後に関が表現の調整や訳語の統一を行った。翻訳の間違いや不備に関する一切の責任は、言うまでもなく最終確認を担当した関にある。

はじめに、第一章、第三章結論　関　良徳
第二章　前半（四九‐七八頁）小林　智、後半（七八‐一〇三頁）小林史明
第三章　前半（一〇五‐一三〇頁）西迫大祐、後半（一三〇‐一五〇頁）綾部六郎

なお、著者らは、ミシェル・フーコーを含む英語以外の文献についても英訳文献を引用・参照文献として使用しているため、英訳文献の誤訳や訳し忘れが本書の表記にも反映されている。訳者は、引用・参照文献について原文と英訳文献をそれぞれ参照したが、ゴールダーらによる本文の記述を優先させるため、基本的に、著者らによる引用・参照文をそのまま訳した。

最後に、本書の出版にあたっては、勁草書房編集部の鈴木クニエさんにひとかたならぬご尽力をいただいた。当初のスケジュールどおりに進まない翻訳作業を温かく（ときに厳しく）見守っていただくとともに、訳語や訳文については全体を通して丁寧なアドバイスをいただいた。この場を借りて、心よりお礼申し上げたい。

二〇一四年　七月

関　良徳

監訳者略歴

関　良徳（せき　よしのり）

現職：信州大学教育学部准教授

専攻：法哲学

学歴：一橋大学大学院法学研究科博士課程修了

主な業績：『フーコーの権力論と自由論』（勁草書房、2001年）、井上達夫編『岩波講座　憲法Ⅰ』（岩波書店、2007年）、仲正昌樹編『現代社会思想の海図』（法律文化社、2014年）など。

訳者略歴（担当順）

小林　智（こばやし　さとる）

現職：名城大学ほか非常勤講師

専攻：法哲学

学歴：名古屋大学大学院法学研究科博士後期課程満了退学

主な業績：「自由という強制 —— 個人産出秩序の構造（一）～（四・完）」『名古屋大学法政論集』（195・197-199号、2003年）など。

小林　史明（こばやし　ふみあき）

現職：立正大学法学部非常勤講師

専攻：法哲学

学歴：明治大学大学院法学研究科博士後期課程在学中

主な業績：亀本洋編『岩波講座 現代法の動態 第6巻　法と科学の交錯』（岩波書店、2014年）、仲正昌樹編『叢書アレテイア13号　批評理論と社会理論1　アイステーシス』（御茶の水書房、2011年）など。

西迫　大祐（にしさこ　だいすけ）

現職：明治大学法と社会科学研究所客員研究員

専攻：法哲学

学歴：明治大学大学院法学研究科博士後期課程修了

主な業績：論文「フランソワ・エワルドにおける法とノルム」『法哲学年報2011』（有斐閣、2012年）など。

綾部　六郎（あやべ　ろくろう）

現職：名古屋短期大学現代教養学科助教

専攻：クィア法理論／フェミニズム法学

学歴：北海道大学大学院法学研究科法学政治学専攻博士後期課程単位修得退学

主な業績：仲正昌樹編『現代社会思想の海図』（法律文化社、2014年）、関修／志田哲之編『挑発するセクシュアリティ —— 法・社会・思想へのアプローチ』（新泉社、2009年）など。

人名索引

事項索引

タ　行

ナ　行

ハ　行

マ　行

ラ　行

著者略歴

ベン・ゴールダー（Ben Golder）

ニューサウスウェールズ大学法学部シニア・レクチャラー（法と社会理論）

ロンドン大学でPh.Dを取得後、ユニヴァーシティ・カレッジ・ロンドン、イースト・ロンドン大学等を経て、現職。主な業績に、編書*Re-reading Foucault: On Law, Power and Rights*（Routledge, 2014）、P. フィッツパトリックとの共編書*Foucault and Law*（Ashgate Pub Co, 2010）などがある。

ピーター・フィッツパトリック（Peter Fitzpatrick）

ロンドン大学バークベック・ロースクール教授（政治理論および法理論）

主な業績に、著書*Law as Resistance: Modernism, Imperialism, Legalism*（Ashgate Pub Co, 2008）、同改訂版（Siglo del Hombre Editores, 2010）などがある。

フーコーの法

2014年9月20日　第1版第1刷発行

著　者　ベン・ゴールダー
　　　　ピーター・フィッツパトリック

監訳者　関　良徳

発行者　井村寿人

発行所　株式会社　勁《けい》草《そう》書房

112-0005 東京都文京区水道2-1-1　振替00150-2-175253
（編集）電話03-3815-5277／FAX03-3814-6968
（営業）電話03-3814-6861／FAX03-3814-6854
日本フィニッシュ・松岳社

ISBN978-4-326-15431-9　PrintedinJapan